财务管理

微课版

王文冠 杜 丽 主 编

易继红 杨高武 吴霞云 副主编

清华大学出版社

北京

内 容 简 介

本书以企业财务管理为主线,对企业日常生产经营活动中出现的财务问题进行讲述,全书共九章,分别是财务管理概述、财务管理的价值理念、筹资管理、资本成本与资本结构、投资管理、营运资金管理、收益与分配管理、财务报表分析与业绩评价、预算管理。本书在编写的过程中,注重学科知识的系统性、规范性和准确性,结合财务管理发展前沿,遵循财务管理专业学科教育规律,以务实的态度,理论联系实际,突出实践操作的指导,强化学生专业知识的积累和职业素养的养成。同时,本书充分利用互联网技术,更加重视课堂学习的延伸与拓展,针对各章节重难点录制了微课视频,扫描书中二维码即可观看学习。

本书既可作为财会类相关专业的教材使用,也可用作财务人员和经济管理人员在职培训教材和自学参考用书。

本书封面贴有清华大学出版社防伪标签,无标签者不得销售。

版权所有,侵权必究。举报:010-62782989,beiqinquan@tup.tsinghua.edu.cn。

图书在版编目(CIP)数据

财务管理:微课版/王文冠,杜丽主编.—北京:清华大学出版社,2024.1(2025.2重印)
ISBN 978-7-302-65234-2

Ⅰ.①财… Ⅱ.①王… ②杜… Ⅲ.①财务管理 Ⅳ.①F275

中国国家版本馆 CIP 数据核字(2024)第 018976 号

责任编辑:聂军来
封面设计:刘　键
责任校对:刘　静
责任印制:杨　艳

出版发行:清华大学出版社
　　　　网　　　址:https://www.tup.com.cn,https://www.wqxuetang.com
　　　　地　　　址:北京清华大学学研大厦 A 座　　邮　　编:100084
　　　　社 总 机:010-83470000　　　　邮　　购:010-62786544
　　　　投稿与读者服务:010-62776969,c-service@tup.tsinghua.edu.cn
　　　　质量反馈:010-62772015,zhiliang@tup.tsinghua.edu.cn
　　　　课件下载:https://www.tup.com.cn,010-83470410
印 装 者:三河市龙大印装有限公司
经　　销:全国新华书店
开　　本:185mm×260mm　　印　　张:17.25　　字　　数:417千字
版　　次:2024 年 2 月第 1 版　　印　　次:2025 年 2 月第 2 次印刷
定　　价:59.00 元

产品编号:100651-02

前　言

互联网时代背景下,移动端的高速发展,便捷的使用方式和利用形式,促使高等教育的教材内容与设计也随之进入了"互联网+"的时代。为顺应互联网时代教学需要,本书在设计形式上从学习目标引入,从基本框架导图、引导案例、本章小结、复习与思考题、练习题等方面进行组织实施,内容紧密贴合实际需求。本书在重视学生理论学习、实践能力培养的同时,也注重培养学生精益求精的精神,提升学生的职业素养。

1. 本书编写理念

本书从财务管理课程的基本要求出发,以"岗课赛证"融合为目标,对接专业标准、课程标准和岗位要求,坚持"理论够用、实践为重"的原则,将理论知识融入各个工作项目中,以此培养学生的专业技能和职业素养,树立工匠精神。

2. 本书内容

本书有计划地贯彻教育数字化改革目标和对课程思政的有机融入。本书全面落实立德树人任务,深度挖掘课程思政元素,在案例的设计编排中融入课程思政元素,实现专业教学与思想政治教育的统一。

3. 本书编写形式

编写形式上,本书采用"理论教学+技能操作"的形式,以学习知识技能为目标,以微课和案例驱动教学内容的组织与知识的学习,实践"做中学、学中做"的理念,有利于提高学生理论联系实际和用理论指导实践的能力。

4. 本书资源配置

本书提供配套的微课视频,学生可扫码学习。此外,还为使用本书的广大师生提供了服务于本书的教学课件、课后练习和参考答案等教学资源。

本书由王文冠、杜丽担任主编,易继红、杨高武、吴霞云担任副主编。本书的出版,得到了江西农业大学南昌商学院的大力支持。本书是全体编写教师智慧的结晶,在教材特色建设上做出了诸多努力,但因水平有限,书中疏漏与不足之处在所难免,敬请读者批评、指正,以便进一步修订和完善。

编　者

2023 年 11 月

目 录

财务管理概述

- 了解财务活动、财务关系和财务管理的概念；
- 理解企业财务活动的四个阶段；
- 掌握财务管理目标特点及区分不同财务管理目标的优缺点；
- 了解财务管理体制和财务管理环境。

本 章 基 本 框 架

财务管理概述
- 财务管理的概念和内容
  - 财务管理活动
  - 财务管理关系
- 财务管理的目标
  - 现代财务管理目标理论
  - 利益冲突的协调
- 财务管理的环节
  - 预测、计划与预算
  - 决策与控制
  - 分析与考核
- 财务管理的环境
  - 技术环境
  - 经济环境
  - 金融环境
  - 法律环境
- 财务管理的体制
  - 财务管理体制的一般模式
  - 企业财务管理体制的设计原则
  - 企业财务管理体制的选择

雷曼兄弟破产对企业财务管理目标选择的启示

雷曼兄弟(Lehman Brothers)公司成立于1850年，是当时美国第四大投资银行。在雷曼兄弟公司成立初期，主要从事利润比较丰厚的棉花等商品的贸易，公司性质为家族企业，且规模相对较小，因此其财务管理以利润最大化为目标。雷曼兄弟公司从经营干洗、兼营小件寄存的小店逐渐转型为金融投资公司的同时，其公司性质也从一个家族企业逐渐成长为在美国乃至世界都名声显赫的上市公司。由于雷曼兄弟公司性质的变化，其财务管理目标也随之由利润最大化转变为股东财富最大化。其原因有以下几种：第一，美国是一个市场经济比较成熟的国家，建立了完善的市场经济制度和资本市场体系，因此，以股东财富最大化为财务管理目标能够获得更好的企业外部环境支持；第二，与利润最大化的财务管理目标相比，股东财富最大化考虑了不确定性、时间价值和股东资金的成本，无疑更为科学和合理；第三，与企业价值最大化的财务管理目标相比，股东财富最大化可以直接通过资本市场股价来确定，比较容易量化，操作上更便捷。因此，从某种意义上讲，股东财富最大化是雷曼兄弟公司财务管理目标的现实选择。

2008年9月15日，雷曼兄弟公司正式申请依据以重建为前提的《美国联邦破产法》第11章所规定的程序破产，即所谓破产保护。雷曼兄弟公司作为曾经在美国金融界中叱咤风云的"巨人"，在金融危机中无奈破产，这不仅与过度的金融创新和乏力的金融监管等外部环境有关，也与雷曼兄弟公司本身选择股东财富最大化作为其财务管理目标有着某种内在的联系。股东财富最大化使得企业过度追求利润而忽视经营风险控制，过多关注股价而使其偏离经营重心，仅强调股东的利益而忽视其他利益相关者的利益，这些均导致了雷曼兄弟公司最终的破产。

（资料来源：佚名.雷曼兄弟破产对企业财务管理目标选择的启示[EB/OL].（2017-11-29）[2023-05-01].https://wenku.so.com/d/12b9ca8c7c9b15f6e04bac677c552a800.)

思考：

（1）财务管理目标的重要性。

（2）财务管理目标的制定原则。

 小贴士

树立良好的社会责任感，学生应理解企业自身的发展应符合社会的和谐发展要求。

第一节 财务管理的概念和内容

财务管理是基于企业再生产过程中客观存在的财务活动和财务关系而产生的，是企业组织财务活动、处理财务关系的一项经济管理工作。企业的财务活动包括筹资、投资、资金运营和利润分配，因此筹资管理、投资管理、营运资金管理以及收益与分配管理便成为企业财务管理的基本内容。

财务管理的概念

一、财务管理活动

企业财务活动是指以现金收支为主的企业资金收支活动的总称。企业的资金收支活动汇集了企业所有的生产经营活动的内容和实质,直接地表现为资金的流入和流出,由资金的筹集、投放、使用和分配等一系列活动所构成。企业的财务活动主要包括以下四个方面。

(一) 筹资管理

筹资是指企业为了满足投资和用资的需要,筹措和集中所需资金的过程。筹资管理是企业财务管理的首要环节。企业筹资有多种形式,如发行股票或债券、借款、赊购、融资租赁等。筹资是企业投资活动的基础,在企业发展过程中,筹资及筹资管理是贯穿始终的。

企业筹集资金有多种形式,可进行不同的分类。

1. 权益资金和负债资金

按产权关系,企业的资金来源可分为权益资金和负债资金。权益资金是指企业股东提供的资金,特点是在企业存续期内无须归还,筹资风险小,但期望报酬率高。负债资金是由债权人提供的资金,特点是需要按期归还,风险较权益资金大,但要求的报酬率较低。企业完全通过权益融资或完全通过债务融资都是不明智的,前者不能享受负债融资经营带来的财务杠杆效应,后者风险大,企业可能随时陷入财务危机。因此,如何在权益资金和负债资金中确定资本的最佳比例是筹资管理的一个重要内容。

2. 长期资金和短期资金

按资金来源的使用期限,可分为长期资金和短期资金。长期资金是指企业可长期使用的资金,期限通常在 1 年以上,包括权益资金和长期负债。短期资金是指 1 年内需要归还的资金,包括短期借款和其他流动负债。长期资金和短期资金的筹资速度、筹资成本、筹资风险以及借款时企业所受到的限制都不同,因此筹资管理要解决的另一个重要内容是安排长期资金与短期资金的比例关系。

(二) 投资管理

投资是指企业资金的运用,是为了获得收益或避免风险而进行的资金投放活动,如固定资产的建设和购置等。在投资过程中,企业需要考虑投资规模,确定合理的投资结构,以提高投资效益,降低投资风险。投资是企业财务管理的重要环节,投资决策对企业未来经营成败具有根本性的影响。

按资金使用方式不同,投资可分为直接投资和间接投资。直接投资是指将资金投放在生产经营性资产上,以便获得利润的投资,如建设厂房、购置机器设备等。间接投资是指将资金投放在金融资产上,以便获得利息或股利收入的投资,如购买股票、债券等。

按影响的期限长短,投资可分为长期投资和短期投资。长期投资是指其影响程度超过1 年的投资,涉及的时间长、风险大,直接决定着企业的生存和发展,在投资决策分析时要重视资金的时间价值和投资风险。长期投资主要包括固定资产投资(又称资本性投资)和长期证券投资等。短期投资是指其影响和回收期在 1 年以内的投资,如存货、短期证券投资等。短期投资又称流动资产投资或营运资金投资。

按投资范围不同,投资可分为对内投资和对外投资。对内投资是对企业自身生产经营活动的投资,如购置固定资产、流动资产等。对外投资是以企业合法资产对其他单位或对金融资产进行投资,如与其他企业联营、购买其他企业的股票和债券等。

(三) 营运资金管理

企业筹集了资金,做出了投资决策,还需要对资金的营运进行管理。企业运用资金进行长期投资,如兴建或购置厂房设备等;运用资金进行短期投资,如采购物资材料进行产品生产;同时,还向生产者支付劳动报酬以及各种期间费用。在此期间,企业需要不断地补充流动资金以满足正常生产经营过程中的耗费,实现销售、收回货款时资金回流入企业,再投入下一次的生产经营活动中。在企业出现临时资金短缺时需要补充资金,以满足正常生产经营所需;在资金回笼至企业时需要做出决策,即收回的资金是否能够满足进行下一生产经营循环的利用,是否需要补充资金。那么,何时需要补充资金,需要补充多少资金,通过何种方式补充资金就是营运资金管理过程中的重要内容。

(四) 收益与分配管理

企业通过投资必然要取得收入,获得资金的增值。投资成果表现为取得各种收入,以及扣除各种成本费用后所获得的利润。因此,广义的利润分配是指对投资收入及利润进行分割和分派的过程,而狭义的分配仅指对净利润的分配。利润分配管理要解决的问题是,在企业获得的税后利润中,分配给投资者和留在企业作为再投资的比例关系。如果利润发放过多,会影响企业的再投资能力,不利于企业长期发展;利润分配过少,可能会引起投资者的不满。因此,利润分配决策的关键是确定利润的支付率,既满足企业再投资的需要,又满足投资者的利润需求。

二、财务管理关系

财务管理关系是指企业在组织财务活动过程中与各有关方面发生的各种各样的经济利益关系。企业进行筹资、投资、营运及利润分配等,会因交易双方在经济活动中所处的地位不同,各自拥有的权利、承担的义务和追求的经济利益不同而形成不同性质和特色的财务关系。

(一) 企业与投资者之间的财务关系

企业与投资者之间的关系主要表现在企业的投资者向企业投入资金,形成主权资金,企业应将税后利润按照一定的分配标准分配给投资者以作为投资报酬;投资者将资金投入企业,获得对企业资产的所有权,从而参与企业的生产经营运作并有权按持有的权益份额从税后利润中获取投资回报。投资者必须按照合同、协议、章程的有关规定按时履行出资义务,及时形成企业资本金,获取参与企业生产经营、分享利润的权利。企业受资后,对资金应加以合理运用,取得的财务成果要按照各出资人的出资比例或合同、协议、章程规定的分配比例向投资者分配利润。企业与投资者之间的财务关系体现为所有权性质上的经营权与所有权的关系。

(二) 企业与债权人之间的财务关系

企业向债权人借入资金形成企业的债务资金,企业按照借款合同或协议中的约定按时向债权人支付利息,并到期偿还本金;债权人按照合同或协议中的约定及时将资金借给企业成为企业的债权人,具有按照合同或协议中的约定取得利息和索偿本金的权利。债权人与投资者的不同之处在于:债权人的出资回报来源于息前利润,而投资者的出资回报来源于税后利润,且在投资时就已明确较为具体的数额;投资者的出资回报数额并未在投资时确定下来,而是取决于企业税后净利润以及企业利润分配的政策。因此,企业与债权人之间的财务关系属于债务与债权的关系。

（三）企业与受资者之间的财务关系

企业可以将生产经营中闲置下来的、游离于生产过程以外的资金投放于其他企业,形成对外股权性投资。企业向外单位投资应当按照合同、协议的规定,按时、足额地履行出资义务,取得相应的股份从而参与被投资企业的经营管理和利润分配。被投资企业受资后必须将实现的税后利润按照规定的分配方案在不同的投资者之间进行分配。企业与被投资者之间的财务关系表现为所有权性质上的投资与受资关系。

（四）企业与债务人之间的财务关系

企业与债务人之间的财务关系主要是指企业将资金通过购买债券、提供借款或商业信用等形式出借给其他单位而形成的经济利益关系。企业将资金出借后,有权要求债务人按照事先约定的条件支付利息和偿还本金。企业与债务人之间的财务关系体现为债权与债务的关系。

（五）企业与政府之间的财务关系

企业从事生产经营活动所取得的各项收入应按照税法的规定依法纳税,从而形成企业与国家税务机关之间的财务关系。在市场经济条件下,任何企业都有依法纳税的义务,以保证国家财政收入的实现,满足社会公共需要。因此,企业与国家税务机关之间的财务关系体现为企业在妥善安排税收战略筹划的基础上依法纳税和依法征税的权利、义务关系,是一种强制和无偿的分配关系。

（六）企业与内部各单位之间的财务关系

企业与内部各单位之间的财务关系是指企业内部各单位之间在生产经营各环节中相互提供产品或劳务等所形成的经济关系。在企业实行内部经济核算制和经营责任制的情况下,企业内部各单位、部门之间因为相互提供产品、劳务而形成内部计价结算。另外,企业内部各单位、部门与企业财务部门还会发生借款、报销、代收及代付等经济活动。这种在企业内部形成的资金结算关系,体现了企业内部各单位、部门之间的利益关系。

（七）企业与内部职工之间的财务关系

企业与内部职工之间的财务关系是指通过签订劳务合同向职工支付劳动报酬等所形成的经济关系。主要表现为企业接受职工提供的劳务,并从经营所得中按照一定的标准向职工支付工资、奖金、津贴、养老保险、失业保险、医疗保险、住房公积金,并按规定提取公益金。此外,企业还可根据自身发展的需要,为职工提供学习、培训的机会,为企业创造更多的收益。这种企业与职工之间的财务关系属于劳动成果上的分配关系。

第二节　财务管理的目标

一、现代财务管理目标理论

财务管理目标是企业财务管理工作尤其是财务决策所依据的最高准则,是企业财务活动所要达到的根本目的,它决定着企业财务管理的基本方向。

财务管理目标

财务管理目标是一切财务活动的出发点和归宿,是评价企业财务活动是否合理的基本标准。一般来说,利润最大化、股东财富最大化、企业价值最大化以及相关利益者价值最大化是现代财务管理的几种主要观点。

(一) 利润最大化

利润最大化目标认为利润代表了企业新创造的财富,利润越多说明企业的财富增加得越多,越接近企业的目标。

以利润最大化作为财务管理目标有以下三点原因:第一,人类从事生产经营活动的目的是创造更多的剩余产品,而在市场经济条件下,剩余产品的多少可以用利润这个指标来衡量;第二,在自由竞争的资本市场中,资本的使用权最终属于获利最多的企业;第三,只有每个企业都最大限度地创造利润,整个社会的财富才可能实现最大化,从而带来社会的进步和发展。

利润最大化目标的主要优点:企业追求利润最大化,就必须讲求经济核算,加强管理,改进技术,提高劳动生产率,降低产品成本。这些措施都有利于企业资源的合理配置,有利于企业整体经济效益的提高。

但这种观点也存在一定的缺陷,具体内容如下。

(1) 利润最大化是一个绝对数指标,没有考虑企业的投入与产出之间的关系,不能真正衡量企业经营业绩的优劣,并且难以在不同资本规模的企业或同一个企业的不同期间进行比较。

(2) 没有区分不同时期的收益,没有考虑利润实现时间和资金的时间价值。投资项目收益现值的大小,不仅取决于其收益将来值总额的大小,还要受到取得收益时间的制约。早取得收益,就能早进行再投资,进而早获取新的收益,利润最大化目标则忽视了这一点。

(3) 没有考虑风险问题。不同行业风险不同,同等利润在不同行业中的意义也不相同。高收益往往伴随着高风险,企业追求利润最大化的同时也增加了其所面临的风险。

(4) 利润最大化可能会使企业财务决策带有短期行为,即片面追求利润的增加,而不考虑企业的长远发展。

利润最大化的另一种表现方式是资本利润率最大化,也可以看成是每股利润或收益最大化。这种观点解决了投入与产出的问题,将企业利润与投入的资本相联系,用资本利润率(或每股利润)作为企业财务管理的目标,将企业实现的利润与投入的资本或股本进行对比。资本利润率(每股利润)最大化可以在不同资本规模的企业或期间进行对比,但其本质还是以利润为基础,仍然没有考虑资金的时间价值、企业面临的风险问题以及财务决策的短期行为。

(二) 股东财富最大化

对于上市公司,股东财富最大化可用股票市价最大化来表示。股票价格是由公司未来的收益和风险决定的,其股价高低不仅反映了资本和获利之间的关系,而且体现了预期每股收益的大小、取得的时间、所承担的风险以及企业利润分配政策等诸多因素的影响。

与其他财务目标相比,企业追求其股东财富最大化有以下优点。

(1) 考虑了风险因素。通常股价会对风险作出较敏感的反应。

(2) 在一定程度上能够避免企业在追求利润上的短期行为。不仅目前的利润会影响企业的股价,预期未来的利润对企业股价的影响同样重大。

(3)以股价为基础的股东财富最大化目标比较容易量化,便于理解、考核和奖惩。

股东财富最大化存在的缺陷如下。

(1)适用范围存在限制。对于非上市企业的价值确定难度较大,虽然可以通过专业评估来确定企业价值,但评估过程受评估标准和评估方式的影响,具有一定主观性,从而影响企业价值的准确性与客观性。

(2)股票价格不能完全如实地反映企业财务管理状况。股票价格的变动除受企业经营因素影响之外,还要受到其他企业无法控制的因素影响,如国家宏观政策的调整、国内外经济形式的变化等。

(3)股东财富最大化强调的是股东的利益,而没有考虑其他利益相关者的利益。

(4)没有考虑权益资本成本。权益资本成本要求的报酬率比债权资本还要高,如果不能获得最低报酬率,股东很有可能会转移资本。

(三)企业价值最大化

投资者建立企业的重要目的在于创造尽可能多的财富,这种财富首要表现为企业的价值。企业价值可以理解为企业所有者权益和债权人权益的市场价值,或者是企业所能创造的预计未来现金流量的现值。未来现金流量包含了资金的时间价值、不确定性即风险价值两个方面的因素。

企业价值的大小取决于企业潜在或预期的获利能力。企业价值最大化是指通过企业的合理经营,采用最优的财务结构和政策,充分考虑资金的时间价值以及风险与报酬的关系,在保证企业长期稳定发展的基础上使企业价值达到最大。

以企业价值最大化作为财务管理目标,具有以下优点。

(1)该目标考虑了不同时期的收益,考虑了利润实现时间和资金的时间价值,考虑了风险和报酬的关系,有利于统筹安排长短期规划、合理选择投资方案、有效筹措资金、合理制定股利政策等。

(2)该目标反映了对企业资产保值、增值的要求,将企业长期、稳定的发展和持续的获利能力放在首位,能避免企业在追求利润上的片面或短期行为。

(3)该目标有利于社会资源合理配置。社会资金通常流向企业价值最大化或股东财富最大化的企业或行业,有利于实现社会效益最大化。

(4)用价值代替价格,避免了过多外界企业无法控制的因素影响。

但是,以企业价值最大化作为财务管理目标过于理论化,不易操作。相对于上市公司能够用股票市值作为参考依据而言,非上市公司要确定其价值缺乏比较公允的参考依据,只有在对企业进行专门的评估时才能确定其价值,且评估企业资产的评估标准和评估方式带有一定的主观性,使得最后的评估价值不易做到客观和准确。

(四)相关利益者价值最大化

企业在发展过程中从来不是以独立的个体而存在,在协调内部关系的同时也必然会与外界发生各种联系。股东作为企业的所有者,享受企业带来收益的同时也承担着义务和风险。而企业的经营者、企业员工、供应商、客户、债权人、政府等,也为企业承担着风险。因此,企业的利益相关者不仅包括股东、经营者和员工,还包括企业的债权人、供应商、客户、政府以及一些社会组织机构等。在确定企业的财务管理目标时,需要全面地考虑维护与企业利益相关者的利益,承担起应有的社会责任,追求长期稳定的发展。

相关利益者价值最大化目标的具体内容包括以下几个方面。

(1)强调风险与报酬的均衡,将风险限制在企业可以承受的范围内。

(2)强调股东的首要地位,并强调企业与股东之间的协调关系。

(3)强调对企业经营者的监督和控制,建立有效的激励机制以便企业战略目标的顺利实施。

(4)关心企业员工的利益,创造和谐的工作环境,提供合理适当的福利待遇,培养员工长期努力为企业工作。

(5)不断加强与债权人的关系,培养可靠的资金供应者。

(6)关心客户的长期利益,与客户保持长期合作关系。

(7)加强与供应商的协作,共同面对市场竞争,遵守承诺,讲究信誉,共同发展。

(8)保持与政府部门、社会相关组织机构的良好关系,承担起一定的社会责任。

以相关利益者价值最大化为财务管理目标有利于企业的长期稳定发展,体现了合作共赢的价值理念,有利于实现企业经济效益和社会效益的统一。另外,这一目标较好地兼顾了各方利益之间的协调和平衡。只要合理合法、互利互惠、相互协调,就能够实现所有相关者利益最大化。

但是,相关利益者价值最大化这一目标过于理想化,不具有实践操作性,因此本书仍采用企业价值最大化作为财务管理的目标。

> **小贴士**
>
> 财务管理目标是财务管理活动的导向。没有管理目标,企业的财务行为就会一团混乱。对个人而言也是如此,学习及职业发展目标也是同学们学习及生活的导向。凡事预则立,不预则废。大学时期是人生中的黄金时期,同学们要选定目标和方向并为之努力奋斗。请思考如何制订自己大学四年的规划。

二、利益冲突的协调

将相关利益者价值最大化作为财务管理目标,其首要任务就是要协调相关者之间的利益关系,化解他们之间的利益冲突。在所有的利益冲突协调中,最为突出的是所有者与经营者之间、所有者与债权人之间的利益冲突与协调。

(一)所有者与经营者之间的利益冲突与协调

在现代企业体制中,股东是企业的所有者,但一般不参与企业的日常经营管理,而是交由代理人即经营者来经营和管理企业。所有者期望经营者代表他们的利益工作,实现所有者财富最大化,而经营者则有其自身的利益考虑,二者的目标经常会不一致。经营者和所有者的主要利益冲突在于:经营者希望在为企业创造财富的同时,能够获取更多的报酬,而所有者则希望以较小的成本实现更多的财富。

为了协调这一冲突,通常有以下几种解决方式。

1.激励

激励就是将经营者的报酬与其绩效直接挂钩,以使经营者自觉采取能够提高所有者财富的措施。激励通常有以下两种方式。

(1)股票期权:允许经营者以约定的价格购买一定数量的本企业股票,股票的市场价格高于约定价格的部分就是经营者所得的报酬。经营者为了获得更大的股票增值空间,就必然会主动采取能够提高股价的行动,从而增加所有者财富。

(2)绩效股:企业运用每股收益、资产收益率等指标来评价经营者绩效,并视其绩效大小给予经营者数量不等的股票作为报酬。如果经营者绩效未能达到固定目标,经营者将丧失原先持有的部分绩效股。这种方式使经营者不仅为了多得绩效股而不断采取措施提高经营绩效,而且为了使每股市价最大化,也会采取各种措施使股票价格稳定上升,从而增加所有者财富。即使由于客观原因股价并未提高,经营者也会因为获取绩效股而获利。

2.解聘

解聘是一种通过所有者约束经营者的办法。所有者对经营者予以监督,如果经营者绩效不佳,就解聘经营者;经营者为了不被解聘就需要努力工作,为实现财务管理目标而服务。

3.接收

接收是一种通过市场约束经营者的办法。如果经营者决策失误,经营不利,绩效不佳,该企业就可能被其他企业强行接受或吞并,相应地,经营者也会被解聘。经营者为了避免这种接收,就必须努力实现财务管理目标。

(二)所有者与债权人之间的利益冲突与协调

所有者的目标可能与债权人期望实现的目标发生矛盾。首先,所有者可能要求经营者改变举债资金的原定用途,将其用于风险更高的项目,这会增加偿债风险,债权人的负债价值也必然会降低,造成债权人风险与收益的不对称。因为高风险的项目一旦成功,额外的利润就会被所有者独享;但若失败,债权人却要与所有者共同负担由此而造成的损失。其次,所有者可能在未征得现有债权人同意的情况下,要求经营者举借新债。由于偿债风险相应增大,从而致使原有债权的价值降低。

所有者与债权人的上述利益冲突,可以通过以下方式解决。

(1)限制性借债。债权人通过事先规定借债用途限制、借债担保条款和借债信用条件,使所有者不能通过以上两种方式削弱债权人的债权价值。

(2)收回借款或停止借款。当债权人发现企业有侵蚀其债权价值的意图时,可采取收回债权或不再给予新的借款的措施,从而保护自身利益。

第三节　财务管理的环节

财务管理工作环节是指财务管理的工作步骤和一般程序,也可称为财务管理循环。企业财务管理一般包括以下几个环节。

一、预测、计划与预算

(一)财务预测

财务预测是企业根据财务活动的历史资料,考虑现实条件与要求,运用特定方法对企业未来的财务活动和财务成果做出的科学预计或测算。财务预测是进行财务决策的基础,是编制财务预算的前提。

财务预测所采用的方法主要有两种:一是定性预测,是指企业在缺乏完整的历史资料或有关变量之间不存在较为明显的数量关系条件下,利用直观材料,依靠专业人员进行主观判断与综合分析,对事务未来的状况和趋势作出预测。二是定量预测,是指企业根据比较完备的资料,运用数学方法,建立数学模型,对事务的未来进行的预测。在实际工作中,通常将两者结合起来进行财务预测。

(二)财务计划

财务计划是根据企业整体战略目标和规划,结合财务预测的结果,对财务活动进行规划,并以指标形式落实到每一计划期间的过程。财务计划主要通过指标和表格,以货币形式反映在一定的计划期内企业生产经营活动所需要的资金及其来源、财务收入和支出、财务成果及分配的情况。

(三)财务预算

财务预算是根据财务战略、财务计划和各种预测信息,确定预算期内各种预算指标的过程。财务预算也是企业运用科学的技术手段和数量方法,对未来财务活动的内容及指标进行综合平衡与协调的具体规划。财务预算以财务决策确立的方案和财务预测提供的信息为基础进行编制,是财务预测和财务决策的具体化,是财务控制和财务分析的依据,贯穿于企业财务活动的全过程。

二、决策与控制

(一)财务决策

财务决策是企业财务人员按照企业财务管理目标,利用专门方法对各种备选方案进行比较分析,并从中选出最优方案的过程。财务决策不是拍板决定的瞬间行为,而是提出问题、分析问题和解决问题的全过程。正确的决策可使企业起死回生,错误的决策可导致企业毁于一旦。所以,财务决策是企业财务管理的核心,其成功与否直接关系企业的兴衰成败。

(二)财务控制

财务控制是在财务管理过程中,利用有关信息和特定手段,对企业财务活动所施加的影响和调节。实行财务控制是落实财务预算、保证预算实现的有效措施,也是责任绩效考评与奖惩的重要依据。

三、分析与考核

(一)财务分析

财务分析是根据企业核算资料,运用特定方法,对企业财务活动过程及其结果进行分析和评价的一项工作。财务分析既是本期财务活动的总结,也是下期财务预测的前提,具有承上启下的作用。通过财务分析,可以掌握企业财务预算的完成情况,评价财务状况,研究和掌握企业财务活动的规律,改善财务预测、财务决策、财务预算和财务控制,提高企业财务管理水平。

（二）财务考核

财务考核是指将报告期实际完成数与规定的考核指标进行对比,确定有关责任单位和个人完成任务的过程。财务考核与奖惩紧密联系,是贯彻责任制原则的要求,也是构建激励与约束机制的关键环节。

第四节　财务管理的环境

财务管理环境

企业财务活动是在一定的环境下进行的,并与其发生各方面的联系。企业的发展离不开环境,必然受到环境的影响。作为企业管理的一个重要组成部分,财务管理活动不可避免地受其所处环境的影响。因此,在财务管理活动中,企业需要不断地对财务管理环境进行审视和评估,并根据其所处的具体财务管理环境的特点,采取与之相适应的财务管理手段和管理方法,以实现财务管理的目标。

财务管理环境是指财务管理以外的,对企业财务活动和财务管理的运行产生影响的各种外部、内部条件和因素的总和。影响财务管理活动的环境包括技术环境、经济环境、金融环境和法律环境。

一、技术环境

财务管理的技术环境,是指财务管理得以实现的技术手段和技术条件,它决定着财务管理的效率和效果。目前,我国进行财务管理所依据的会计信息是通过会计系统提供的。在企业内部,会计信息主要是提供给管理层决策使用,而在企业外部,会计信息则主要是为企业的投资者、债权人等提供服务。我国一直在不断地推行会计信息化工作,建立健全会计信息化法规体系和会计信息化标准体系,促使企业财务管理的技术环境进一步完善和优化。

二、经济环境

经济环境是指企业在进行财务活动时所面临的宏观经济状况,如经济管理体制、经济结构、经济发展状况、宏观经济调控政策等。随着经济的快速增长,企业需要大规模地筹集资金,这就需要财务人员根据经济的发展状况,筹措并分配足够的资金,用以调整生产经营。因此,经济环境对企业的生存和发展有着重大的影响。

（一）经济管理体制

经济管理体制是指在一定的社会制度下,生产关系的具体形式以及组织、管理和调节国民经济的体系、制度、方式和方法的总称。经济管理体制分为宏观经济管理体制和微观经济管理体制两类。宏观经济管理体制是指整个国家宏观经济的基本经济制度,而微观经济管理体制是指一国的企业体制及企业与政府、企业与所有者关系的经济制度。宏观经济管理体制对企业财务行为的影响主要体现在企业必须服从和服务于宏观经济管理体制,在财务管理的目标、财务主体、财务管理的手段与方法等方面与宏观经济管理体制的要求相一致。微观经济管理体制对企业财务行为的影响与宏观经济管理体制相联系,主要体现在如何处理企业与政府、企业与所有者之间的财务关系。

在计划经济体制下,国家统筹企业资本、统一投资、统负盈亏,企业利润统一上缴,亏损全部由国家补贴。企业虽然是一个独立的核算单位,但无独立的理财权利,财务管理的活动内容比较单一,财务管理方法比较简单。在市场经济体制下,企业成为"自主经营、自负盈亏"的经济实体,有独立的经营权,同时也有独立的理财权。企业可以从其自身需要出发,合理确定资本需要量,然后到市场上筹集资本,再把筹集到的资本投放到高效益的项目上以获取更大的收益,最后将收益根据需要和可能进行分配,保证企业财务活动自始至终根据自身条件和外部环境作出各种财务管理决策并组织实施。因此,财务管理活动的内容比较丰富,方法也复杂多样。

（二）经济结构

经济结构一般是指从各个角度所反映的社会生产和再生产的构成,包括产业结构、地区结构、分配结构和技术结构等。经济结构对企业财务行为的影响主要体现在产业结构上。一方面,产业结构会在一定程度上影响甚至决定财务管理的性质,不同产业所要求的资金规模或投资规模不同,不同产业所要求的资本结构也不一样;另一方面,产业结构的调整和变动要求财务管理作出相应的调整和变动,否则企业日常财务运作艰难,财务目标难以实现。

（三）经济发展状况

财务管理水平是和经济发展水平密切相关的,经济发展水平越高,财务管理水平也越高。任何国家的经济发展都不可能呈长期的快速增长之势,而总是表现为"波浪式前进,螺旋式上升"的状态。当经济发展处于繁荣时期时,经济发展速度较快,市场需求旺盛,销售额大幅上升。企业为了扩大生产,需要增加投资,与此相适应则需筹集大量的资金以满足投资扩张的需要。当经济处于衰退时期时,经济发展速度缓慢,甚至出现负增长,企业的产量和销售量下降,投资锐减,资金时而紧缺、时而闲置,财务运作出现较大困难。另外,经济发展中的通货膨胀也会给企业财务管理带来较大的不利影响,主要表现在:资金占用迅速增加;利率上升,企业筹资成本加大;证券价格下跌,筹资难度增加;利润虚增,资金流失。

（四）宏观经济调控政策

政府具有对宏观经济发展进行调控的职能。在一定时期,政府为了协调经济发展,往往通过计划、财税、金融等手段对国民经济总运行机制及子系统提出一些具体的措施。这些宏观经济调控政策对企业财务管理的影响是直接的,企业必须按国家政策办事,否则将寸步难行。例如,当国家实行财务收缩的调控政策时,会导致企业的现金流入减少、现金流出增加、资金紧张、投资压缩;反之,当国家采取扩张的调控政策时,企业财务管理则会出现与之相反的情形。

三、金融环境

金融环境是企业财务管理最为主要的环境因素。企业资金的筹措大多依赖金融机构和金融市场,金融政策的变化必然会影响企业财务活动。同时,金融市场也构成企业资金投放与运用的一个重要领域,对企业财务活动有着重要且广泛的影响,并对实现企业财务目标起着不可低估的作用。在金融环境因素中,影响财务管理的有金融市场、金融机构、金融工具和利率等。

（一）金融市场

1.金融市场的意义、功能与构成要素

金融市场是指资金供应者和资金需求者双方通过一定的金融工具进行交易而融通资金的场所。企业从事投资活动所需要的资金，除了所有者投入以外，主要从金融市场取得。金融市场为企业提供良好的投资和筹资的场所，为企业的长短期资金相互转化提供方便，为企业财务管理提供有意义的信息，如利率变动、有价证券市场行情变动等。

金融市场的主要功能就是把社会各个单位和个人的剩余资金有条件地转让给社会各个缺乏资金的单位和个人，使财尽其用，促进社会发展。

金融市场的构成要素包括市场主体、金融工具、市场调节机制等。

（1）市场主体。市场主体即资金供应者和资金需求者，是金融市场的基本参与者。在多数情况下，金融市场的资金供应者和资金需求者是通过金融中介机构联系起来的。这种方式变直接筹资为间接筹资，提高了金融市场的效率。

（2）金融工具。金融工具是指融通资金双方在金融市场上进行资金交易、转让的工具，是以资金为商品进行交易的手段和形式，一般包括债券债务凭证和所有权凭证。

（3）市场调节机制。资金作为特殊商品的价格通常表现为利率。供求影响价格，而价格则调节需求，通过这种市场机制和调节作用可实现社会资金的合理配置。

2.金融市场的分类

金融市场可按照不同的标准进行分类。

（1）货币市场和资本市场。以期限为标准，金融市场可分为货币市场和资本市场。货币市场又称短期金融市场，是指以期限在 1 年以内的金融工具为媒介，进行短期资金融通的市场，包括同业拆借市场、票据市场、大额定期存单市场和短期债券市场。资本市场又称长期金融市场，是指以期限在 1 年以上的金融工具为媒介，进行长期资金交易活动的市场，包括股票市场、债券市场和融资租赁市场等。

（2）发行市场和流通市场。以功能为标准，金融市场可分为发行市场和流通市场。发行市场又称为一级市场，主要处理金融工具的发行与最初购买者之间的交易。流通市场又称为二级市场，主要处理现有金融工具转让和变现的交易。

（3）资本市场、外汇市场和黄金市场。以融资对象为标准，金融市场可分为资本市场、外汇市场和黄金市场。资本市场以货币和资本为交易对象；外汇市场以各种外汇金融工具为交易对象；黄金市场则是集中进行黄金买卖和金币兑换的交易市场。

（4）基础性金融市场和金融衍生品市场。按所交易金融工具的属性，金融市场可分为基础性金融市场与金融衍生品市场。基础性金融市场是指以基础性金融产品为交易对象的金融市场，如商业票据、企业债券、企业股票的交易市场。金融衍生品市场是指以金融衍生品为交易对象的金融市场，如远期、期货、掉期（互换）、期权的交易市场，以及具有前述衍生品中一种或多种特征的结构化金融工具的交易市场。

（5）地方性金融市场、全国性金融市场和国际性金融市场。以地理范围为标准，金融市场可分为地方性金融市场、全国性金融市场和国际性金融市场。

（二）金融机构

在金融市场上，社会资金从资金供应者手中转移到资金需求者手中，大多要通过金融机

构。金融机构在不同国家有很大区别，一般包括银行业金融机构和其他金融机构。

银行业金融机构是指经营存款、放款、汇兑及储蓄等金融业务，承担信用中介的金融机构。银行的主要职能是充当信用中介、充当企业之间的支付中介、提供信用工具、充当投资手段和充当国民经济的宏观调控手段。我国银行主要包括各种商业银行和政策性银行。商业银行包括国有商业银行（中国银行、中国工商银行、中国建设银行和中国农业银行）和其他商业银行（如交通银行、招商银行等）；国家政策性银行主要包括中国进出口银行、国家开发银行等。

其他金融机构主要包括保险公司、信托投资公司、证券公司、财务公司、金融资产管理公司、金融租赁公司等机构。

（三）金融工具

金融工具是指融通资金双方在金融市场上进行资金交易、转让的工具，是以资金为商品进行交易的手段和形式。借助金融工具，资金从供给方转移到需求方。金融工具分为基本金融工具和衍生金融工具两大类。常见的基本金融工具主要有货币、票据、债券、股票等。衍生金融工具又称派生金融工具，是在基本金融工具的基础上通过特定技术设计形成的新的融资工具，如各种远期合约、互换、掉期、期权等，种类复杂、繁多，具有高风险、高杠杆效应的特点。

金融工具对于债权、债务双方所应承担的义务与享有的权利均具有法律效力。金融工具一般具有期限性、流动性、风险性和收益性四个基本特征。

（1）期限性是指金融工具一般规定了偿还期，也就是规定债务人必须全部归还本金之前所经历的时间。

（2）流动性是指金融工具能够在短期内不受损失地转变为现金的属性。

（3）风险性是指某种金融工具不能恢复其投资价格的可能性，主要包括违约风险和市场风险等。

（4）收益性是指持有金融工具所能够带来的一定收益。

（四）利率

金融市场的交易实质都是货币资金这一特殊商品的交易或融通，而资金融通以利率作为价格标准，并实行再分配。在金融市场上，利率是资金使用权的价格，在资金配置和企业财务决策中起着重要作用。

1.利率的种类

利率可以按照不同的标准进行分类。

（1）基准利率和套算利率。按利率确定的方式，可以分为基准利率和套算利率。基准利率是指在多种利率并存的条件下起决定作用的利率。基准利率变动，其他利率也相应变动。基准利率通常是中央银行的再贴现率，在我国是中国人民银行对商业银行贷款的利率。套算利率则是各金融机构根据基准利率和借贷款项的特点而换算出来的利率。

（2）实际利率和名义利率。按利率是否包含通货膨胀因素，可以分为实际利率和名义利率。实际利率是指在物价不变从而货币购买力不变的情况下的利率，或者是在物价有变化时，扣除通货膨胀溢酬后的利率。名义利率是指包含通货膨胀溢酬后的利率。两者之间的关系是

$$名义利率＝实际利率＋预计通货膨胀率$$

（3）固定利率和浮动利率。按利率在借贷期内是否调整，可以分为固定利率和浮动利率。固定利率是指在借贷期内固定不变的利率，其好处是简便易行，但是借款人或贷款人要承受利率变动的风险。浮动利率是指在借贷期内随市场利率变化而调整的利率，其好处是借贷双方承担的利率变化风险较小，但利率确定和利息计算比较困难。

（4）市场利率和法定利率。按利率变动与市场的关系，可以分为市场利率和法定利率。市场利率是指在金融市场上由资金的供求双方经过竞争而形成的利率，随资金市场供求状况变动而变化。法定利率是指一国政府通过中央银行而确定的利率，体现了政府调节经济的意向。我国金融市场以法定利率为主，市场利率为辅。

2. 利率的决定因素

利率通常由三个部分构成：实际无风险利率、通货膨胀溢酬和风险溢酬。其中，风险溢酬包含三种风险的溢酬，即违约风险、流动性风险和期限风险的溢酬。因此，名义利率的一般表达式为

$$名义利率＝实际无风险利率＋通货膨胀溢酬＋风险溢酬$$
$$＝实际无风险利率＋通货膨胀溢酬＋违约风险溢酬＋$$
$$流动性风险溢酬＋期限风险溢酬$$

1）实际无风险利率

实际无风险利率又叫纯利率，是在预期通货膨胀率为零的情况下无风险证券的利率。一般来说，在没有通货膨胀的情况下，政府债券的利率可以视为实际无风险利率。

2）通货膨胀溢酬

通货膨胀溢酬是指由于通货膨胀会降低货币的实际购买力，为弥补其购买力损失而在实际无风险利率的基础上加上的附加率。通货膨胀对利率的影响很大，因为它降低了货币的购买力，也降低了实际的投资回报率。因此，投资者要求投资报酬率中必须包括相当于证券期限内平均预期通货膨胀水平的通货膨胀溢酬。有两点需要注意：一是确定利率时考虑的是未来的预期通货膨胀率，而不是过去的通货膨胀率；二是利率中反映的通货膨胀率是证券期限内的平均通货膨胀率。

3）风险溢酬

风险溢酬是指由于存在违约风险、流动性风险和期限风险而要求在实际无风险利率和通货膨胀率之外附加的利率。

（1）违约风险溢酬。违约风险溢酬是指为了弥补因债务人无法按时还本付息而带来的风险，由债权人要求附加的利率。为了弥补违约风险，就必须相应提高利率。违约风险越大，利率就越高。政府债券被视为无违约风险的证券，其利率最低。信用等级越高的公司债券，其违约风险越低，利率也就越低。在到期日和流动性等特征相同的情况下，公司债券与政府债券之间的利率差异就是违约风险溢酬。

（2）流动性风险溢酬。流动性风险溢酬是指为了弥补因债务人资产流动性差而带来的风险，由债权人要求附加的利率。在证券市场交易的有价证券通常具有较强的变现能力，因此流动性风险比较小。一些信用较弱的企业发行的证券，或者是未能上市交易的证券，由于较难变现，其流动性风险也较大。

（3）期限风险溢酬。期限风险溢酬是指为了弥补因偿债期长而带来的风险，由债权人要求附加的利率。一般来说，期限越长，需要弥补的差异即溢酬越大。

四、法律环境

财务管理的法律环境是指企业发生经济关系时所应遵守的各种法律、法规和规章。市场经济是一种法治经济，企业的一切经济活动总是在一定法律规范范围内进行的。一方面，法律提出了企业从事一切经济业务所必须遵守的规范，从而对企业的经济行为进行约束；另一方面，法律也为企业合法从事各项经济活动提供了保护。因此，企业的理财活动，无论是筹资、投资还是利润分配，都应当遵守有关的法律规范。

国家管理企业经济活动和经济关系的手段包括行政手段、经济手段和法律手段三种。随着经济体制改革不断深化，市场经济越来越完善，国家行使的行政手段逐步减少，而经济手段尤其是法律手段日益增多，将越来越多的经济关系和经济活动的准则用法律的手段形成成文的规定来约束和规范企业的经济行为。与企业财务管理活动有关的法律规范主要有企业组织法规、税收法规以及财务法规等，这些法规是影响企业财务机制运行的重要约束条件。

从整体上说，法律环境对企业财务管理的影响和制约主要表现在以下几方面。

（1）在筹资活动中，国家通过法律对公司发行债券和股票的条件作出了严格的规定，但是已取消了对筹资最低规模的限制。例如，原本规定有限责任公司最低注册资本3万元，股份有限公司最低注册资本500万元。在抓紧完善相关法律法规的基础上，自2014年3月1日起，公司法实行由公司股东（发起人）自主约定认缴出资额、出资方式、出资期限等，并对缴纳出资情况真实性、合法性负责的制度，不再限制公司设立时股东（发起人）的首次出资比例和缴足出资的期限。

（2）在投资活动中，国家通过法律规定了投资的方式和条件。例如，企业进行证券投资必须按照《中华人民共和国证券法》的规定程序进行，企业投资必须符合国家的产业政策、符合公平竞争的原则。

（3）在收益与分配活动中，国家通过法律来约束企业的利润分配。例如，税法、《中华人民共和国公司法》《企业会计制度》等规定了企业成本开支的范围和标准，企业应缴纳的税种及计算方法，利润分配的前提条件、分配比例等。

财务管理活动总是依存于特定的财务管理环境。不论哪一种都不是一成不变的，而是在不断地变化中逐步发展。因此，企业必须随时关注其所处环境的变化及其所产生的影响，以便制定措施尽快应对和适应财务管理环境的变化，使企业长期、稳定地生存和发展下去。

小贴士

同学们进入职场后，首先要熟悉职场环境，如公司的规章制度、业务流程、企业文化等。由于员工必须在特定的环境中与他人合作开展工作，因此不能无视工作环境任性而为。而在对环境熟悉后，对于工作环境中存在的问题，可以主动解决问题，改善环境。

第五节　财务管理的体制

财务管理体制是指划分企业财务管理方面的权责利关系的一种制度，是财务关系的具体表现形式。财务管理体制存在于企业整体管理框架内，是为实现企业总体财务目标而设计的财务管理模式、管理机构及组织分工等各项要素的有机结合。企业财务管理体制明确企业各财务层级财务权限、责任和利益,决定着企业财务管理的运行机制和实施模式,其核心问题是如何配置财务管理权限。

一、财务管理体制的一般模式

财务管理体制按其集权化的程度可分为集权型财务管理体制、分权型财务管理体制和集权与分权相结合型财务管理体制,其核心在于对管理体制的有效选择。

(一) 集权型财务管理体制

集权型财务管理体制是指重大财务决策权都集中在企业总部财务部门,总部对各所属单位采取严格控制和统一管理,各单位只负责短期财务规划和日常经营管理。

集权模式的优点:财务管理效率较高,能够全方位地规范和控制各成员企业的财务行为,促使集团整体政策目标的贯彻与实现;便于实现资源共享,有利于统一调度集团内部财务资源,降低资金成本,取得规模效益,促进财务资源的合理配置;有利于发挥总部财务专家的作用,降低下属单位财务风险和经营风险。

但集权型的缺点也很明显:财务管理权限高度集中于企业总部,在一定程度上剥夺了下属单位的理财自主权,抑制了下属单位理财的积极性和创造性;最高决策层(总部)远离经营现场(下属单位),信息掌握不完整易造成决策效率低甚至失误;决策权集中于企业总部,信息传递时间长,可能延误决策时机,对市场的应变力与灵活性大大降低。

因此,集权型模式主要适用于下列三种情况:企业集团的规模不大,且处于组建初期,需要通过集权来规范各下属单位的财务行为;各下属单位在集团整体的重要性使得企业总部不能对其进行分权;各下属单位的管理效能较差,需要企业总部加大管理力度。

(二) 分权型财务管理体制

在分权型财务管理体制下,企业总部财务部门只保留对各所属单位重大财务事项的决策权或审批权,而将日常财务事项的决策权与管理权下放到各所属单位,各所属单位只需对一些决策结果报请企业总部备案即可,总部对下属单位以间接管理方式为主。在这种体制下,各下属单位相对独立,总部不直接干预各单位的生产经营与财务活动。

分权型体制的主要优点:有利于调动各所属单位理财活动的积极性和创造性;市场信息反应灵敏,财务决策周期短,市场应变能力加强,决策效率提高;集团最高管理层可将有限的时间和精力集中于企业最重要的战略决策问题上。

但分权模式也有其明显的缺陷,主要体现在以下方面:各所属单位之间资源调动受到一定限制,不利于整个企业资源的优化配置,导致资金管理分散且成本增大,影响规模经济效益的发挥;难以统一指挥和协调,不利于企业整体政策的顺利贯彻实施;难以有效约束经营者,易造成有的下属单位因追求自身利益而忽视甚至损害企业整体利益,导致费用失控、利润分配无序。因而,这种模式主要适用于资本经营型企业集团和某些对企业集团没有重要影响的下属单位。

(三) 集权与分权相结合型财务管理体制

集权与分权相结合型,即适度的集权与适度的分权相结合的财务管理体制。集权与分权结合其实质就是集权下的分权,企业对各所属单位在所有重大问题的决策与处理上实行高度集权，各所属单位则对日常经营活动具有较大的自主权。恰当的集权与分权相结合既能发挥企业总部财务调控职能，激发各下属单位的积极性和创造性，又能有效控制各所属单位经营者及面临的风险。因此，适度集权与分权相结合的混合型是很多企业集团财务管理体制所追求的目标。实行这种体制的关键在于把握集权与分权之间的相对平衡：一方面适当集权，实行关键点控制，包括重大的资金调度控制、财务人员控制等；另一方面适度放权，对分权的下属单位界定其所拥有的权限，职责分工明确；最后相互协调一致，实现协同，共同达到企业的总目标。

集权与分权相结合型财务管理体制的核心内容是企业总部应做到制度统一、资金集中、信息集成和人员委派。具体应集中制度制定权，筹资、融资权，投资权，用资、担保权，固定资产购置权，收益分配权；分散经营自主权、人员管理权、业务定价权、费用开支审批权。

二、企业财务管理体制的设计原则

企业财务管理体制的设定或变更应当遵循以下四项原则。

（一）与现代企业制度的要求相适应的原则

现代企业制度是一种产权制度，是以产权为依托，对各种经济主体在产权关系中的权利、责任、义务进行合理有效的组织、调节与制度安排，它具有"产权清晰、责任明确、政企分开、管理科学"的特征。按照现代企业制度的要求，企业财务管理体制必须以产权管理为核心，以财务管理为主线，以财务制度为依据，体现现代企业制度特别是现代企业产权制度管理的思想。

企业内部相互间关系的处理应以产权制度安排为基本依据。企业作为各所属单位的股东，根据产权关系享有作为终极股东的基本权利，特别是对所属单位资产的收益权、管理者的选择权、重大事项的决策权等。但是，企业各所属单位往往不是企业的分支结构或分公司，其经营权是其行使民事责任的基本保障，它以自己的经营与资产对其盈亏负责。

企业与各所属单位之间的产权关系确认了两个不同主体的存在，这是现代企业制度特别是现代企业产权制度的根本要求。在西方国家，在处理母子公司关系时，法律明确要求保护子公司权益，其制度安排大致如下：确定与规定董事的诚信义务与法律责任，实现对子公司的保护；保护子公司不受母公司不利指示的损害，从而保护子公司权益；规定子公司有权向母公司起诉，从而保护自身利益与权利。

（二）明确企业管理中的决策、执行与监督的科学设立原则

现代企业要做到科学管理，必须首先要从决策与管理的程序上做到科学。因此，决策、执行与监督的相关制度必不可少。这有助于加强决策的科学性，强化决策执行的刚性和可考核性，强化监督的独立性和公正性，从而形成良性循环。

（三）明确财务综合管理和分层管理思想的原则

现代企业制度要求管理是一种综合管理、战略管理。因此，企业财务管理不是也不可能是企业总部财务部门单一职能部门的财务管理，当然也不是各所属单位财务部门的财务管理，它是一种战略管理。这种管理要求从企业的整体角度对企业的财务战略进行定位；对企业的财务管理行为进行统一规范，做到高层的决策结果能被低层战略单位完全执行；以制度管理代替个人的行为管理，从而保证企业管理的连续性；以现代企业财务分层管理思想指导具体的管理实践。

（四）与企业组织体制相对应的原则

企业组织体制主要有 U 型组织（unitary structure，一元结构）、H 型组织（holding company structure，控股公司结构）和 M 型组织（multidivisional structure，多分支单位结构）三种基本形式。

U 型组织产生于现代企业的早期阶段，是现代企业最为基本的一种组织结构形式。U 型组织以智能化管理为核心，最典型的特征是在管理分工下实行集权控制，没有中间管理层，依靠总部的采购、营销、财务等职能部门直接控制各业务单元，下属公司的自主权较小。

H 型组织即控股公司体制。集团总部下设若干子公司，每家子公司拥有独立的法人地位和比较完整的职能部门。集团总部即控股公司，利用股权关系以出资者身份行使对子公司的管理权。它的典型特征是过度分权，各子公司保持了较大的独立性，总部缺乏有效的监控约束力度。

M 型组织即事业部制，就是按照企业所经营的事业，包括按产品、地区、市场等来划分部门，设立若干事业部。事业部是总部设置的中间管理组织，不是独立法人，不能够独立对外从事生产经营活动。因此，从这个意义上说，M 型组织比 H 型组织集权程度更高。

但是，随着企业管理实践的深入，H 型组织的财务管理体制也在不断演化。总部作为子公司的出资人对子公司的重大事项拥有最后的决定权，因此也就拥有了对子公司"集权"的法律基础。现代意义上的 H 型组织既可以分权管理，也可以集权管理。M 型组织下事业部在企业统一领导下，可以拥有一定的经营自主权，实行独立经营、独立核算，甚至可以在总部授权下进行兼并、收购和增加新的生产线等重大事项决策。

三、企业财务管理体制的选择

企业应将其所处的外部及内部环境相结合，构建出一套适合本企业的财务管理体制。财务管理体制的制定是否恰当，可根据以下标准来判断。

（一）是否有利于建立稳健高效的财务管理运行机制

企业内部财务管理体制的构建，目的在于引导企业建立"自主经营、自负盈亏、自我发展、自我约束"的财务运行机制，从而形成一套完整的自我控制、自我适应的系统。因此，在构建财务管理体制时，关键是看其是否有利于财务管理机制的有效运行。

（二）是否有利于调动各方积极性、主动性、创造性

财务管理是企业管理的一部分，因此企业能否成功地构建其内部财务管理体制，很大程度上取决于是否把各级经营者、管理者的积极性调动起来，使企业内部各级管理者、经营者出于对自身利益的追求，自觉地把个人利益与企业利益、个人目标与企业目标有效地结合起来，从而形成一股强大的凝聚力。

（三）是否有利于加强企业的内部管理

财务管理是企业管理各项工作的综合反映，与企业管理的各项工作密切相关，相互制约并相互促进。同时，财务管理本质上是处理企业同企业内外各种经济利益的关系，因而成功地构建企业内部财务管理体制能够强化企业内部管理。

（四）是否有利于促进企业经济效益的提高

经济效益是衡量企业管理好坏的标志，是判断一种体制优劣的根本，而且企业内部财务

管理体制构建的目的是为企业管理服务并有利于经济效益的提高。因此，企业内部财务管理体制构建得成功与否，也只能用企业经济效益来衡量。

◆ 本 章 小 结 ◆

　　企业财务是指企业在生产经营过程中的资金运动及所体现的经济利益关系，企业财务管理是指企业组织财务活动、处理财务关系的一项经济管理工作。企业的财务活动包括筹资、投资、资金运营和利润分配，因此筹资管理、投资管理、营运资金管理以及收益与分配管理便成为企业财务管理的基本内容。企业的财务关系是指企业在组织财务活动过程中与各有关方面发生的各种各样的经济利益关系，包括企业与投资者之间、企业与债权人之间、企业与受资者之间、企业与债务人之间、企业与政府之间、企业与内部各单位之间以及企业与内部职工之间的财务关系。企业财务管理目标是企业进行财务活动所要达到的根本目的，主要包括利润最大化、股东财富最大化、企业价值最大化以及相关利益者价值最大化这几种观点。企业财务管理的环节包括财务计划与预算、财务决策与控制、财务分析与考核。财务管理体制是指划分企业财务管理方面的权责利关系的一种制度，是财务关系的具体表现形式。财务管理环境是指财务管理以外的，对企业财务活动和财务管理的运行产生影响作用的各种外部、内部条件和因素的总和。影响财务管理活动最主要的环境包括技术环境、经济环境、金融环境和法律环境。其中，金融环境最为重要，金融市场、金融机构、金融工具和利率等均在一定程度上影响企业的财务管理。财务管理体制按其集权化的程度可分为集权型财务管理体制、分权型财务管理体制和混合型财务管理体制，其核心在于对管理体制的有效选择。

◆ 复习与思考题 ◆

1. 企业财务管理的主要内容有什么？
2. 企业财务管理工作有哪些环节？
3. 财务管理目标有哪些？具体有什么特点？
4. 企业财务管理体制有哪几种？分别有什么特点？
5. 财务管理环境包括哪些内容？

◆ 练 习 题 ◆

一、单项选择题

1. 导致企业短期财务决策倾向，影响企业长远发展的财务管理目标是（　　）。

　　A. 利润最大化　　　　　　　　　　B. 股东财富最大化

　　C. 企业价值最大化　　　　　　　　D. 相关利益者价值最大化

2. 协调所有者与经营者利益冲突的方法是( )。
   A. 市场对公司强行接收或吞并　　　B. 债权人通过合同实施限制性借款
   C. 债权人停止借款　　　　　　　　D. 债权人收回借款

3. 下列各项中,能够用于协调企业所有者与企业债权人矛盾的方法是( )。
   A. 解聘　　　　B. 接收　　　　C. 激励　　　　D. 停止借款

4. 作为财务管理目标,与利润最大化相比,属于股东财富最大化缺点的是( )。
   A. 不能避免短期行为
   B. 没有考虑风险因素
   C. 不仅仅适用于上市公司
   D. 股价受众多因素影响,不能完全准确反映企业财务管理状况

5. 按照财务战略目标的总体要求,利用专门的方法对各种备选方案进行比较和分析,从中选出最佳方案的过程描述的是( )。
   A. 财务预测　　B. 财务决策　　C. 财务预算　　D. 财务控制

6. 不属于企业财务管理目标代表性理论的是( )。
   A. 相关利益者价值最大化　　　　　B. 股东财富最大化
   C. 企业价值最大化　　　　　　　　D. 每股收益最大化

7. 企业财务管理环节包括计划与预算、决策与控制、分析与考核,其中不属于计划与预算的是( )。
   A. 财务预测　　B. 财务计划　　C. 财务预算　　D. 财务决策

8. 采取企业价值最大化的理由不包括的是( )。
   A. 体现了前瞻性和现实性的统一
   B. 考虑了风险与报酬的关系
   C. 克服了企业在追求利润上的短期行为
   D. 考虑了资金的时间价值

9. 按照期限划分可以将金融市场分为( )。
   A. 发行市场和流通市场
   B. 基础性金融市场和金融衍生品市场
   C. 短期金融市场和长期金融市场
   D. 一级市场和二级市场

10. 以下表述中,不属于资本市场特点的是( )。
    A. 融资期限长
    B. 融资目的是解决长期投资性资本的需要
    C. 收益较高但风险也较大
    D. 交易目的是解决短期资金的周转

11. ( )是财务管理的核心,其成功与否直接关系到企业的兴衰成败。
    A. 财务决策　　B. 财务控制　　C. 财务预算　　D. 财务预测

12. 下列各财务管理目标中,没有考虑风险因素的是( )。
    A. 利润最大化　　　　　　　　　　B. 相关利益者价值最大化
    C. 股东财富最大化　　　　　　　　D. 企业价值最大化

13. 按照金融工具的属性将金融市场分为（　　）。

    A. 发行市场和流通市场   B. 基础性金融市场和金融衍生品市场

    C. 短期金融市场和长期金融市场   D. 一级市场和二级市场

14. 下列财务管理目标中，能够体现合作共赢价值理念的是（　　）。

    A. 利润最大化   B. 股东财富最大化

    C. 企业价值最大化   D. 相关利益者价值最大化

15. 下列关于利益冲突协调的说法正确的是（　　）。

    A. 所有者与经营者的利益冲突的解决方式是收回借款、解聘和接收

    B. 协调相关者的利益冲突，需要把握的原则是尽可能使企业相关者的利益分配在数量上和时间上达到动态的协调平衡

    C. 企业被其他企业强行吞并，是一种解决所有者和债权人的利益冲突的方式

    D. 所有者和债权人的利益冲突的解决方式是激励和规定借债信用条件

二、多项选择题

1. 下列各项中，属于衍生金融工具的有（　　）。

    A. 股票   B. 互换   C. 债券   D. 掉期

2. 为确保企业财务目标的实现，下列各项中，可用于协调所有者与经营者利益冲突的措施有（　　）。

    A. 解聘   B. 接收   C. 股票期权激励   D. 绩效股激励

3. 下列各项措施中，可用来协调公司债权人与所有者利益冲突的有（　　）。

    A. 规定借款用途   B. 规定借款的担保条件

    C. 收回借款   D. 不再借款

4. 以相关利益者价值最大化作为财务管理目标的优点包括（　　）。

    A. 克服了企业追求利润的短期行为

    B. 有利于实现企业经济效益和社会效益的统一

    C. 有利于企业长期稳定发展

    D. 体现了合作共赢的价值理念

5. 下列各项中，属于决策与控制环节的有（　　）。

    A. 财务预测   B. 财务决策   C. 财务控制   D. 财务预算

6. 下列各项，属于经济环境范畴的有（　　）。

    A. 宏观经济政策   B. 经济周期

    C. 经济发展水平   D. 货币市场

7. 相关利益者价值最大化目标的具体内容包括（　　）。

    A. 强调风险与报酬的均衡，将风险限制在企业可以承受的范围内

    B. 保持与政府部门的良好关系

    C. 关心本企业普通职工的利益，创造优美和谐的工作环境，提供合理恰当的福利待遇，培养职工长期努力为企业工作

    D. 不断加强与债权人的关系，培养可靠的资金供应者

8. 企业价值可以理解为（　　）。

    A. 企业所有者权益的市场价值

  B. 企业所有者权益的账面价值

  C. 企业资产的市场价值

  D. 企业所能创造的预计未来现金流量的现值

9. 下列关于企业财务管理体制模式选择的叙述,正确的是(　　)。

  A. 实施纵向一体化战略的企业,比较适合于采用相对集中的体制模式

  B. 较高的管理者的管理水平,有助于企业更多的集中财权

  C. 直接持有所属单位50%以上的表决权股份,才有可能实施集权模式

  D. 实施多元化战略的企业,比较适合于采用相对集中的体制模式

10. 法律环境对企业的影响是多方面的,以下各项中,属于法律环境影响范围的有(　　)。

  A. 企业组织形式　　　　　　　　B. 公司治理结构

  C. 投融资活动　　　　　　　　　D. 收益分配

三、判断题

1. 股东财富最大化是企业财务管理最理想的目标。　　　　　　　　　　　(　　)

2. 作为财务管理目标,股东财富最大化和企业价值最大化通常都不适用于上市公司。　　　　　　　　　　　　　　　　　　　　　　　　　　　　　　　(　　)

3. 相关利益者价值最大化要求,不能忽视利益相关者的利益,但是却强调股东的首要地位。　　　　　　　　　　　　　　　　　　　　　　　　　　　　　　(　　)

4. 在影响财务管理的各种外部环境中,经济环境是最为重要的。　　　　　(　　)

5. 分权型财务管理体制,可能导致资金管理分散、资金成本增大、费用失控、经营风险较大。　　　　　　　　　　　　　　　　　　　　　　　　　　　　　　(　　)

6. 在协调所有者与经营者利益冲突的方法中,"接收"是一种通过所有者来约束经营者的方法。　　　　　　　　　　　　　　　　　　　　　　　　　　　　　(　　)

7. 财务管理的技术环境,是指财务管理得以实现的技术手段和技术条件,它决定着财务管理的效率和效果。　　　　　　　　　　　　　　　　　　　　　　　(　　)

8. 融资租赁市场的融资期限一般长于资产租赁期限。　　　　　　　　　　(　　)

9. 分权型财务管理体制是指企业将财务决策权与管理权完全下放到各所属单位,各所属单位的决策结果不需报请企业总部备案。　　　　　　　　　　　　　(　　)

10. 经营者和所有者的主要利益冲突,是经营者希望在创造财富的同时,能够获取更多的报酬、更多的享受;而所有者希望以较小的成本实现更多的财富。协调这一利益冲突的方式是解聘、股票期权和绩效股。　　　　　　　　　　　　　　　　(　　)

四、案例分析题

  宏伟公司(本文公司名称和人名均是虚构)是一家从事 T 产品开发的企业。由三位志同道合的朋友共同出资100万元,三人平分股权比例共同创立。企业发展初期,创始股东都以企业的长远发展为目标,关注企业的持续增长能力,所以,他们注重加大研发投入,不断开发新产品,这些措施有力地提高了企业的竞争力,使企业实现了营业收入的高速增长。在开始的几年间,销售业绩以年60%的递增速度提升。然而,随着利润的不断快速增长,三位创始股东开始在收益分配上产生了分歧。股东王力、张伟倾向于分红,而股东赵勇则认为应将企业取得的利益用于扩大再生产,以提高企业的持续发展能力,实现长远利益的最大化。由

此产生的矛盾不断升级，最终导致坚持企业长期发展的赵勇被迫出让持有的 1/3 股份而离开企业。但是，此结果引起了与企业有密切联系的广大供应商和分销商的不满，因为他们许多人的业务发展壮大都与宏伟公司密切相关，他们深信宏伟公司的持续增长将为他们带来更多的机会。于是，他们威胁如果赵勇离开企业，他们将断绝与企业的业务往来。面对这一情况，其他两位股东提出他们可以离开，条件是赵勇必须收购他们的股份。赵勇的长期发展战略需要较多投资，这样做将导致企业陷入没有资金维持生产的境地。这时，众多供应商和分销商伸出了援助之手，他们或者主动延长应收账款的期限，或者预付货款，最终赵勇又重新回到了企业，成为公司的掌门人。

经历了股权变更的风波后，宏伟公司在赵勇的领导下，不断加大投入，实现了企业规模化发展，在同行业中处于领先地位，企业的竞争力和价值不断提升。

要求：

结合案例，回答下列问题。

（1）赵勇坚持企业长远发展，而其他股东要求更多的分红，你认为赵勇的目标是否与股东财富最大化的目标相矛盾？

（2）拥有控制权的大股东与供应商和客户等利益相关者之间的利益是否矛盾，如何协调？

（3）像宏伟这样的公司，其所有权与经营权是合二为一的，这对企业的发展有什么利弊？

（4）重要利益相关者能否对企业的控制权产生影响？

第二章

财务管理的价值理念

学习目标

- 了解资金时间价值的基本概念；
- 了解风险的特点和分类；
- 掌握单利、复利、年金终值与现值的计算；
- 掌握风险的衡量指标及其计算；
- 掌握单项资产和资产组合风险与收益的衡量；
- 理解资本资产定价模型。

本章基本框架

财务管理的价值理念
- 资金的时间价值
  - 资金时间价值的概念
  - 终值与现值
  - 不等额系列收付款的资金时间价值计算
  - 折现率、利率和期限的推算
- 风险与收益分析
  - 风险概述
  - 单项资产的收益与风险
  - 资产组合的收益与风险分析
  - 证券市场理论

引导案例

王女士看到在邻近的城市中某品牌的服装生意很火爆，她也想在县城开一家服装店，于是她找到业内人士进行咨询。最终王女士联系到了该服装店的中国总部，总部工作人员告诉她，如果要加入服装店的经营队伍，她必须一次性支付 77 万元，并按该服装品牌的经营模式和经营范围营业。王女士提出现在没有那么多现金，可否分次支付？得到的答复是如果分次支付，必须从开业当年起，每年年初支付 30 万元，付 3 年。3 年中如果有一年没有按期付款，则总部将停止授予专营权。假设王女士现在身无分文，需要到银行贷款开业，而按照王女士所在县城有关扶持下岗职工创业投资的计划，她可以获得年利率为 5% 的贷款扶持。请问王女士现在应该一次支付还是分次支付？

【解答】 现在一次性支付，现值 $P = 75$ 万元。

如果分次付款，则

$$现值\ P = 30 \times [(P/A, i, n-1) + 1] = 30 \times [(P/A, 5\%, 3-1) + 1]$$
$$= 30 \times (1.859 + 1) = 85.77 (万元)$$

综上：一次性支付比分次支付少付 10.77 万元，王女士应该选择一次性支付。

第一节 资金的时间价值

一、资金的时间价值的概念

资金的时间价值

（一）含义

资金的时间价值是指一定量资金在不同时点上的价值量差额。

资金的时间价值的两个要点：不同时点和价值量的差额。

（二）量的规定性（即如何衡量）

理论上，资金的时间价值等于没有风险、没有通货膨胀条件下的社会平均资金利润率。

实际工作中，可以用通货膨胀率很低条件下的政府债券利率来表现时间价值。

二、终值与现值

（一）终值和现值的概念

终值又称将来值，是现在一定量的资金折算到未来某一时点所对应的价值，俗称本利和，通常记作 F。

现值是指未来某一时点上的一定量资金折算到现在所对应的价值，俗称本金，通常记作 P。

（二）利息的两种计算方式

单利计息方式：只对本金计算利息（各期的利息是相同的）。

复利计息方式：既对本金计算利息，也对前期的利息计算利息（各期利息不同）。

（三）单利计息方式下的终值与现值

1. 单利终值

$$F = P + P \times i \times n = P \times (1 + i \times n) \tag{2-1}$$

式中，$1 + i \times n$ 为单利终值系数。

【提示】 除非特别指明，在计算利息时，给出的利率均为年利率，对于不足一年的利息，以一年等于 360 天来折算。

【例 2-1】 某人将 200 元存入银行，年利率为 2%，求 5 年后的终值。

【解答】 $F = P \times (1 + i \times n) = 200 \times (1 + 2\% \times 5) = 220 (元)$

单利终值计算主要解决:已知现值,求终值。

2.单利现值

现值的计算与终值的计算是互逆的,由终值计算现值的过程称为折现。单利现值的计算公式为

$$P = F/(1+i \times n) \tag{2-2}$$

式中,$1/(1+i \times n)$ 为单利现值系数。

【例2-2】 某人希望在第5年年末得到本利和4 000元,用以支付一笔款项。在利率为5%、单利计息条件下,此人现在需要存入银行多少资金?

【解答】 $\qquad P = 4\ 000/(1+5\% \times 5) = 3\ 200(元)$

【注意】 由终值计算现值时所应用的利率,一般也称为折现率。

思考:前面分析过,终值与现值之间的差额,即为利息。那么,由现值计算终值的含义是什么? 由终值计算现值的含义是什么?

结论:第一,单利的终值和单利的现值互为逆运算;第二,单利终值系数 $(1+i \times n)$ 和单利现值系数 $1/(1+i \times n)$ 互为倒数。

(四) 复利终值与现值

1.复利终值

$$F = P(1+i)^n \tag{2-3}$$

式中,$(1+i)^n$ 为复利终值系数,用符号 $(F/P,i,n)$ 表示。平时做题时,可查阅复利终值系数表(附录一)得出,考试时一般会直接给出。这样,式(2-3)就可以写为

复利终值
系数表

$$F = P(F/P,i,n)$$

【例2-3】 某人拟购房,开发商提出两个方案:方案一是现在一次性付100万元,方案二是5年后付120万元。若目前银行贷款利率为7%(复利计息),要求计算比较哪个付款方案较为有利。

【解答】 方案一的终值 $= 100 \times (F/P,7\%,5) = 100 \times 1.402\ 6 = 140.26(万元)$,140.26(万元) > 120(万元)。

由于方案二的终值小于方案一的终值,所以应该选择方案二。

【注意】 第一,如果其他条件不变,当期数为1时,复利终值和单利终值是相同的。第二,在财务管理中,如果不加注明,一般均按照复利计算。

2.复利现值

$$P = \frac{F}{(1+i)^n} = F(1+i)^{-n} = F(P/F,i,n) \tag{2-4}$$

式中,$(1+i)^{-n}$ 为复利现值系数,用符号 $(P/F,i,n)$ 表示,平时做题时,可查阅复利现值系数表(附录二)得出,考试时一般会直接给出。

复利现值
系数表

【例2-4】 某人存入一笔钱,想5年后得到20万元,若银行存款利率为5%,要求计算下列指标。

(1)如果按照单利计息,现在应存入银行多少资金?

(2)如果按照复利计息,现在应存入银行多少资金?

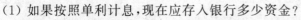

【解答】 $P=F/(1+i\times n)=20/(1+5\%\times5)=16$（万元）

$P=20\times(P/F,5\%,5)=20\times0.7835=15.67$（万元）

结论：①复利终值和复利现值互为逆运算；②复利终值系数$(1+i)^n$和复利现值系数$1/(1+i)^n$互为倒数。

【提示】 系数间的关系：①单利终值系数与单利现值系数互为倒数关系；②复利终值系数与复利现值系数互为倒数关系。

（五）普通年金的相关计算

1.年金的含义与种类

1）年金的含义

年金的含义、种类、特点

年金是指一定时期内每次等额收付的系列款项，通常记作A。其具有两个特点：一是金额相等；二是时间间隔相等。支付保险费、年折旧、支付退休金以及零存整取和分期付款购物等，这些都是年金的问题。

2）年金的种类

年金可分为普通年金（或后付年金）、即付年金（或先付年金）、永续年金。

【提示】

（1）这里的年金收付间隔的时间不一定是1年，可以是半年、1个季度或者1个月等。

（2）这里的年金收付的起止时间可以是从任何时点开始，如1年的间隔期，不一定是从1月1日至12月31日，可以是从当年7月1日至次年6月30日。

在年金的几种类型中，最基本的是普通年金，其他类型的年金都可以看成是普通年金的转化形式。

2.普通年金终值与现值的计算

（1）普通年金终值计算示意图如图2-1所示。

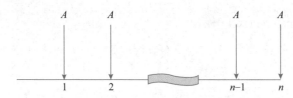

图2-1 普通年金终值计算示意图

$$F=A(1+i)^{n-1}+A(1+i)^{n-2}+\cdots+A(1+i)+A$$
$$=A\times\frac{(1+i)^n-1}{i}$$
$$=A\times(F/A,i,n) \tag{2-5}$$

年金终值系数$(F/A,i,n)$，可查阅年金终值系数表（附录三）。

年金终值系数表

年金终值系数=（复利终值系数-1）/i

$(F/A,i,n)=(F/P,i,n-1)+\cdots+(F/P,i,1)+1$

年金现值系数=（1-复利现值系数）/i

$(P/A,i,n)=(P/F,i,1)+\cdots+(P/F,i,n)$

【例2-5】 A公司决定将其一处矿产开采权公开拍卖，因此它向世界各国煤炭企业招标开矿。已知甲公司和乙公司的投标书最具有竞争力,甲公司的投标书显示,如果该公司取得开采权,从获得开采权的第 1 年开始,每年末向 A 公司交纳 10 亿美元的开采费,直到 10 年后开采结束。乙公司的投标书表示,该公司在取得开采权时,直接付给 A 公司 40 亿美元,第 8 年年末再付 60 亿美元,第 10 年后开采结束。如 A 公司要求的年投资回报率达到 15%,应接受哪个公司的投标?

【解答】　要回答上述问题,主要是要比较甲乙两个公司给 A 的开采权收入的大小。但由于两个公司支付开采权费用的时间不同,因此不能直接比较,而应比较这些支出在第 10 年终值的大小。

甲公司的方案对 A 公司来说是一笔年收款 10 亿美元的 10 年年金,其终值计算如下:
$$F = 10 \times (F/A, 15\%, 10) = 10 \times 20.304 = 203.04 (亿美元)$$

乙公司的方案对 A 公司来说是两笔收款,分别计算其终值:
$$第 1 笔收款(40 亿美元)的终值 = 40 \times (1+15\%)^{10}$$
$$= 40 \times 4.045\ 6 = 161.824 (亿美元)$$
$$第 2 笔收款(60 亿美元)的终值 = 60 \times (1+15\%)^{2}$$
$$= 60 \times 1.322\ 5 = 79.35 (亿美元)$$
$$终值合计 161.824 + 79.35 = 241.174 (亿美元)$$

因此,甲公司付出的款项终值小于乙公司付出的款项终值,应接受乙公司的投标。

(2) 普通年金现值计算示意图如图 2-2 所示。

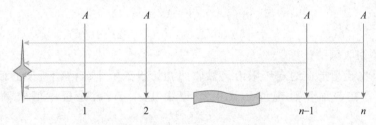

图 2-2　普通年金现值计算示意图

$$P = A \times (1+i)^{-1} + A \times (1+i)^{-2} + \cdots + A(1+i)^{-n}$$
$$= A \times \frac{1-(1-i)^{-n}}{i}$$
$$= A \times (P/A, i, n) \tag{2-6}$$

年金现值系数 $(P/A, i, n)$,平时做题可查阅年金现值系数表(附录四)得到,考试时,一般会直接给出该系数。

【例 2-6】　某投资项目于 2013 年年初动工,设当年投产,从投产之日起每年可得收益 50 000 元。按年利率 6% 计算,计算预期 10 年收益的现值。

年金现值系数表

【解答】
$$P = 50\ 000 \times (P/A, 6\%, 10)$$
$$= 50\ 000 \times 7.360\ 1$$
$$= 368\ 005 (元)$$

【例 2-7】　王小姐最近准备买房,看了好几家开发商的售房方案,其中一个方案是 A 开发商出售一套 100 平方米的住房,要求首期支付 13 万元,然后分 6 年每年年末支付 2 万元。

钱小姐很想知道每年付 2 万元相当于现在多少钱，好让她与现在 2 000 元/平方米的市场价格进行比较。（贷款利率为 6%）

【解答】 $P=2\times(P/A,6\%,6)=2\times4.917\ 3=9.834\ 6$（万元）

王小姐付给 A 开发商的资金现值为：$13+9.834\ 6=22.834\ 6$（万元）。

如果直接按每平方米 2 000 元购买，王小姐只需要付出 20 万元，可见分期付款对她不合算。

3. 偿债基金和年资本回收额的计算

1）偿债基金的计算

偿债基金是指为了在约定的未来一定时点清偿某笔债务或积聚一定数额的资金而必须分次等额形成的存款准备金，也就是为使年金终值达到既定金额的年金数额。从计算的角度来看，就是在普通年金终值中解出 A，这个 A 就是偿债基金。计算公式如下：

$$A=F\times\frac{i}{(1+i)^n-1} \tag{2-7}$$

式中，$\frac{i}{(1+i)^n-1}$ 为偿债基金系数，记作 $(A/F,i,n)$。

结论：①偿债基金和普通年金终值互为逆运算；②偿债基金系数和普通年金终值系数互为倒数。

【例 2-8】 某企业有一笔 4 年后到期的借款，到期值为 6 000 万元。若存款年复利率为10%，则为偿还该项借款应建立的偿债基金为多少？

【解答】 $6\ 000=A\times(F/A,10\%,4)$

$A=6\ 000/4.641\ 0=1\ 292.82$（万元）

2）年资本回收额的计算

年资本回收额是指在约定年限内等额收回初始投入资本或清偿所欠的债务。从计算的角度看，就是在普通年金现值公式中解出 A，这个 A，就是资本回收额。计算公式如下：

$$A=P\times\frac{i}{1-(1+i)^{-n}} \tag{2-8}$$

式中，$\frac{i}{1-(1+i)^{-n}}$ 为资本回收系数，记作 $(A/P,i,n)$。

结论：①年资本回收额与普通年金现值互为逆运算；②资本回收系数与年金现值系数互为倒数。

【例 2-9】 为实施某项计划，甲需要取得外商贷款 2 000 万美元，经甲与外商双方协商，贷款利率为 8%，按复利计息，贷款分 5 年于每年年末等额偿还。外商告知，他们已经算好，每年年末应归还本金 500 万元，支付利息 80 万美元。请核算外商的计算是否正确。

【解答】 按照约定条件，每年应还本息数额：

$$A=2\ 000/(P/A,8\%,5)=2\ 000/3.992\ 7=500.9\text{（万美元）}$$

外商计算的每年支付为 $500+80=580$（万美元）。

因此，外商计算不正确。

（六）即付年金的终值与现值

即付年金是指每期期初等额收付的年金，又称为先付年金。有关计算包括以下两个方面。

1. 即付年金终值的计算

即付年金的终值是指把即付年金每个等额 A 都换算成第 n 期期末的数值,再来求和。有以下两种计算方法。

方法一:如图 2-3 所示,先将其看成普通年金,套用普通年金终值的计算公式计算终值,得出来的是在最后一个 A 位置上的数值,即第 $n-1$ 期期末的数值。然后将其向前调整一期,得出要求的第 n 期期末的终值,即

$$F=A(F/A,i,n)(1+i) \tag{2-9}$$

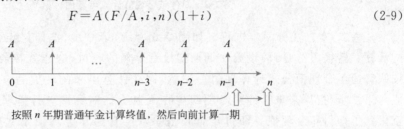

图 2-3 即付年金终值计算示意图(1)

方法二:本方法分两步进行。如图 2-4 所示,第一步,把即付年金转换成普通年金。转换的方法是,假设最后一期期末有一个等额款项的收付,这样,就转换为普通年金的终值问题,按照普通年金终值公式计算终值。不过要注意这样计算的终值,其期数为 $n+1$。第二步,把多算的在终值点位置上的这个等额收付的 A 减掉。当对计算公式进行整理后,即把 A 提出来后得到即付年金的终值计算公式。即付年金的终值系数和普通年金相比,期数加 1,而系数减 1,即

$$F=A[(F/A,i,n+1)-1] \tag{2-10}$$

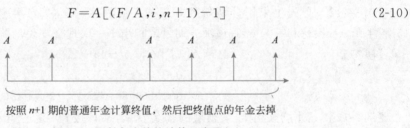

图 2-4 即付年金终值计算示意图(2)

【例 2-10】 为给儿子上大学准备资金,王先生连续 6 年于每年年初存入银行 6 000 元。若银行存款利率为 5%,则王先生在第 6 年年末能一次取出本利和多少钱?

【解答】
$$
\begin{aligned}
F &=A[(F/A,i,n+1)-1] \\
&=6\ 000\times[(F/A,5\%,7)-1] \\
&=6\ 000\times(8.142\ 0-1) \\
&=42\ 852(元)
\end{aligned}
$$

2. 即付年金现值的计算

即付年金现值就是各期的年金分别求现值,然后累加起来。有以下两种计算方法。

方法一:本方法分两步进行。如图 2-5 所示,第一步,把即付年金看成普通年金,套用普通年金现值的计算公式计算现值。注意这样得出来的是第一个 A 前一期位置上的数值。第二步,把第一步计算出来的现值乘以 $(1+i)$ 向后调整一期,得出即付年金的现值。即

$$P = A(P/A, i, n)(1+i) \tag{2-11}$$

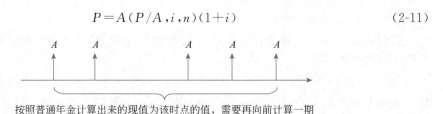

按照普通年金计算出来的现值为该时点的值，需要再向前计算一期

图 2-5　即付年金现值计算示意图(1)

方法二：本方法分两步进行。如图 2-6 所示，第一步，把即付年金转换成普通年金进行计算。转换方法是，假设第 1 期期初没有等额的收付，这样就转换为普通年金了，可以按照普通年金现值公式计算现值。注意，这样计算出来的现值为 $n-1$ 期的普通年金现值。第二步，把原来未算的第 1 期期初的 A 加上。对算式进行整理后，即把 A 提出来后就得到了即付年金现值。即付年金现值系数与普通年金现值系数相比，期数减 1，系数加 1。即

$$P = A[(P/A, i, n-1) + 1] \tag{2-12}$$

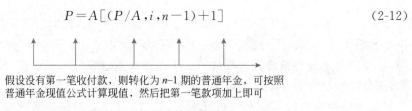

假设没有第一笔收付款，则转化为 $n-1$ 期的普通年金，可按照普通年金现值公式计算现值，然后把第一笔款项加上即可

图 2-6　即付年金现值计算示意图(2)

【例 2-11】　孙先生采用分期付款方式购入商品房一套，每年年初付款 50 000 元，分 10 年付清。若银行利率为 6%，该项分期付款相当于一次现金支付的购买价是多少？

【解答】
$$\begin{aligned} P &= A[(P/A, i, n-1) + 1] \\ &= 50\,000 \times [(P/A, 6\%, 9) + 1] \\ &= 50\,000 \times (6.801\,7 + 1) = 390\,085(元) \end{aligned}$$

【例 2-12】　王博士是国内某领域的知名专家，某日接到一家上市公司的邀请函，邀请他作为公司的技术顾问，指导开发新产品。邀请函的具体条件如下。

(1) 每个月来公司指导工作一天。

(2) 每年聘金 20 万元。

(3) 提供公司所在地 A 市住房一套，价值 105 万元。

(4) 在公司至少工作 5 年。

王博士对以上工作待遇很感兴趣，对公司开发的新产品也很有研究，决定应聘。但他不想接受住房，因为每月工作一天，只需要住公司招待所就可以了，因此他向公司提出，能否将住房改为住房补贴。公司研究了王博士的请求，决定可以在今后 5 年里每年年初给王博士支付 30 万元住房补贴。

收到公司的通知后，王博士又犹豫起来，因为如果向公司要住房，可以将其出售，扣除售价 5% 的契税和手续费，他可以获得 100 万元，而若接受住房补贴，则每年年初可获得 30 万元。假设每年存款利率 2%，则王博士应该如何选择？

【解答】　要解决上述问题，主要是比较王博士每年收到 30 万元的现值与售房 100 万元

的大小问题。由于住房补贴每年年初发放,因此对王博士来说是一个即付年金。其现值计算如下:

$$P = 30 \times [(P/A, 2\%, 4) + 1]$$
$$= 30 \times [3.8077 + 1]$$
$$= 30 \times 4.8077$$
$$= 144.23(万元)$$

从这一点来说,王博士应该接受住房补贴。

如果王博士本身是一个企业的业主,其资金的投资回报率为32%,则他应如何选择呢?

在投资回报率为32%的条件下,每年30万元的住房补贴现值为

$$P = 30 \times [(P/A, 32\%, 4) + 1]$$
$$= 30 \times [2.0957 + 1]$$
$$= 30 \times 3.0957$$
$$= 92.87(万元)$$

在这种情况下,应接受住房。

总结:关于即付年金的现值与终值计算,都可以以普通年金的计算为基础进行,也就是在普通年金现值或终值的基础上,再乘以$(1+i)$。

(七)递延年金和永续年金

1.递延年金

递延年金是指第一次等额收付发生在第二期或第二期以后的年金。如图2-7所示。

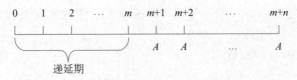

图 2-7 递延年金

1)递延年金终值计算

计算递延年金终值和计算普通年金终值基本一样,只是注意扣除递延期即可。

$$F = A(F/A, i, n) \tag{2-13}$$

2)递延年金现值的计算

方法一:如图2-8所示,把递延期以后的年金套用普通年金公式求现值,这时求出来的现值是第一个等额收付前一期期末的数值,距离递延年金的现值点还有m期,再向前按照复利现值公式折现m期即可。

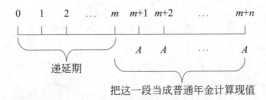

图 2-8 递延年金现值计算示意图(1)

递延年金现值的计算

计算公式如下

$$P=A(P/A,i,n)\times(P/F,i,m) \tag{2-14}$$

方法二：如图 2-9 所示，把递延期每期期末都当作有等额的收付 A，把递延期和以后各期看成是一个普通年金，计算出这个普通年金的现值，再把递延期多算的年金现值减掉即可。

$$P=A\times[(P/A,i,m+n)-(P/A,i,m)] \tag{2-15}$$

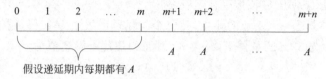

图 2-9　递延年金现值计算示意图(2)

方法三：先求递延年金终值，再折现为现值。

$$P=A\times(F/A,i,n)\times(P/F,i,m+n) \tag{2-16}$$

【例 2-13】　甲公司欲购置一台设备，卖方提出四种付款方案，具体内容如下。

方案 1：第一年初付款 20 万元，从第二年开始，每年年末付款 30 万元，连续支付 5 次。

方案 2：第一年初付款 10 万元，从第二年开始，每年年初付款 29 万元，连续支付 6 次。

方案 3：第一年初付款 16 万元，以后每间隔半年付款一次，每次支付 22 万元，连续支付 8 次。

方案 4：前三年不付款，后六年每年年初付款 40 万元。

假设按年计算的折现率为 10%，分别计算四个方案的付款现值，最终确定应该选择哪个方案。

【解答】　方案 1 的付款现值

$$\begin{aligned}P&=20+30\times(P/A,10\%,5)\times(P/F,10\%,1)\\&=20+30\times3.790\,8\times0.909\,1\\&=123.39(万元)\end{aligned}$$

方案 2 的付款现值

$$\begin{aligned}P&=10+29\times(P/A,10\%,6)\\&=10+29\times4.355\,3\\&=136.3(万元)\end{aligned}$$

方案 3 的付款现值

$$\begin{aligned}P&=16+22\times(P/A,5\%,8)\\&=16+22\times6.463\,2\\&=158.19(万元)\end{aligned}$$

方案 4 的付款现值

$$\begin{aligned}P&=40\times(P/A,10\%,6)\times(P/F,10\%,2)\\&=40\times4.355\,3\times0.826\,4\\&=143.97(万元)\end{aligned}$$

由于方案 1 的付款现值最小，所以应该选择方案 1。

2. 永续年金

永续年金是指无限期等额收付的年金。永续年金因为没有终止期，所以只有现值没有终值。

永续年金的现值，可以通过普通年金的计算公式导出。在普通年金的现值公式中，令 n 趋于无穷大，即可得出永续年金现值

$$P = A / i$$

三、不等额系列收付款的资金时间价值计算

前述单利、复利业务都属于一次性收付款项（如期初一次性存入、期末一次性取出），但是在财务管理实践中，更多情况是每次收付款金额并不相等的系列收付款项，这就需要计算不等额系列收付款的时间价值之和。如图 2-10 所示。

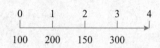

图 2-10　不等额系列收付款的示意图

（一）不等额系列收付款终值的计算

为求得不等额系列收付款终值之和，可先计算每次收付款的复利终值，然后加总。不等额系列收付款终值的计算公式如下：

$$F = P_1(1+i) + P_2(1+i)^2 + P_3(1+i)^3 + \cdots + P_n(1+i)^n$$

$$= \sum_{t=1}^{n} P_t(1+i)^t \tag{2-17}$$

【例 2-14】　某人每年年初都将节省下来的工资存入银行，其存款如表 2-1 所示，年利率为 5%，求这笔不等额存款第 4 年年末的价值。

表 2-1　某人不等额存款　　　　　　　　　　　　　单位：万元

年份(t)	0	1	2	3	4
现金流量	100	200	150	300	0

计算过程如图 2-11 所示。

【解答】

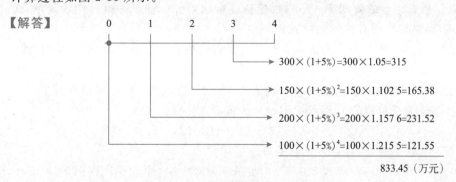

图 2-11　不等额系列收付款终值计算示意图

$$F = 100 \times (1+5\%)^4 + 200 \times (1+5\%)^3 + 150 \times (1+5\%)^2 + 300 \times (1+5\%)$$
$$= 833.45(万元)$$

（二）不等额系列收付款现值的计算

为求得不等额系列收付款现值之和，可先计算每次收付款的复利现值，然后加总。不等额系列收付款现值的计算公式如下：

$$P = F_1/(1+i) + F_2/(1+i)^2 + F_3/(1+i)^3 + \cdots + F_n/(1+i)^n$$

$$= \sum_{t=1}^{n} F_t/(1+i)^t \tag{2-18}$$

【例 2-15】 同例 2-13 资料，要求计算不等额系列收付款的现值。如图 2-12 所示。

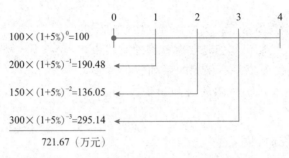

图 2-12 不等额系列收付款现值计算示意图

四、折现率、利率和期限的推算

（一）折现率（或期数）的推算

（1）对于一次性收付款项，根据其复利终值或现值的计算公式，可得折现率的计算公式为

$$\because \qquad F = P(1+i)^n \tag{2-19}$$

$$\therefore \qquad (1+i)^n = F/P$$

$$i = \sqrt[n]{F/P} - 1$$

（2）对于永续年金的折现率，就更简单：

$$\because \qquad P = A \div i$$

$$\therefore \qquad i = A \div P \tag{2-20}$$

（3）对于普通年金的折现率——内插值法。普通年金折现率的推算比较复杂，无法直接套用公式，而必须利用有关的系数表。

若 F、A、n 已知，则可利用普通年金终值公式查表找出系数为 F/A 的对应值，即

$$F = A(F/A, i, n) \tag{2-21}$$

若 P、A、n 已知，则可利用普通年金现值公式查表找出系数为 P/A 的对应值。

如果找不到完全对应的 i，则可运用内插法求得。计算公式为

$$i = L_1 + B_1 - X \div (B_1 - B_2)(I_2 - I_1) \tag{2-22}$$

显然难记住这公式，但可通过下面的方法记住。

【例 2-16】 现在向银行存入 5 000 元，在利率为多少时，才能保证在以后 10 年中每年得到 750 元？

【解答】 已知 $P = 5\,000$ 元，$n = 10$，$A = 750$。

$$P = A \cdot (P/A, i, n)$$

$$(P/A, i, 10) = P \div A = 5\,000 \div 750 = 6.666\,7$$

查 1 元年金现值系数表,当 $i=8\%$ 时,系数为 6.710 1,当 $i=9\%$ 时,系数为 6.417 7,所以,系数为 6.666 7,表示利率在 8% 至 9% 之间,用插值法求解,即

$$8\% \qquad\qquad 6.710\ 1$$
$$8\%+x \qquad\quad 6.666\ 7$$
$$9\% \qquad\qquad 6.417\ 7$$
$$x/1\%=(6.666\ 7-6.710\ 1)/(6.417\ 7-6.710\ 1)$$
$$x=0.15\%$$

所以,$i=8\%+0.15\%=8.15\%$。

(二) 实际利率的推算

上面讨论的有关计算均假定利率为年利率,每年复利一次。但实际上,复利的计息不一定是一年,有可能是一季、一月。当每年复利次数超过一次时,这样的票面利率叫名义利率,而每年只复利一次的利率才是实际利率。实际利率有以下两种换算方法。

(1) 将名义利率调整为实际利率,然后按实际利率计算。

若 i 为实际利率;R 为名义利率;m 为每年复利次数,则

$$i=(1+R/m)^m-1 \tag{2-23}$$

(2) 不计算实际利率,而是相应调整有关指标,即利率变为 R/m,期数相应变为 m,n。

$$F=P(1+r\div m)^{mn} \tag{2-24}$$

【例 2-17】　某企业于年初存入 10 万元,在年利率为 10%,半年复利一次的情况下,到第 10 年年末,该企业能得到本利和是多少?

【解答】　已知 $P=100\ 000,r=10\%,m=2,n=10$。有以下两种方法。

(1)
$$i=(1+10\%\div 2)^2-1=10.25\%$$
$$F=P\cdot(1+i)n=100\ 000\times(1+10.25\%)^{10}=26.53(万元)$$

(2)
$$F=P(1+r\div m)m\cdot n=100\ 000\times(1+10\%\div 2)^{2\times 10}$$
$$=100\ 000\times(F/P,5\%,20)$$
$$=26.53(万元)$$

【注意】　若一年内复利 n 次,则实际利率比名义利率要高。

(三) 期限的推算

若所求的折现期间为 n,对应的年金现值系数为 α';n_1、n_2 分别为相邻的两个折现期间,且 $n_1<n<n_2$;与 n_1、n_2 对应的年金现值系数分别为 β'_1、β'_2,则普通年金折现期间的推算公式为

$$n=n_1+[(\beta'_1-\alpha')/(\beta'_1-\beta'_2)]\cdot(n_2-n_1) \tag{2-25}$$

上述公式比较复杂,在实际中仍然用插值法。

【例 2-18】　某人有 1 200 元,拟投入报酬率为 8% 的投资机会,经过多少年才可使现有货币增加 1 倍?

【解答】
$$F=1\ 200\times 2=2\ 400(元)$$
$$=1\ 200\times(1+8\%)$$

$$(F/p,8\%,n)=2$$

查表可知，$(F/p,8\%,9)=1.999$，则 $n=9$。

【例 2-19】 某企业拟购买一台柴油机，更新目前的汽油机。柴油机价格较汽油机高出 2 000 元，但每年节约燃料费用 500 元。若利率为 10%，求柴油机至少使用多少年对企业而言才有利？

【解答】 已知 $P=2\ 000,A=500,i=10\%$，则

$$(P/A,10\%,n)=P/A=2\ 000/500=4$$

查年金现值系数表。在 $i=10\%$ 一列上纵向查寻，无法找到恰好为 4 的系数值，查找大于 4 和小于 4 的临界系数值：$\beta_1=4.355\ 3$ 大于 4，$\beta_2=3.790\ 8$ 小于 4，对应的临界期间为 $n_1=6,n_2=5$，则

$$
\begin{aligned}
n &= n_1+[(\beta_1'-\alpha')/(\beta_1'-\beta_2')] \cdot (n_2-n_1) \\
&= 6+(4.355\ 3-4)/(4.355\ 3-3.790\ 8) \cdot (5-6) \\
&\approx 5.4(\text{年})
\end{aligned}
$$

 小贴士

王同学因迷恋上某新款手机，从某借贷平台借款 5 000 元，借款时对方要求"一个周 10 个点"。王同学心中无明确还款额概念，一个月后王同学需还多少元？

教师讲解复利终值计算原理后，要求王同学独立思考计算该笔贷款终值。通过计算得知，在某借贷平台借款 5 000 元，一个周 10 个点，一个月后需偿还 7 320.5 元。因此，王同学从数值上直观、深刻地理解了某借贷平台的危害，从而树立理性消费观，切勿盲目攀比。而且，该借贷平台属于非正规平台，高风险、圈套多，学生要时刻对其保持警惕。

第二节 风险与收益分析

一、风险概述

风险是现代企业财务管理环境的一个重要特征，在企业财务管理的每一个环节都不可避免地要面对风险。风险是客观存在的，学会防范和化解风险，以达到风险与报酬的优化配置是非常重要的。

风险与收益的概念、特

（一）风险的概念

风险是指在一定条件下和一定时期内可能发生的各种结果的变动程度，或是指人们事先能够肯定采取某种行为所有可能的后果，以及每种后果出现可能性的状况。

对于大多数投资而言，个人或企业当前投入资金是因为预期在未来会赚取更多的资金。收益为投资者提供了一种恰当地描述投资项目财务绩效的方式。收益的大小可以通过收益率来衡量。而公司的财务决策几乎都是在包含风险和不确定的情况下做出的。离开了风险，就无法正确评价公司收益的高低情况。

风险是客观存在的，按风险的程度，可以把企业财务决策分为三种类型。

1. 确定性决策

决策者对未来的情况是完全确定的或已知的决策,称为确定性决策。例如,张先生将20万元投资于利息率为10%的短期国库券,由于国家实力雄厚,到期得到10%的收益几乎是肯定的,那么这种决策可以认为是确定性决策,即没有风险和不确定的问题。

2. 风险性决策

决策者对未来的情况不能完全确定,但它们出现的可能性——概率具体分布是已知的或可以估计的,这种情况的决策称为风险性决策。

3. 不确定性决策

决策者对未来的情况不仅不能完全确定,而且对其可能出现的概率也不清楚,这种情况下的决策为不确定性决策。

从理论上讲,不确定性是无法计量的,但在财务管理中,通常为不确定性规定一些主观概率,以便进行定量分析。不确定性规定了主观概念以后,与风险就十分近似了。因此,在公司财务管理中,对风险与不确定性并不作严格区分,当谈到风险时,可能是风险,更可能是不确定性。

(二) 风险收益

一般而言,投资者都讨厌风险,并力求回避风险。那么为什么还会有人进行风险性投资呢? 这是因为风险投资可以得到额外报酬——风险报酬。所谓风险收益,也称风险报酬,是指投资者因冒风险进行投资而获得的超过时间价值的那部分报酬。风险报酬有两种表示方法:风险报酬额和风险报酬率。在财务管理中,风险报酬通常用相对数——风险报酬率来加以计量。由于投资风险的存在,要使投资者愿意承担风险,必须给予一定报酬作为补偿。风险越大,补偿越高,即风险和报酬间的基本关系是风险越大,要求的报酬率越高。在投资报酬率相同的情况下,人们都会选择风险小的投资,结果竞争使其风险增加,报酬率下降。风险和报酬的这种联系是市场竞争的结果。

从理论上讲投资报酬是由无风险报酬、风险报酬和通货膨胀贴补三部分组成的。投资报酬可表示为

$$投资报酬(R)=无风险报酬+风险报酬+通货膨胀贴补$$

(1) 无风险报酬。无风险报酬是指将投资投放某一投资项目上能够肯定得到的报酬。在西方国家通常以固定利息公债券所提供的报酬作为无风险报酬。公债券以政府作为债务主体,一般认为这种债券的信用极高,其到期还本付息不存在问题,因而投资的预期报酬几乎是确定的。

无风险报酬有以下特征:①预期报酬的确定性,或者说无风险报酬是必要投资报酬中肯定和必然会得到的部分。无风险报酬是投资者所期望的必要投资报酬的基础,也是投资者是否进行投资的必要前提。②衡量报酬的时间性。无风险报酬也称资金时间价值,也就是说,无风险报酬只与投资的时间长短有关。

(2) 风险报酬。风险报酬是指投资者由于冒着风险进行投资而获得的超过资金时间价值的额外报酬,也是一种投资风险补偿。假设某投资者进行项目投资,其承担了50%风险的同时,必然要求获得一定的风险补偿,这部分补偿就是获得200万元的风险报酬。通常情况下风险越高,相应所需获得的风险报酬率也就越高。这里的超过资金时间价值的额外收

益,是剔除了通货膨胀因素的。

风险报酬具有以下特征:①预期报酬的不确定性。风险表现为投资报酬的不确定性,故与风险相关的预期报酬就是不确定的。由于存在投资风险,不仅风险报酬是不确定的,它还会在整体上影响投资的成败,从而导致整个投资报酬都是不确定的。这样,在投资风险与投资风险报酬之间就产生了一种差别,即投资风险是对整个投资的成败而言,而投资风险报酬则只是就投资风险自身而言,它不是整个投资的总报酬,只是投资报酬的风险部分。这种划分实际上是一种理论分析的必要。②衡量报酬的风险性,也就是风险报酬只与风险有关。

(3)通货膨胀贴补。通货膨胀贴补又称通货膨胀溢价,它是指由于通货贬值而使投资带来损失的一种补偿。通货膨胀贴补率有以下特点:①预期贴补率的不确定性。由于通货膨胀率是变动的,投资的必要报酬率可以分为真实报酬率和名义报酬率。真实报酬率是指不含通货膨胀贴补率的报酬率,它是无风险报酬率和风险报酬率之和。名义报酬率则是指包含通货膨胀贴补率的报酬率。②通货膨胀贴补率并不是一种真正意义上的投资报酬,它只是一种因通货膨胀招致投资受损而给予投资者的补偿,投资者得到的正是他失掉的。在投资决策中,考虑到通货膨胀的影响,有助于投资者确定最低必要投资报酬率。

风险报酬率是投资项目报酬率的一个重要组成部分,如果不考虑通货膨胀因素,投资报酬率就是时间价值率与风险报酬率之和。

(三)风险衡量

风险收益具有不易计量的特性。要计算在一定风险下的投资收益,必须利用概率论的方法,按未来年度预期收益的平均偏离程度来进行估量。风险的衡量使用概率和统计方法,以期望报酬率的概率分布、标准差、标准离差等来衡量。

风险的衡量

1.概率分布

一个事件的概率是指这一事件的某种后果可能发生的机会。企业投资收益率30%的概率为0.60,就意味着企业获得30%的投资收益率的可能性是60%。如果把某一事件所有可能的结果都列示出来,对每一结果给予一定概率,便可构成概率的分布。

【例2-20】 某企业正在考虑以下A、B两个投资项目,这两个项目的报酬率及其概率分布情况如表2-2所示。

表2-2 项目A和项目B的报酬率及其概率分布

经济情况	该种情况出现的概率(P_i)		投资报酬率(随机变量 X_i)	
	项目A	项目B	项目A	项目B
繁荣	0.20	0.30	15%	20%
一般	0.60	0.40	10%	15%
较差	0.20	0.30	0	−10%

概率以 P_i 表示。任何概率都要符合以下两条规则:

$$0 \leqslant P_i \leqslant 1$$

$$\sum_{i=1}^{n} P_i = 1$$

概率分布有两种类型。一种是非连续式概率分布,即概率分布在几个特定的随机变量点上,概率分布图形成几条个别的直线;另一种是连续式概率分布,即概率分布在一定区间的连续各点上,概率分布形成由一条曲线覆盖的平面。

2. 期望报酬率

如果把投资项目报酬率的每一个可能的结果与其相对应的概率相乘,然后相加求和,即得到该项目报酬率的加权平均值,即期望值或均值。其中权数是指各种收益率实现的概率。期望报酬率的计算公式如下:

$$期望报酬率 \bar{R} = P_1 R_1 + P_2 R_2 + \cdots + P_n R_n = \sum_{i=1}^{n} P_i R_i \tag{2-26}$$

式中,$\bar{R}$ 为期望报酬率;R_i 为第 i 个可能结果下的报酬率;P_i 为第 i 个可能结果出现的概率;n 为可能结果的总数。

根据公式,可求得项目 A 和项目 B 的期望报酬率分别为

$$期望报酬率 \overline{R_A} = 0.2 \times 0.15 + 0.6 \times 0.1 + 0.2 \times 0 = 9\%$$

$$期望报酬率 \overline{R_B} = 0.3 \times 0.2 + 0.4 \times 0.15 + 0.3 \times (-0.1) = 9\%$$

从计算结果可以看出,两个项目的期望报酬率都是 9%。但是否可以就此认为两个项目是等同的呢?该项目还需要进一步了解概率分布的离散情况,即计算标准离差和标准离差率。

3. 方差和标准离差

利用概率分布的概念能够对风险进行衡量,即预期未来收益的概率分布越集中,则该投资的风险越小。据此定义可知,项目 B 比项目 A 具有更大的风险,因为实际报酬背离其预期报酬的可能性更大。

为了能更准确度量风险的大小,将引入方差和标准离差这一度量概率分布密度的指标。方差或标准离差越小,概率分布越集中,同时,相应的风险也就越小。

1) 方差

按照概率论的定义,方差是各种可能的结果偏离期望值的综合差异,是反映离散程度的一种量度。方差可按以下公式计算:

$$\sigma^2 = \sum_{i=1}^{n} \{[R_i - E(R)]^2 \times P_i\} \tag{2-27}$$

2) 标准离差

标准离差则是方差的平方根。在实务中一般使用标准离差而不使用方差来反映风险的大小程度。一般来说,标准离差越小,说明离散程度越小,风险也就越小;反之,标准离差越大则风险越大。标准离差的计算公式为

$$\sigma = \sqrt{\sum_{i=1}^{n} \{[R_i - E(R)]^2 \times P_i\}} \tag{2-28}$$

可见,标准离差实际上是偏离期望值的离差的加权平均值,其度量了实际值偏离期望值的程度。

例 2-20 中,项目 A、项目 B 的标准离差为

$$\delta_A = \sqrt{0.2 \times (0.15 - 0.09)^2 + 0.6 \times (0.10 - 0.09)^2 + 0.2 \times (0 - 0.09)^2}$$
$$= 0.049$$

$$\delta_B = \sqrt{0.3 \times (0.20 - 0.09)^2 + 0.4 \times (0.15 - 0.09)^2 + 0.3 \times (-0.10 - 0.09)^2}$$
$$= 0.126$$

以上计算结果表明项目 B 的风险要高于项目 A 的风险。

3）标准离差率

标准离差是反映随机变量离散程度的一个指标，但应当注意标准离差是一个绝对指标，无法准确地反映随机变量的离散程度。解决这一问题的思路是计算反映离散程度的相对指标，即标准离差率。

标准离差率是某随机变量标准离差与期望报酬率的比值。其计算公式为

$$V = \frac{\delta}{\bar{R}} \tag{2-29}$$

式中，V 为标准离差率；δ 为标准离差；$\bar{R}$ 为期望投资报酬率。

根据例 2-20 的数据，分别计算项目 A 和项目 B 的标准离差率为

项目 A 的标准离差率＝0.049/0.09×100%＝0.544

项目 B 的标准离差率＝0.126/0.09×100%＝1.4

当然，在此例中项目 A 和项目 B 的期望投资报酬率是相等的，可以直接根据标准离差来比较两个项目的风险水平。但如比较项目的期望报酬率不同，则一定要计算标准离差率才能进行比较。

二、单项资产的收益与风险

投资者把所有资金投放于某一单项投资项目，该投资项目实施后，将会出现各种投资结果的概率。换言之，某一项投资项目实施后，能否如期回收投资以及能否获得预期收益，在事前是无法确定的，这就是单项资产投资的风险。因承担单项资产投资风险而获得的风险报酬率就称为单项投资风险报酬率。

两个备选投资方案互不相关的前提下，讨论它们各自风险大小。如果两个方案预期收益率相同，则应比较这两个方案的标准差，标准差越小的投资方案，其投资风险越小；而如果两个方案的预期收益率不同，则应比较它们的标准离差率，标准离差率越小的投资方案，其风险越小。

【例 2-21】 A 公司和 B 公司股票的收益率及其概率分布情况如表 2-3 所示，试分析投资者应该选择购买哪家公司的股票？

表 2-3　A 公司和 B 公司股票的收益率及其概率分布

市场需求类型	各类需求发生的概率（P_j）	收益率（R_j）/%	
		A 公司	B 公司
繁荣	0.30	100	20
一般	0.40	15	15
衰退	0.30	−70	10

【解答】

（1）计算这两个投资方案的预期收益率：

A 公司股票的收益率＝$R_1 P_1 + R_2 P_2 + R_3 P_3$

＝100%×0.3＋15%×0.4＋(−70%)×0.3

＝15%

$$B\text{公司股票的收益率}=R_1P_1+R_2P_2+R_3P_3$$
$$=20\%\times0.3+15\%\times0.4+10\%\times0.3$$
$$=15\%$$

因此，A、B两家公司股票的预期收益率相同，选择风险较小股票。

（2）计算标准离差，比较风险大小：

$$A\text{公司标准离差}=\sqrt{(100\%-15\%)^2\times0.3+(15\%-15\%)^2\times0.4+(-70\%-15\%)^2\times0.3}$$
$$=65.84\%$$

$$B\text{公司标准离差}=\sqrt{(20\%-15\%)^3\times0.3+(15\%-15\%)^2\times0.4+(10\%-15\%)^2\times0.3}$$
$$=3.87\%$$

因此，A公司的股票投资风险要大于B公司的股票投资风险，应购买B公司的股票。

【例 2-22】　假设投资项目A的预期收益率为60%，标准离差为15%；项目B的预期收益率为8%，而标准离差仅为3%，则投资者应该选择哪个项目进行投资呢？

【解答】　两个项目的收益率不同，不能直接根据标准离差来判断风险大小，应该采用标准离差率来判断风险大小。

项目A：　　　　　　　标准离差率 $V=15\%/60\%=0.25$

项目B：　　　　　　　标准离差率 $V=3\%/8\%=0.375$

因此，项目B的投资风险要大于项目A的投资风险，应选择项目A。

三、资产组合的收益与风险分析

在前面的分析中，考虑的是单项资产的风险和收益，但事实上，随着金融产品的不断推出，投资方式不断增多，大多数投资者都拥有一种以上的资产，如银行向个人和企业提供多种形式的金融资产贷款，个人购买有价证券也有多种选择——公司债券、国库券和股票等。投资者同时把资金投放于多种投资项目，称为投资组合。由于多种投资项目往往是多种有价证券，故又称为证券组合。投资者要想分散投资风险，就不宜把全部资金用于购买一种有价证券，而应研究投资组合问题。

（一）资产组合的概念及收益

1.资产组合的含义

两个或两个以上资产所构成的集合，称为资产组合。如果资产组合中的资产均为有价证券，则该资产组合也可称为证券组合。

2.资产组合的预期收益率

资产组合的预期收益率就是组成资产组合的各种资产的预期收益率的加权平均数，其权数等于各种资产在整个组合中所占的价值比例。资产组合的预期收益率的计算公式如下：

$$E(R_p)=\sum_{i=1}^{n}[W_i\times E(R_i)] \tag{2-30}$$

式中，$E(R_p)$ 为资产组合的预期收益率；$E(R_i)$ 为第 i 项资产的预期收益率；W_i 为第 i 项资产在整个组合中所占的价值比例。

【例 2-23】 表 2-4 所示为甲、乙两种资产的数据。

表 2-4 甲、乙两种资产的数据

资 产 项	投 资	收 益	收益率
甲	100	10	10%
乙	200	50	25%
甲、乙组合	300	60	20%

$$甲、乙收益率的加权平均值=1/3\times10\%+2/3\times25\%=20\%$$

【提示】 影响投资组合期望收益率的因素：一是投资组合中各项资产的预期收益率；二是投资组合中各项资产的价值比例。

（二）资产组合的风险衡量

1.协方差

当协方差为正值时，表示两种资产的收益率呈同方向变动；协方差为负值时，表示两种资产的收益率呈相反方向变化。

2.相关系数

相关系数总是在 $-1\sim+1$ 的范围内变动，-1 代表完全负相关，$+1$ 代表完全正相关。

（1）$-1\leqslant\rho\leqslant1$。

（2）相关系数 $=1$，表示两项资产收益率的变化方向和变化幅度完全相同。

（3）相关系数 $=-1$，表示两项资产收益率的变化方向和变化幅度完全相反。

（4）相关系数 $=0$，不相关。

3.协方差与相关系数之间的关系

$$两项资产的协方差 \mathrm{Cov}(R_1,R_2)=\rho_{1,2}\sigma_1\sigma_2 \tag{2-31}$$

（三）两项资产组合的风险

两项资产组合的收益率的方差满足以下关系式：

$$\sigma_P^2=w_1^2\sigma_1^2+w_2^2\sigma_2^2+2w_1w_2\rho_{1,2}\sigma_1\sigma_2 \tag{2-32}$$

式中，σ_P 为资产组合收益率的标准离差，衡量的是资产组合的风险；σ_1 和 σ_2 分别为组合中两项资产收益率的标准离差；w_1 和 w_2 分别为组合中两项资产所占的价值比例。

【速记】 两种资产组合的收益率方差的公式可以这样来记忆：$(a+b)^2=a^2+2ab+b^2$，将上式看成 a 和 b 的形式，再考虑两种证券的相关系数即可。

【分析】

（1）影响组合方差（或组合标准离差）的因素有三个：投资比例、单项资产的标准离差（或方差）、相关系数（协方差）。

资产组合预期收益率的影响因素有两个：投资比例、单项投资的预期收益率。

（2）组合方差与相关系数同向变化。相关系数越大，组合方差越大，风险越大。反之，相关系数越小，组合方差越小，风险越小。

（3）相关系数最大时，组合方差最大。相关系数最大值为 1，此时：

$$\sigma_p^2 = w_1^2\sigma_1^2 + w_2^2\sigma_2^2 + 2w_1w_2\sigma_1\sigma_2 = (w_1\sigma_1 + w_2\sigma_2)^2$$

$$组合标准差＝单项资产标准差的加权平均值$$

由此表明,组合的风险等于组合中各项资产风险的加权平均值。也就是说,当两项资产的收益率完全正相关时,两项资产的风险完全不能互相抵消,所以,这样的资产组合不能抵消任何风险。

（4）相关系数最小时,组合方差最小。相关系数最小值为－1,此时：

$$\sigma_p^2 = w_1^2\sigma_1^2 + w_2^2\sigma_2^2 - 2w_1w_2\sigma_1\sigma_2 = (w_1\sigma_1 - w_2\sigma_2)^2$$

方差达到最小值,甚至可能为0。因此,当两项资产的收益率具有完全负相关关系时,两者之间的风险可以充分地抵消,甚至完全消除。因而,这样的资产组合就可以最大限度地抵消风险,如图2-13所示。

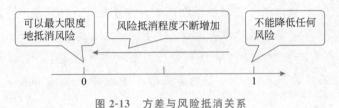

图 2-13　方差与风险抵消关系

（5）在现实情况中,两项资产完全正相关或完全负相关的情况几乎是不可能的。绝大多数资产两两之间都具有不完全的相关关系,即相关系数小于1且大于－1（多数情况下大于0）,因此有

$$0 < \sigma_p < (w_1\sigma_1 + w_2\sigma_2)$$

（四）多项资产组合的风险

一般来讲,随着资产组合中资产个数的增加,资产组合的风险会逐渐降低,当资产的个数增加到一定程度时,组合风险的降低将非常缓慢直到不再降低,如图2-14所示。

随着资产个数的增加而逐渐减小的风险,只是由收益率的方差表示的风险。通常将这些可通过增加资产组合中资产的数目而最终消除的风险,称为非系统风险。不随着组合中资产数目的增加而消失的始终存在的风险,称为系统风险。

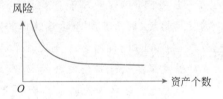

图 2-14　资产个数与风险的关系

1. 非系统风险

非系统风险又称为企业特有风险或可分散风险,是指由于某种特定原因对某特定资产收益率造成影响的可能性。它是可以通过有效的资产组合来消除掉的风险;它是特定企业或特定行业所特有的,与政治、经济和其他影响所有资产的市场因素无关。对于特定企业而言,企业特有风险可进一步分为经营风险和财务风险。经营风险是指因生产经营方面的原因给企业目标带来不利影响的可能性。财务风险又称筹资风险,是指由于举债而给企业目标带来不利影响的可能性。当企业息税前资金利润率高于借入资金利息率时,使用借入资金获得的利润除了补偿利息外还有剩余,因而使自有资金利润率提高。但是,若企业息税前资金利润率低于借入资金利息率,使用借入资金获得的利润还不够支付利息,需动用自有资金的一部分来支付利息,从而使自有资金利润率降低。

2. 系统风险及其衡量

单项资产或资产组合受系统风险影响的程度，可以通过系统风险系数（β系数）来衡量。

1）单项资产的β系数

单项资产的β系数是指可以反映单项资产收益率与市场平均收益率之间变动关系的一个量化指标，表示单项资产收益率的变动受市场平均收益率变动的影响程度，即相对于市场组合的平均风险而言，单项资产系统风险的大小。

β系数的定义式如下：

$$\beta_t = \frac{\text{Cov}(R_i, R_m)}{\sigma_m^2} = \frac{\rho_{i,m}\sigma_i\sigma_m}{\sigma_m^2} = \rho_{i,m} \times \frac{\sigma_i}{\sigma_m} \tag{2-33}$$

【注意】　协方差的计算公式如下：

某项资产收益率与市场组合收益率的协方差 $\text{Cov}(R_i, R_m) = \rho_{i,m}\sigma_i\sigma_m$

两项资产收益率的协方差 $\text{Cov}(R_1, R_2) = \rho_{1,2}\sigma_1\sigma_2$

式中，$\rho_{i,m}$ 为第 i 项资产的收益率与市场组合收益率的相关系数；σ_i 为该项资产收益率的标准离差，表示该资产的风险大小；σ_m 为市场组合收益率的标准离差，表示市场组合的风险。

【提示】

（1）从上式可以看出，第 i 种资产β系数的大小取决于三个因素：第 i 种资产收益率和市场资产组合收益率的相关系数、第 i 种资产收益率的标准离差、市场组合收益率的标准离差。

（2）市场组合的β系数为1。

（3）当β＝1时，说明该资产的收益率与市场平均收益率呈同方向、同比例的变化，即如果市场平均收益率增加（或减少）1％，那么该资产的收益率也相应地增加（或减少）1％，即该资产所含的系统风险与市场组合的风险一致。

当β＜1时，说明该资产收益率的变动幅度小于市场组合收益率（或称市场平均收益率）的变动幅度，因此其所含的系统风险小于市场组合的风险。

当β＞1时，说明该资产收益率的变动幅度大于市场组合收益率的变动幅度，因此其所含的系统风险大于市场组合的风险。

（4）绝大多数资产的β系数是大于零的（大多数介于0.5～2），也就是绝大多数资产收益率的变化方向与市场平均收益率的变化方向是一致的，只是变化幅度不同而导致β系数的不同。

极个别的资产的β系数是负数，表明这类资产的收益率与市场平均收益率的变化方向相反，当市场平均收益率增加时，这类资产的收益率却在减少，如西方的个别收账公司。

在实务中，并不需要企业财务人员或投资者自己去计算证券的β系数，一些证券咨询机构会定期公布大量交易过的证券的β系数。

2）资产组合的β系数

资产组合的β系数是所有单项资产β系数的加权平均数，权数为各种资产在资产组合中所占的价值比例。计算公式为

$$\beta_P = \sum_{i=1}^{n} (W_i \times \beta_i) \tag{2-34}$$

式中，β_P 为资产组合的 β 系数；W_i 为第 i 项资产在组合中所占的价值比重；β_i 为第 i 项资产的 β 系数。

由于单项资产的 β 系数不尽相同，因此通过替换资产组合中的资产或改变不同资产在组合中的价值比例，可以改变组合的风险特性。

 小贴士

从硅谷银行破产说明风险控制的重要性

硅谷银行(Silicon Valley Bank)成立于 1983 年，是美国硅谷地区一家以服务科技创新企业为主的商业银行，也是美国知名的风险投资银行之一。然而，2019 年年底，硅谷银行突然宣布破产。据报道，硅谷银行的资产负债表可能存在结构不合理、流动性风险较高等问题，该银行的倒闭不仅对银行业和金融市场产生重大影响，也对消费者、存款者、初创企业和科技创新产生较大的影响。硅谷银行的倒闭也提醒我们，在商业银行的经营中，风险管理是至关重要的。商业银行应该注重风险管理，加强对风险的评估和控制，同时也要注重科技创新，不断跟进科技的发展和应用，以保持银行的竞争力和市场地位。

【例 2-24】　某资产组合中有三只股票，有关的信息如表 2-5 所示，计算资产组合的 β 系数。

表 2-5　某资产组合的相关信息

股票	β 系数	股票的每股市价/元	股票的数量/股
A	0.7	4	200
B	1.1	2	100
C	1.7	10	100

【解答】　首先计算 A、B、C 三只股票所占的价值比例。

A 股票比例：　　$(4 \times 200) \div (4 \times 200 + 2 \times 100 + 10 \times 100) = 40\%$

B 股票比例：　　$(2 \times 100) \div (4 \times 200 + 2 \times 100 + 10 \times 100) = 10\%$

C 股票比例：　　$(10 \times 100) \div (4 \times 200 + 2 \times 100 + 10 \times 100) = 50\%$

然后，计算加权平均 β 系数。

$$\beta_P = 40\% \times 0.7 + 10\% \times 1.1 + 50\% \times 1.7 = 1.24$$

四、证券市场理论

(一) 风险与收益的一般关系

对于每项资产来说，所要求的必要收益率可用以下的模式来度量：

必要收益率＝无风险收益率＋风险收益率

式中，无风险收益率(通常用 R_f 表示)为纯粹利率与通货膨胀补贴之和，通常用短期国债的收益率来近似替代；风险收益率表示因承担该项资产的风险而要求的额外补偿，其大小则视所承担风险的大小以及投资者对风险的偏好而定。

理论上,风险收益率可以表述为风险价值系数(b)与标准离差率(V)的乘积,即

$$风险收益率=b×V$$

因此,

$$必要收益率 R=R_f+b×V \tag{2-35}$$

风险价值系数(b)的大小取决于投资者对风险的偏好,对风险越是回避,风险价值系数(b)的值也就越大;反之,如果对风险的容忍程度较高,则说明风险的承受能力较强,那么要求的风险补偿也就没那么高,风险价值系数(b)就会较小。标准离差率的大小则由该项资产的风险大小所决定。

(二) 资本资产定价模型的基本原理——高风险、高收益

某项资产的必要收益率

=无风险收益率+风险收益率

=无风险收益率+$β$×(市场组合的平均收益率－无风险收益率)×资产组合的必要收益率

=无风险收益率+资产组合的$β$×(市场组合的平均收益率－无风险收益率)

用公式表示如下:

$$R=R_f+β×(R_m-R_f) \tag{2-36}$$

式中,R 为某资产的必要收益率;$β$ 为该资产的系统风险系数;R_f 为无风险收益率(通常以短期国债的利率来近似替代);R_m 为市场组合平均收益率(通常用股票价格指数的平均收益率来代替);(R_m-R_f) 为市场风险溢酬。

某资产的风险收益率是市场风险溢酬与该资产 $β$ 系数的乘积,即

$$风险收益率=β×(R_m-R_f)$$

(三) 证券市场线

如果把资本资产定价模型(capital asset pricing model,CAPM)核心关系式中的 $β$ 看作自变量,必要收益率 R 作为因变量,无风险利率 R_f 和市场风险溢酬(R_m-R_f)作为已知系数,那么这个关系式在数学上就是一个直线方程,称为证券市场线(securities market line,SML)。SML 就是关系式 $R=R_f+β×(R_m-R_f)$ 所代表的直线。该直线的横坐标是 $β$ 系数,纵坐标是必要收益率。

SML 上每个点的横、纵坐标对应着每一项资产(或资产组合)的 $β$ 系数和必要收益率。因此,任意一项资产或资产组合的 $β$ 系数和必要收益率都可以在 SML 上找到对应的点。如图 2-15 所示。

【提示】

(1) 在证券市场上,截距为无风险收益率。当无风险收益率变大而其他条件不变时,所有资产的必要收益率都会上涨,且增加同样的数值。反之亦然。

(2) 斜率为市场风险溢酬。风险厌恶程度越高,要求的补偿就越高,证券市场线的斜率就越大。

(3) 在 CAPM 的理论框架下,假设市场是均衡的,则资本资产定价模型还可以描述为

$$预期收益率=必要收益率=R_f+β×(R_m-R_f)$$

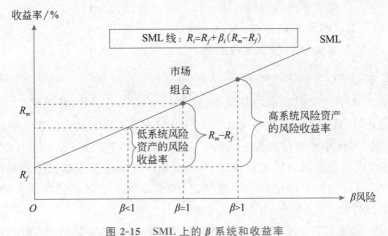

图 2-15　SML 上的 β 系统和收益率

【例 2-25】　某公司持有由甲、乙、丙三只股票构成的证券组合,三只股票的 β 系数分别是 2.0、1.3 和 0.7,投资额分别是 60 万元、30 万元和 10 万元。股票市场平均收益率为10%,无风险利率为 5%。假定资本资产定价模型成立。

要求:

(1) 确定证券组合的预期收益率。

(2) 若公司为了降低风险,出售部分股票,使甲、乙、丙三只股票在证券组合中的投资额分别变为 10 万元、30 万元和 60 万元,其余条件不变。试计算此时的风险收益率和预期收益率。

【解答】

(1) 确定证券组合的预期收益率。

① 计算各股票在组合中的比例:

$$甲股票的比例 = 60 \div (60 + 30 + 10) = 60\%$$
$$乙股票的比例 = 30 \div (60 + 30 + 10) = 30\%$$
$$丙股票的比例 = 10 \div (60 + 30 + 10) = 10\%$$

② 计算证券组合的 β 系数:

$$证券组合的 \beta 系数 = 2.0 \times 60\% + 1.3 \times 30\% + 0.7 \times 10\% = 1.66$$

③ 计算证券组合的风险收益率:

$$证券组合的风险收益率 = 1.66 \times (10\% - 5\%) = 8.3\%$$

④ 计算证券组合的预期收益率:

$$证券组合的预期收益率 = 5\% + 8.3\% = 13.3\%$$

(2) 调整组合中各股票的比例后。

① 计算各股票在组合中的比例:

$$甲股票的比例 = 10 \div (60 + 30 + 10) = 10\%$$
$$乙股票的比例 = 30 \div (60 + 30 + 10) = 30\%$$
$$丙股票的比例 = 60 \div (60 + 30 + 10) = 60\%$$

② 计算证券组合的 β 系数:

$$证券组合的 \beta 系数 = 2.0 \times 10\% + 1.3 \times 30\% + 0.7 \times 60\% = 1.01$$

③ 计算证券组合的风险收益率:

$$证券组合的风险收益率＝1.01×(10\%-5\%)＝5.05\%$$

④ 计算证券组合的预期收益率：

$$证券组合的预期收益率＝5\%+5.05\%＝10.05\%$$

（四）资本资产定价模型的有效性和局限性

CAPM 和 SML 首次将"高收益伴随着高风险"直观认识，用这样简单的关系式表达出来。到目前为止，CAPM 和 SML 是对现实中风险与收益关系的最为贴切的表述。

CAPM 在实际运用中也存在着一些局限，主要表现在以下几方面。

（1）某些资产或企业的 β 值难以估计，特别是对一些缺乏历史数据的新兴行业。

（2）由于经济环境的不确定性和不断变化，使得依据历史数据估算的 β 值对未来的指导作用必然要打折扣。

（3）CAPM 是建立在一系列假设之上的，其中一些假设与实际情况有较大的偏差，使得 CAPM 的有效性受到质疑。这些假设包括市场是均衡的、市场不存在摩擦，市场参与者都是理性的，不存在交易费用，税收不影响资产的选择和交易等。

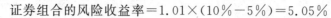

◀ 本 章 小 结 ▶

资金时间价值是客观存在的经济现象，被认为是没有风险和没有通货膨胀条件下的社会平均资金利率。资金时间价值原理，正确揭示了不同时间点上的资金之间的换算关系，是财务决策的基本依据。要理解和掌握单利、复利、年金的终值和现值的计算、对经济现象的分析以及折现率、期数的推算，实际利率与名义利率的换算。

风险报酬有两种表示方法：风险报酬额和风险报酬率。预期收益率，通常用未来各种可能情况下预计的收益率的加权平均数来表述；必要收益率，表示投资者对资产合理要求的最低收益率，其大小是无风险收益率与风险收益率之和；无风险收益率指无风险资产的收益率，它的大小由纯粹利率和通货膨胀补贴两部分组成，通常可用短期国库券的利率近似表示；风险收益率是指资产持有者因承担该资产的风险而要求的超过无风险利率的额外收益，它等于必要收益率与无风险收益率之差。它的大小取决于以下两个因素：风险的大小和投资者对风险的偏好。

单项资产预期收益率以及风险的衡量指标：预期收益率、收益率的标准离差、标准离差率、β 系数。资产组合收益率和资产组合系统风险系数的计算：资产组合收益率是资产组合中各项资产收益率的加权平均，其中权数是各项资产在组合中所占的价值比例；资产组合的系统风险系数是组合中各项资产系统风险系数的加权平均，其中权数是各项资产在组合中所占的价值比例。

风险与收益的一般关系。对于绝大多数投资者来说，投资者都会因承担该资产的风险而要求额外的补偿，其要求的最低收益率应该包括无风险收益率与风险收益率两部分。即必要收益率＝无风险收益率＋风险收益率。资本资产定价模型的主要内容是分析风险收益率的决定因素和度量方法，它的表达形式如下：

$$R＝R_f+\beta×(R_m-R_f)$$

◁ 复习与思考题 ▷

1. 简述资金时间价值的含义。
2. 简述年金的含义及种类。
3. 简述风险与收益的含义、种类。
4. 简述单项资产及资产组合风险的衡量。
5. 简述资本资产定价模型的计算。

◁ 练 习 题 ▷

一、单项选择题

1. 在下列各项资金时间价值系数中,与资本回收系数互为倒数关系的是(   )。
   A. $(P/F,i,n)$ B. $(P/A,i,n)$ C. $(F/P,i,n)$ D. $(F/A,i,n)$

2. 某人退休时有现金 10 万元,拟选择一项回报比较稳定的投资,希望每个季度能收入 2 000 元补贴生活。那么,该项投资的实际报酬率应为(   )。
   A. 2%   B. 8%   C. 8.24%   D. 10.04%

3. 某公司从本年度起每年年末存入银行一笔固定金额的款项,若按复利制用最简便算法计算第 n 年末可以从银行取出的本利和,则应选用的时间价值系数是(   )。
   A. 复利终值数   B. 复利现值系数
   C. 普通年金终值系数   D. 普通年金现值系数

4. 无法计算出确切结果的是(   )。
   A. 后付年金终值   B. 即付年金终值
   C. 递延年金终值   D. 永续年金终值

5. 根据资金时间价值理论,在普通年金现值系数的基础上,期数减 1、系数加 1 的计算结果,应当等于(   )。
   A. 递延年金现值系数   B. 后付年金现值系数
   C. 即付年金现值系数   D. 永续年金现值系数

6. 在 10% 利率下,一至五年期的复利现值系数分别为 0.909 1、0.826 4、0.751 3、0.683 0、0.620 9,则五年期的普通年金现值系数为(   )。
   A. 2.599 8   B. 3.790 7   C. 5.229 8   D. 4.169 4

7. 某一项年金前 4 年没有流入,后 6 年每年年初流入 1 000 元,利率为 10%,则该项年金的现值为(   )元。$(P/A,10\%,10)=6.144\ 6$;$(P/A,10\%,9)=5.759\ 0$;$(P/A,10\%,6)=4.355\ 3$;$(P/F,10\%,3)=0.751\ 3$。
   A. 2 974.7   B. 3 500.01   C. 3 020.21   D. 3 272.13

8. 下列关于资金时间价值的叙述错误的是(   )。
   A. 如果其他条件不变,当期数为 1 时,复利终值和单利终值是相同的

    B. 单利终值系数×单利现值系数＝1

    C. 复利终值系数×复利现值系数＝1

    D. 年金终值系数×年金现值系数＝1

  9. 某公司股票的 β 系数为 2，无风险利率为 4％，市场上所有股票的平均报酬率为 12％，则该公司股票的必要报酬率为（   ）。

    A. 8％   B. 15％   C. 11％   D. 20％

  10. 下列因素引起的风险中，投资者可以通过资产组合予以消减的是（   ）。

    A. 宏观经济状况变化   B. 世界能源状况变化

    C. 发生经济危机   D. 被投资企业出现经营失误

  11. 某资产组合含甲、乙两种资产，两种资产收益率的标准差分别是 6％和 9％，投资比重分别为 40％和 60％，两种资产收益率的相关系数为 0.6，则该资产组合收益率的标准差为（   ）。

    A. 5.4％   B. 8.25％   C. 7.10％   D. 15.65％

  12. 在计算由两项资产组成的组合收益率的方差时，不需要考虑的因素是（   ）。

    A. 单项资产在投资组合中所占比重

    B. 单项资产的 β 系数

    C. 单项资产收益率的方差

    D. 两种资产收益率的协方差

  13. 在投资收益率不确定的情况下，按估计的各种可能收益率水平及其发生概率计算的加权平均数是（   ）。

    A. 实际投资收益率   B. 期望投资收益率

    C. 必要投资收益率   D. 无风险收益率

  14. 某企业拟进行一项存在一定风险的完整工业项目投资，有甲、乙两个方案可供选择：已知甲方案净现值的期望值为 1 000 万元，标准离差为 300 万元；乙方案净现值的期望值为 1 200 万元，标准离差为 330 万元。下列结论中正确的是（   ）。

    A. 甲方案优于乙方案   B. 甲方案的风险大于乙方案

    C. 甲方案的风险小于乙方案   D. 无法评价甲、乙方案的风险大小

  15. 有甲、乙两个付款方案：甲方案在 5 年中每年年初付款 6 000 元，乙方案在 5 年中每年年末付款 6 000 元，若利率相同，则两者在第五年末的终值（   ）。

    A. 相等

    B. 前者大于后者

    C. 前者小于后者

    D. 可能会出现上述三种情况中的任何一种

二、多项选择题

  1. 在下列各项中，可以直接或间接利用普通年金终值系数计算出确切结果的项目有（   ）。

    A. 偿债基金   B. 先付年金终值   C. 永续年金现值   D. 永续年金终值

  2. 递延年金具有的特点是（   ）。

    A. 年金的第一次收付发生在若干期以后

B. 没有终值

C. 年金的现值与递延期无关

D. 年金的终值与递延期无关

3. 下列各项中属于年金形式的有(　　)。

A. 在租赁期内每期支付的等额租金

B. 在设备折旧期内每期按照直线法计提的折旧额

C. 等额分期付款

D. 零存整取的整取额

4. 下列递延年金的计算式中正确的是(　　)。

A. $P = A \times (P/A, i, n) \times (P/F, i, m)$

B. $P = A \times (F/A, i, n) \times (P/F, i, m)$

C. $P = A \times [(P/A, i, m+n) - (P/A, i, m)]$

D. $P = A \times (F/A, i, n) \times (P/F, i, n+m)$

5. 下列表述正确的是(　　)。

A. 复利终值系数与复利现值系数互为倒数

B. 偿债基金系数是普通年金现值系数的倒数

C. 递延年金的终值与递延期无关

D. 永续年金无终值

6. 在下列各项中,属于财务管理风险对策的有(　　)。

A. 规避风险　　　　B. 减少风险　　　　C. 转移风险　　　　D. 接受风险

7. 关于投资者要求的收益率,下列说法中正确的有(　　)。

A. 风险程度越高,要求的收益率越低

B. 无风险收益率越高,要求的收益率越高

C. 无风险收益率越低,要求的收益率越高

D. 风险程度越高,要求的收益率越高

8. 资本资产定价模型的局限性表现在(　　)。

A. 某些资产或企业的 β 值难以估计

B. 由于经济环境的不确定性和不断变化,使得依据历史数据估算出的 β 值对未来的指导作用必然要打折扣

C. CAPM 是建立在一系列假设之上的,其中一些假设与实际情况有较大的偏差

D. 没有提供对风险与收益之间的一种实质性的表述

9. 以下关于收益率的标准离差率的说法正确的有(　　)。

A. 收益率的标准离差率是收益率的标准离差与期望值之比

B. 收益率的标准离差率以绝对数衡量资产全部风险的大小

C. 收益率的标准离差率表示每单位预期收益所包含的风险

D. 收益率的标准离差率越大,资产的相对风险越大

10. 下列公式正确的是(　　)。

A. 风险收益率＝风险价值系数×收益率的标准离差率

B. 风险收益率＝风险价值系数×收益率的标准离差

C. 必要收益率＝无风险收益率＋风险收益率

D. 必要收益率＝无风险收益率＋风险价值系数×收益率的标准离差率

11. 下列指标中可以用来衡量投资风险的是（　　　）。

A. 收益率的期望值　　　　　　　　B. 收益率的方差

C. 收益率的标准差　　　　　　　　D. 收益率的标准离差率

三、判断题

1. 在通货膨胀率很低的情况下，公司债券的利率可视同为资金时间价值。　　　（　　）

2. 在年金终值和计息期一定的条件下，折现率越高，则年金现值越大。　　　（　　）

3. 普通年金是指从第一期起，在一定时期内每期等额发生的系列收付款项。　（　　）

4. 一项 1 000 万元的借款，借款期 5 年，年利率为 8％，若每半年复利一次，则年实际利率会高出年名义利率 0.16％。　　　　　　　　　　　　　　　　　　　（　　）

5. 对于多个投资方案而言，无论各方案的期望值是否相同，收益率的标准离差率最大的方案一定是风险最大的方案。　　　　　　　　　　　　　　　　　　（　　）

6. 如果投资比例和各项资产的期望收益率不变，但组合中各项资产收益率之间的相关系数发生改变，资产组合的期望收益率就会改变。　　　　　　　　　　　（　　）

7. 根据财务管理的理论，必要投资收益率等于期望投资收益率、无风险收益率和风险收益率之和。　　　　　　　　　　　　　　　　　　　　　　　　　（　　）

8. 证券组合风险的大小，等于组合中各个证券风险的加权平均数。　　　　（　　）

9. 经营风险是指因生产经营方面的原因给企业目标带来的不利影响。　　　（　　）

10. 当资产风险所造成的损失不能由该项目可能获得的收益予以抵销时，应当放弃该项目，以减少风险。　　　　　　　　　　　　　　　　　　　　　　　（　　）

四、案例分析题

（1）某公司拟购置一处房产，房主提出三种付款方案：

① 从现在起，每年年初支付 20 万，连续支付 10 次，共 200 万元；

② 从第 5 年开始，每年末支付 25 万元，连续支付 10 次，共 250 万元；

③ 从第 5 年开始，每年初支付 24 万元，连续支付 10 次，共 240 万元。

假设该公司的资金成本率（即最低报酬率）为 10％，你认为该公司应选择哪个方案？

（2）假设 A 资产和 B 资产在不同经济状态下可能的收益率以及各种经济状态下出现的概率如表 2-6 所示。

表 2-6　A 资产和 B 资产在不同经济状态下可能的收益率

经济状况	发生概率	A 资产收益率	B 资产收益率
繁荣	1/3	30％	−5％
一般	1/3	10％	7％
衰退	1/3	−7％	19％

如果 A 资产和 B 资产的投资比重各为 50％，A 资产和 B 资产形成一个资产组合。

要求：

① 计算资产组合的预期收益率。

② 假设 A、B 资产收益率的协方差为−1.48％，计算 A、B 资产收益率的相关系数、资产

组合收益率的方差和标准离差。

（3）K公司原持有甲、乙、丙三只股票构成证券组合，它们的 β 系数分别为 2.0、1.5、1.0，它们在证券组合中所占比重分别为 60%、30% 和 10%，市场上所有股票的平均收益率为 12%，无风险收益率为 10%。该公司为降低风险，售出部分甲股票，买入部分丙股票，甲、乙、丙三种股票在证券组合中所占比重变为 20%、30% 和 50%，其他因素不变。

要求：

① 计算原证券组合的 β 系数。

② 判断原证券组合的预期收益率达到多少时，投资者才会愿意投资。

③ 判断新证券组合的预期收益率达到多少时，投资者才会愿意投资。

第三章

筹资管理

- 认识筹资的基本概念和原则；
- 了解筹资的不同筹资方式和筹资渠道；
- 理解企业资本金制度；
- 掌握债务性筹资和权益性筹资方式的种类及优缺点；
- 掌握资金需要量的预测方法。

本 章 基 本 框 架

筹资管理 {
- 筹资管理概述 { 筹资的含义与作用 / 筹资的动机与原则 }
- 债务资金的筹资 { 银行长期借款 / 发行债券 / 融资租赁 }
- 权益资金的筹资 { 企业资本金制度 / 吸收直接投资 / 发行普通股股票 / 发行优先股股票 / 留存收益 }
- 资金需要量的预测 { 销售百分比法 / 资金习性预测法 }
}

引 导 案 例

　　W 传媒股份有限公司(以下简称 W 公司)是中国大陆一家知名综合性娱乐公司,主要从事电影的制作、发行及衍生业务、艺人经纪服务及相关服务业务。注册资本 1.26 亿元。

公司于 2022 年 10 月 15 日,采取"网下向询价对象询价配售与网上资金申购定价发行相结合"的方式,公开发行人民币普通股(A 股)4 200 万股,每股面值 1.00 元,发行价为每股人民币 28.58 元,其中,网下发行占本次最终发行数量的 20%,即 840 万股;网上发行数量为本次最终发行数量减去网下最终发行数量。本次发行的股票拟在深交所创业板上市。募集资金总额为人民币 1 200 360 000.00 元,扣除发行费用人民币 52 121 313.55 元,公司募集资金净额为人民币 1 148 238 686.45 元。其中,增加股本 42 000 000.00 元,增加资本公积 1 106 238 686.45 元。

W 公司发行股票的原因如下。

(1)营运资金短缺:公司当前遇到的最主要的发展瓶颈就是资本实力与经营目标不相匹配,营运资金瓶颈已成为制约公司进一步良性快速发展的最大障碍。资金是未来娱乐公司发展壮大的重要依托。

(2)股票筹资的作用:筹集资金的有效手段,通过发行股票可以分散投资风险,实现创业资本的增值,并且对公司上市起到广告宣传作用。

(3)股票筹资的优点:没有固定的股利负担;没有固定到期日;筹资风险小;增加公司信誉;普通股筹资限制较少,上市的融资方式显然对 W 公司未来的发展具有更加巨大的吸引力。

(4)与其他融资方式的比较:发行股票融资相对于债务融资来讲,因其风险大,资金成本也较高,同时还需承担一定的发行费用,并且发行费用一般比其他筹资方式高。普通股投资风险很大,因此投资者要求的收益率较高,增加了筹资公司的资金成本;普通股股利由净利润支付,筹资公司得不到抵减税款的好处,公司的控制权容易分散。

(5)市场前景:公司对募集资金项目的市场前景进行分析时已经考虑到了未来的市场状况,做好了应对规模扩大后市场压力的准备,有能力在规模扩大的同时,实现快速拓展市场的目标。

(6)根据 W 公司现有的规模及股东持股状况,分散控制权和被收购的风险较小。

筹资活动是企业的基本财务活动之一,筹资管理从来就是企业财务管理的重要内容。科学、合理地筹集资金,对于降低企业的筹资成本、优化企业的资源配置、提高企业的经济效益等方面,都具有非常重要的意义。本章从企业筹资的基本概念入手,着重分析了权益筹资和负债筹资的主要方式,通过对比这些主要筹资方式的优劣,为企业筹资方式的合理选择给出参考。

第一节 筹资管理概述

一、筹资的含义与作用

筹资活动是企业的一项重要财务活动,是企业开展生产经营业务活动的基本前提。筹资是企业在持续的生产经营活动中,为了满足其生产经营、对外投资以及调整资本结构等需要,通过各种渠道和方式筹措资金的行为。

筹资的概念、动机和原则

企业及时足额地筹集到资金,是其生存与发展的必要条件,也是企业财务管理的重要内容。

筹资的作用主要体现在以下两个方面。

1.用于企业经营运转

企业筹资能够为企业生产经营活动的正常开展提供财务保障，决定着企业资金运动的规模和生产经营发展的程度。企业新建时，要按照企业战略所确定的生产经营规模核定长期资本需要量和流动资金需要量。在企业日常生产经营活动运行期间，需要维持一定数额的资金，以满足营业活动的正常波动需求。这些都需要筹措相应数额的资金，来满足生产经营活动的需要。

2.用于企业投资发展

企业在成长时期，往往因扩大生产经营规模或对外投资需要大量资金，进而会产生大额的资金需求。企业生产经营规模的扩大主要有两种形式：一种是新建厂房、增加设备；另一种是引进技术、改进设备，提高生产能力和劳动效率。无论是哪一种形式，都会产生大额的资金需求。

二、筹资的动机与原则

（一）筹资动机

企业筹资是企业在日常经营活动中常常发生的活动，因此也会产生相应的筹资管理来指导相关的行为活动。在企业筹资之前应当要先确定企业筹资的动机。企业筹集资金最基本的目的是为企业的日常经营活动、为自身的生存和发展提供资金保障。总的来说，主要表现在以下三个方面。

1.扩张性筹资动机

扩张性筹资动机是指企业因扩大经营规模或增加对外投资需要而产生的筹资动机。处于成长期的企业，往往会产生扩张性的筹资动机。例如，市场对企业突然有利、产销两旺，企业产品信誉好、供不应求，淘汰旧产品、上马新产品等，都会刺激企业的扩张心态，从而渴望筹集所需资金。

2.调整性筹资动机

调整性筹资动机是指企业因调整资本结构而产生的筹资动机。企业产生调整性筹资动机的具体原因主要有两个：一是优化资本结构，合理利用财务杠杆效应。企业虽有足够的资金实力偿还到期债务，但为了调整原有资本结构，仍然举借新债，目的是使其资本结构更趋合理，这是主动的筹资策略。二是为了偿还到期债务，债务结构内部调整，即所谓借新债还旧债。

3.混合性筹资动机

混合性筹资动机是指企业既需要扩大经营的长期资金，又需要偿还债务的现金而形成的筹资动机。混合性筹资动机兼具了扩张性筹资动机和调整性筹资动机的特点，其结果是既扩大了企业的资金规模，同时又偿还了部分旧债。

（二）筹资原则

企业筹资是一项重要而复杂的工作，为了有效地筹集企业所需资金，在具体筹集资金时必须遵循以下基本原则。

1.规模适当原则

不同时期企业的资金需求量并不是一个常数，企业财务人员要认真分析科研、生产、经营状况,采用一定的方法,预测资金的需要数量,合理确定筹资规模。

2.筹集及时原则

企业财务人员在筹集资金时必须熟知资金时间价值的原理和计算方法,以便根据资金需求的具体情况,合理安排资金的筹集时间,适时获取所需资金。

3.来源合理原则

资金的来源渠道和资金市场为企业提供了资金的源泉和筹资场所,它反映资金的分布状况和供求关系,决定着筹资的难易程度。不同来源的资金,对企业的收益和成本有不同影响,因此,企业应认真研究资金来源渠道和资金市场,合理选择资金来源。

4.方式经济原则

在确定筹资数量、筹资时间、资金来源的基础上,企业在筹资时还必须认真研究各种筹资方式。企业筹集资金必然要付出一定的代价,不同筹资方式条件下的资金成本有高有低。为此,就需要对各种筹资方式进行分析、对比,选择经济可行的筹资方式,以确定合理的资金结构,以便降低成本,减少风险。

(三)筹资分类

企业筹资可以按照不同的标准进行分类。

1.股权筹资、债务筹资及衍生工具筹资

按企业所取得资金的权益特性不同,企业筹资分为股权筹资、债务筹资及衍生工具筹资三类。这也是企业筹资方式最常见的分类方法。

股权资本是股东投入的、企业依法长期拥有、能够自主调配运用的资本。企业的股权资本通过吸收直接投资、发行股票、内部积累等方式取得。股权资本由于一般不用偿还本金,形成了企业的永久性资本,因而财务风险小,但付出的资本成本相对较高。可以筹集股权资金或债务资金;手续复杂、筹资费用高;筹资领域广阔,有利于提高企业知名度和资信度。

债务资本是企业按合同向债权人取得的,在规定期限内需要清偿的债务。企业通过债权筹资形成债务资金,债务资金通过向金融机构借款、发行债券、融资租赁等方式取得。由于债务资金到期要归还本金和支付利息,债权人对企业的经营状况不承担责任,因而债务资本具有较大的财务风险,但付出的资本成本相对较低。

衍生工具筹资兼具股权与债权筹资性质。我国上市公司目前最常见的筹资方式是发行可转换债券和发行认股权证。

2.直接筹资与间接筹资

按是否借助金融机构为媒介来获取社会资金,企业筹资分为直接筹资和间接筹资两种类型。

直接筹资不需要通过金融机构来筹措资金,是企业直接从社会取得资金的方式。直接筹资方式主要有发行股票、发行债券、吸收直接投资等。通过直接筹资既可以筹集股权资金,也可以筹集债务资金。按照法律规定,公司股票、公司债券等有价证券的发行需要通过证券公司等中介机构进行,但证券公司所起的只是承销的作用,资金拥有者并未向证券公司让渡资金使用权,因此发行股票、债券属于直接向社会筹资。

间接筹资是企业借助银行和非银行金融机构而筹集资金。间接筹资的基本方式是银行借款,此外还有融资租赁等方式。间接筹资筹集的主要是债务资金,主要用于满足企业资金

周转的需要。

3. 内部筹资与外部筹资

按资金的来源范围不同,企业筹资分为内部筹资和外部筹资两种类型。

内部筹资是指企业通过利润留存而形成的筹资来源。内部筹资数额的大小主要取决于企业可分配利润的多少和利润分配政策,一般无须花费筹资费用,从而降低了资本成本。

外部筹资是指企业向外部筹措资金而形成的筹资来源。处于初创期的企业,内部筹资的可能性是有限的;处于成长期的企业,内部筹资往往难以满足需求。这就需要企业广泛地开展外部筹资,比如发行股票、债券,取得商业信用,向银行借款等。企业向外部筹资往往需要花费一定的筹资费用,从而提高了资本成本。

因此,企业筹资时首先应利用内部筹资,然后再考虑外部筹资。

4. 长期筹资与短期筹资

按所筹集资金的使用期限是否超过 1 年,企业筹资分为长期筹资和短期筹资两种类型。

长期筹资是指筹集和管理可供企业长期(一般为 1 年以上)使用的资本。长期筹资的资本主要用于企业新产品、新项目的开发与推广,生产规模的扩大,设备的更新与改造等,因此这类资本的回收期较长,成本较高,对企业的生产经营有较大的影响。长期筹资通常采取吸收直接投资、发行股票、发行债券、取得长期借款、融资租赁等方式进行,从资金权益性质来看,可以是股权资金,也可以是债务资金。

短期筹资指为满足企业临时性流动资金需要而进行的筹资活动,资金的使用期限一般在 1 年以内。企业的短期资金一般是通过利用商业信用、短期借款等流动负债的方式取得,短期筹资也称为流动负债筹资或短期负债筹资。

（四）筹资渠道和筹资方式

要做好企业资金的筹集工作,在做好资金需要量预测之后就要研究落实资金筹集的具体措施,其中重要的是了解筹集资金的渠道和方式。

1. 筹资的主要渠道

筹资渠道是指客观存在的融通资金的来源方向与通道。当前企业的筹资渠道主要有以下几个方面。

1）国家财政投资

财政投资是指国家以财政拨款、财政贷款、入股等形式投入企业的资本。它历来是国有企业自有资本的主要来源,今后仍然是国有企业权益资本筹资的重要渠道。

2）专业银行借入

专业银行借入是指企业从银行信贷部门借入资金,是各类企业筹资的重要来源。银行一般分为政策性银行和商业银行。政策性银行不以营利为目的,专门为贯彻、配合政府社会经济政策或意图,在特定的业务领域内,直接或间接地从事政策性融资活动;商业性银行是以营利为目的,以多种金融负债筹集资金、多种金融资产为经营对象,具有信用创造功能的金融机构。商业银行资本雄厚,贷款方式灵活多样,能够适应不同类型企业债务资本筹资的需要。

3）非银行金融机构借入

非银行金融机构借入是指信托投资公司、保险公司、租赁公司、证券公司、企业集团所属的财务公司等为企业提供的信贷资金投放。这种筹资渠道的资金力量比专业银行要小,当前只能起到辅助作用,但其资金来源的灵活多样,发展前景广阔。

4) 其他单位投入

其他单位投入是指其他企业法人以其可以支配的资产向企业投入的资本金。企业在生产经营中往往会出现暂时闲置的部分资金,有时甚至会闲置较长时间,为了让其发挥一定的效益,这些资金可以在企业之间相互融通,这样也能够为企业提供一定的筹资来源。

5) 社会和企业内部职工集资

社会集资是指企业通过财政和银行信用以外的各种渠道,向社会有偿筹集资金的活动,如发行股票、债券等。企业内部职工集资是指在本单位内部职工中以入股、购买债券等形式筹集资金的借贷行为。我国企事业单位职工和广大城乡居民持有大量的货币资本,可以为企业筹资提供一定的资本来源。

6) 外商投入

外商投入是指企业吸收外国投资者以及我国港、澳、台地区投资者投资,包括向国际金融机构贷款、向国外发行债券和股票、合资经营、合作经营等形式,是外商投资企业的重要资金来源。

7) 企业自留

企业自留是指企业按规定从税后利润、成本等方面提取的各项资金,以用于转增资本金和弥补亏损等其他短期需要。从税后利润中提取的有法定盈余公积金、公益金、未分配利润等,从成本中提取的有应付福利费、预提大修理费等,这些资金可用于企业短期周转,成为内部筹资的来源渠道。

2. 筹资的方式

筹资方式是指可供企业在融通资金时选用的具体筹资形式。一般有以下七种:吸收直接投资;发行股票;利用留存收益;向银行借款;利用商业信用;发行公司债券;租赁筹资。

企业筹资渠道和筹资方式有着密切的联系,一定的筹资方式可能仅适用于某一特定的筹资渠道,但同一筹资渠道的资本往往可以采取不同的筹资方式取得,而同一筹资方式又往往可以适用于不同的筹资渠道。筹资方式与筹资渠道的配合状况如表 3-1 所示。

表 3-1 筹资方式与筹资渠道的配合状况

渠 道	吸收直接投资	发行股票	利用留存收益	银行借款	发行债券	利用商信	融资租赁
国家财政投资	○	○					
专业银行借入				○			
非银行金融机构借入	○	○		○	○	○	○
其他单位投入	○	○			○	○	○
社会和职工集资	○	○			○		
外商投入	○	○		○	○	○	○
企业自留	○	○	○				

小贴士

北交所首次公开募股(IPO)的上市要求和流程

北京证券交易所(简称"北交所")于 2021 年 9 月 3 日注册成立,是经国务院批准设立的中国第一家公司制证券交易所,受中国证监会监督管理。北交所的设立极大地提升了新三板的吸引力,为上市公司发展铺平了道路。那么,一家企业需要哪些条件和流程,才能完成在北交所上市呢?

一、禁止行业

属于下列行业的企业,不支持其申报在北交所发行上市。

(1) 发行人属于金融业企业(含类金融企业)。

(2) 发行人属于房地产业企业。

(3) 发行人属于产能过剩行业(产能过剩行业的认定以国务院主管部门的规定为准)、《产业结构调整指导目录》中规定的淘汰类行业。

(4) 从事学前教育、学科类培训等业务的企业。

二、上市条件

北交所的上市条件如表 3-2 所示。

表 3-2 北交所的上市条件

序号	上市条件	具体要求
1	主体资格条件	发行人当为在全国股转系统连续挂牌满 12 个月的创新层公司
2	公司治理条件	(1) 发行人"申报时"的董事(独立董事除外)、监事、高管人员(包括董事会秘书和财务负责人)应符合《上市规则》规定的任职要求,并符合北交所上市公司董事兼任高管人员的人数比例、董事或高管人员的配偶和直系亲属不得兼任监事的要求。 (2) 在上市委员会审议之前,发行人独立董事的设置应当符合北交所上市公司独立董事的相关规定,即:董事会成员中应当至少包括 1/3 独立董事,其中一名应当为会计专业人士。 (3) 发行人具有表决权差异安排的,该安指应当平稳运行至少一个完整会计年度
3	财务会计条件	(1) 发行人应当具有持续经营能力,财务状况良好; (2) 发行人最近 3 年财务报告无虚假记载,被出具无保留意见审计报告
4	经营稳定性条件	(1) 发行人最近 24 个月内主营业务未发生重大变化; (2) 最近 12 个月内曾实施重大资产重组的,在重维实施前发行人应当符合下述"市值及财务指标条件"四套标准之一(市值除外)。 (3) 控股股东和受控股股东、实际控制人支配的股东所持发行人股份权属清晰,发行人最近 24 个月内实际控制人未发生变更; (4) 最近 24 个月内董事、商管人员未发生重大不利变化

续表

序号	上市条件	具体要求
5	业务完整条件	（1）发行人业务、资产、人员、财务、机构独立； （2）发行人与控股股东、实际控制人及其控制的其他企业间不存在对发行人构成重大不利影响的同业竞争，不存在严重影响发行人独立性或者显失公平的关联交易； （3）对发行人主要业务有重天影响的土地使用权、房屋所有权、生产设备、专利、商标和著作权等不存在对发行人持续经营能力构成重大不利影响的权属纠纷
6	其他条件及负面情形	发行人不存在尚未实施完毕的股票发行、重大资产重组、可转债发行、收购、股票回购等情形。 发行人及其控股股东吸实际控制人曾出具公开承诺的，最近12个月内不得存在违反公开承诺的情形。 发行人申请公开发行股票并在北交所上市，不得存在下列情形： （1）刑事犯罪或重大违法行为：最近36个月内，发行人及其控股股东、实际控制人，存在贪污、贿赂、侵占财产、挪用财产或者破坏社会主义市场经济秩序的刑事犯罪，存在欺诈发行、重大信息披露违法或者其他沙及国家安金、公共安全、生态安全、生产安全、公众健康安全等领域的重大违法行为； （2）行政处罚股公开谴责：最近12个月内，发行人及其控股股东、实际控制人、董监高受到证监会及其派出机构行政处罚，或因证券市场违法违规行为受到全国股转公司、证券交易所等自律监管机构公开谴责； （3）正被立案侦查或立案调查：发行人或其控股股东、实际控制人、董监高因沙嫌犯罪正被司法机关立案侦查或涉娅违法违规正被证监会及其派出机构立案调查，尚未有明确结论意见； （4）失信被执行人名单：发行人或其控股股东、实际控制人被列入火信被执行人名单且情形尚未消除； （5）未按期披露定期报告：最近36个月内，未在每个会计年度结束之日起4个月内编制并披露年度报告，或者未在每个会计年度的上半年结束之日起2个月内编制并披器半年度报告； （6）重大不利影响或利益受损情形：证监会和北交所规定的，对发行人经营稳定性、直接而向市场独立持续经营的能力具有重大不利影响，或者存在发行人利益受到损害等其他情形

第二节　债务资金的筹资

债务筹资是指企业按约定代价和用途取得且需要按期还本付息的一种筹资方式，有向银行借款、向社会发行公司债券、融资租赁等基本形式。其中 **企业筹资的分类**

不足 1 年的短期借款和商业信用与企业间的商品或劳务交易密切相关，与企业资金营运存在着密切的关系，本书将在后面对上述两部分内容进行介绍。

一、银行长期借款

长期借款是指企业向银行或其他金融机构借入的期限在 1 年以上（不含 1 年）或超过 1 年的 1 个营业周期以上的各项借款，主要用于企业购建固定资产，弥补企业流动资金的不足，为投资者带来获利的机会。

（一）长期借款的种类

我国目前各金融机构的长期借款种类如下：按照付息方式与本金偿还方式的不同，分为分期付息到期还本长期借款、到期一次还本付息长期借款和分期偿还本息长期借款；按照币种的不同，分为人民币长期借款和外币长期借款；按照用途的不同，分为固定资产投资借款、更新改造借款、科技开发和新产品试制借款；按照提供贷款机构的不同，分为政策性银行贷款、商业银行贷款等。此外，企业还可从信托投资公司取得实物或货币形式的信托投资贷款，从财务公司取得各种中长期贷款。按照对贷款有无担保要求，分为信用贷款和抵押贷款。信用贷款是不需企业提供抵押品，仅凭其信用或担保人信誉而发放的贷款。抵押贷款是要求企业以抵押品作为担保的贷款。长期借款的抵押品通常是房屋、建筑物、机器设备、股票、债券等。

（二）长期借款筹资的程序

企业向金融机构借款，通常要经过以下步骤。

1. 企业提出借款申请

企业申请贷款应具备的主要条件：具有法人资格；生产经营方向和业务范围符合国家政策，而且贷款用途符合银行贷款办法规定的范围；借款企业具有一定的物资和财产；保证或担保单位具有相应的经济实力；具有还贷能力；在银行开立有账户办理结算。

2. 银行审查借款申请

按照有关政策和借款条件，银行接到企业的申请后，对借款企业进行审查，以决定是否批准企业申请的借款金额和用款计划。银行审查的主要内容包括企业的财务状况及信用状况；企业盈利的稳定性，发展前景；借款投资项目的可行性、安全性和合法性；企业的抵押品和担保情况。

3. 签订借款合同

经银行审核同意之后，借贷双方应签订借款合同。借款合同是规定借款单位和银行双方的权利、义务和经济责任的法律文件。借款合同包括基本条款、保证条款、违约条款和其他附属条款四方面内容。

4. 企业取得相应的贷款资金

双方订立借款合同后，贷款银行要按合同规定按期发放贷款资金。企业在核定的贷款指标范围内，根据用款计划和实际需要，一次或分期将贷款转入公司的存款结算户，以便使用。

5. 企业还本付息

企业按借款合同的规定按时足额归还借款本息。企业在接到还本付息通知单后，要及时筹备资金，按期还本付息。如果企业不能按期归还借款，应在借款到期之前，向银行申请贷款展期,但是否展期,由贷款银行根据具体情况决定。

(三) 长期借款合同的内容

(1) 基本条款。这是合同的基本内容,主要规定双方的权利和义务,具体包括借款金额、借款方式、发放时间、还款期限、还款方式、利率及利息支付方式等。

(2) 保证条款。这是为了保证款项能够顺利偿还而设立的一系列条款,包括借款的用途、有关的物资保证、财产抵押、担保人及其责任等。

(3) 违约条款。这是指在双方存在违约行为时如何处理的条款,主要包括对企业逾期不还或挪用贷款等如何处理及银行未按时发放贷款如何处理等内容。

(4) 其他附属条款。这是与贷款双方有关的其他条款。由于长期借款的期限长,债权人承受的风险大,因此,除借款合同的基本条款之外,银行等债权人通常还在借款合同中附加各种保护性条款,以确保企业能按时足额偿还贷款。保护性条款一般有三类:例行性保护条款;一般性保护条款;特殊性保护条款。

(四) 长期借款筹资的优缺点

1. 长期借款筹资的优点

一是融资速度快。在借贷双方协商一致,签订合同后,借方即可获得资金,而不必经过证券管理部门的审核批准,手续简单,能迅速融集到所需资金。二是资金成本低。项目主体向金融机构借款,不必像发行证券那样需要支付较高的发行费用,融资费用低;长期借款的利息可在所得税前支付,具有抵税作用。三是具有财务杠杆的作用。长期借款的利息相对普通股而言是固定的,故与债券融资、优先股融资类似,具有财务杠杆的作用,即当项目主体获得丰厚的利润时,普通股股东会享受到更多的利益。四是不影响普通股股东的控制权。由于提供长期借款的贷款人无权参与项目主体的经营管理,无投票表决权,因此不会影响项目主体股东的控股权。

2. 长期借款筹资的缺点

一是财务风险大。既是借款,就需要按期还本付息。长期借款虽然期限较长,但也必须按期归还本金和利息,当项目主体经营业绩不佳时,借款的偿付会增大项目主体的财务风险。二是融资数额有限。利用长期借款融资不能像发行股票那样在大范围内筹集大额的资金。三是限制条件较多。贷款合约中有许多限制性条款(如指定借款的用途),可能会给项目主体的经营活动带来一定的影响。

二、发行债券

债券是经济主体为筹措资金而依照法定程序发行、约定在一定期限内还本付息的有价证券。它属于一种标明债权关系的书面凭证,是企业筹措负债资金的重要方式。在我国,非公司制企业发行的债券称为企业债券,股份有限公司和有限责任公司发行的债券成为公司债券。

(一) 债券的特征

债券作为一种重要的融资手段和金融工具具有如下特征。

1. 偿还性

债券一般都规定有偿还期限,发行人必须按约定条件偿还本金并支付利息。

2. 流通性

债券一般都可以在流通市场上自由转换。

3. 安全性

与股票相比，债券通常规定有固定的利率，与企业绩效没有直接联系，收益比较稳定，风险较小。此外，在企业破产时，债券持有者享有优先于股票持有者对企业剩余财产的索取权。

4. 收益性

债券的收益性主要表现在两个方面：一是投资债券可以给投资者定期或不定期地带来利息收益；二是投资者可以利用债券价格的变动，买卖债券赚取差额。

（二）债券的基本要素

1. 债券面值

债券面值包括两个方面：一是币种；二是票面金额。面值的币种可以采用本国货币，也可用外币。债券的票面金额是债券到期时偿还债务的金额。面额通常印在债券上，固定不变到期必须足额偿还。

2. 债券期限

债券都有明确的到期日，债券发行日至到期日之间的时间，称为债券的期限。

3. 票面利率

债券上通常都载明利率，一般为固定利率。债券上载明的利率一般是年利率。在不计复利的情况下，面值与利率相乘就可以得出年利息。

4. 发行价格

理论上，债券的面值就是它的发行价格，事实上并非如此。由于发行者的种种考虑或资本市场上的供求关系、利息率的变化，债券的市场价格常常脱离它的面值，有时高于面值，有时低于面值。

（三）债券的种类

（1）按发行主体的不同，分为国债、地方政府债券、金融债券、企业债券和国际债券。

国债是由中央政府发行的债券，它由一个国家政府的信用作担保，所以信用最好，被称为金边债券。地方政府债券是由地方政府发行，又叫市政债券，它的信用、利率、流通性通常略低于国债。金融债券是由银行或非银行金融机构发行，信用高、流动性好、安全，利率高于国债。企业债券是由非公司制企业发行的债券，又称公司债券，风险高、利率也高。国际债券是国外各种机构发行的债券。

（2）按偿还期限的不同，分为短期债券、中期债券和长期债券。短期债券是1年以内的债券，通常有3个月、6个月、9个月、12个月几种期限。中期债券是发行期在1～5年内的债券。长期债券是发行期在5年以上的债券。

（3）按偿还与付息方式的不同，分为定息债券、一次还本付息债券、贴现债券、浮动利率债券和累进利率债券。定息债券的票面附有利息息票，通常半年或1年支付1次利息，利率是固定的，又叫附息债券。一次还本付息债券在到期时一次性支付利息并偿还本金。贴现债券的发行价低于票面额，到期以票面额兑付，发行价与票面额之间的差就是贴息。浮动利率债券的债券利率随着市场利率变化。累进利率债券根据持有限期长短确定利率，持有时间越长，则利率越高。

（4）按担保性质的不同，分为抵押债券、担保信托债券、保证债券和信用债券。抵押债券应以不动产作为抵押发行。担保信托债券应以动产或有价证券担保。保证债券是由第三者作为还本付息的担保人。信用债券是只凭发行者信用而发行的债券，如政府债券。

（5）按能否转换公司股权的不同，分为不可转换债券和可转换债券。不可转换债券是指不能转换为发行企业股票的债券，大多数债券属于这种类型。可转换债券是指债券持有者可以根据规定的价格转换为发行企业股票的债券。可转换公司债券是一种可以在特定时间、按特定条件转换成普通股股票的特殊企业债券。可转换债券兼具有债券和股票的特性。

（四）债券的发行

1.债券的发行条件

根据《中华人民共和国证券法》《中华人民共和国公司法》等有关规定，发行公司债券，应当符合下列条件：股份有限公司的净资产不低于人民币 3 000 万元，有限责任公司的净资产不低于人民币 6 000 万元；本次发行后累计公司债券余额不超过最近一期期末净资产额的 40%；金融类公司的累计公司债券余额按金融企业的有关规定计算；公司的生产经营符合法律、行政法规和公司章程的规定，募集的资金投向符合国家产业政策；最近 3 个会计年度实现的年均可分配利润不少于公司债券 1 年的利息；债券的利率不超过国务院规定的利率水平；公司内部控制制度健全，内部控制制度的完整性、合理性、有效性不存在重大缺陷；经资信评估机构评级，债券信用级别良好。

公司存在下列情形的不得发行公司债券：前一次公开发行的公司债券尚未募足；对已发行的公司债券或其他债务有违约或者延迟支付本息的事实，仍处于继续状态；违反规定，改变公开募集公司债券所募资金的用途；最近 36 个月内公司财务会计文件存在虚假记载，或公司存在其他重大违法行为；本次发行申请文件存在虚假记载、误导性陈述或重大遗漏；严重损害投资者合法权益和社会公共利益的其他情形。

根据《中华人民共和国证券法》第十五条的规定，公开发行公司债券募集的资金，必须用于核准的用途，不得用于弥补亏损和非生产性支出。

2.债券的发行程序

根据《中华人民共和国证券法》《中华人民共和国公司法》有关规定，公司债券发行的程序如下。

（1）作出发行债券的决议。《中华人民共和国公司法》规定，股份有限公司、有限责任公司发行公司债券，由董事会制定方案，股东会作出决议。

（2）公司债券的资信评估。债券的资信评估实际是对发行人的偿债能力进行评价。对公司债券进行资信评估是国际通行做法。我国现行企业的资信评估分为 10 级，即 AAA、AA、A、BBB、BB、B、CCC、CC、C、D。

（3）发行债券的申请。发行公司债券，发行人必须向国务院授权的部门提交《中华人民共和国公司法》规定的申请文件和国务院授权的部门规定的有关条件。

（4）债券发行的审批。依据《中华人民共和国证券法》第二十二条规定，国务院证券监督管理机构或者国务院授权的部门应自受理证券发行申请文件之日起三个月内，对债券发行人的申请作出决定。不予核准的，应当说明理由。

（5）公告公司债券募集办法。发行公司债券的申请经批准后，公司应当在一定期限内依法公告公司债券的募集办法。

（6）公司债券的认购。公司债券募集办法公告后，即可募集公司债券。

（7）登记备案。公司债券发行结束后，公司应当在一定期限内向国务院授权的部门和政府主管机关登记备案。

（五）债券的偿还

债券偿还时间按其实际发生与规定的到期日之间的关系，分为提前偿还与到期偿还两类。其中后者又分为分批偿还和一次偿还两种。

1. 提前偿还

提前偿还又称提前赎回或收回，是指在债券尚未到期之前就予以偿还。只有在公司发行债券的契约中明确规定了有关允许提前偿还的条款，公司才可以进行此项操作。提前偿还所支付的价格通常要高于债券的面值，并随到期日的临近而逐渐下降。具有提前偿还条款的债券可使公司筹资有较大的弹性。当公司资金有结余时，可提前赎回债券；当预测利率下降时，也可提前赎回债券，而后以较低的利率发行新债券。

2. 分批偿还

如果一个公司在发行同一种债券的当时就为不同编号或不同发行对象的债券规定了不同的到期日，这种债券就是分批偿还债券。因为各批债券的到期日不同，它们各自的发行价格和票面利率可能也不相同，从而导致发行费较高；由于这种债券便于投资人挑选最合适的到期日，因而便于发行。

3. 一次偿还

到期一次偿还的债券是最为常见的。

（六）发行债券筹资的优缺点

1. 债券筹资的优点

一是资本成本较低。与股票的股利相比，债券的利息允许在所得税前支付，公司可享受税收上的利益，故公司实际负担的债券成本一般低于股票成本。二是可利用财务杠杆。无论发行公司的盈利多少，持券者一般只收取固定的利息，若公司用资后收益丰厚，增加的收益大于支付的债息额，则会增加股东财富和公司价值。三是保障公司控制权。持券者一般无权参与发行公司的管理决策，因此发行债券一般不会分散公司控制权。

2. 债券筹资的缺点

发行企业债券对企业自身的要求相对严格，报批及发行手续比较复杂，发行公司债券所筹集的资金，必须按审批机关批准的用途使用，不得用于弥补亏损和非生产支出。上市公司发行可转换债券还必须具备一些条件，如财务报表经过注册会计师审计无保留意见；最近3年连续盈利，从事一般行业其净资产利润率在10%以上，从事能源、原材料、基础设施的公司要求在7%以上；发行本次债券后资产负债率必须小于70%；利率不得超过同期银行存款利率；发行额度在1亿元以上；证监委的其他规定。除此之外，发行企业债券由于必须按期付息，对企业形成一定的资金压力，使得这种融资渠道的风险相对较高。

三、融资租赁

租赁是指通过签订资产出让合同的方式，使用资产的一方通过支付租金，向出让资产的一方取得资产使用权的一种交易行为。

(一)租赁的基本特征

1.所有权与使用权相分离

租赁资产的所有权与使用权分离是租赁的主要特点之一。银行信用虽然也是所有权与使用权相分离,但载体是货币资金,租赁则是资金与实物相结合基础上的分离。

2.融资与融物相结合

租赁是以商品形态与货币形态相结合提供的信用活动,出租人在向企业出租资产的同时,解决了企业的资金需求,具有信用和贸易双重性质。它不同于一般的借钱还钱、借物还物的信用形式,而是借物还钱,并以分期支付租金的方式来体现。租赁将银行信贷和财产信贷融合在一起,成为企业融资的一种新形式。

3.租金的分期支付

在租金的偿还方式上,租金与银行信用到期还本付息不一样,采取了分期回流的方式。出租方的资金一次投入,分期收回。对于承租方而言,通过租赁可以提前获得资产的使用价值,分期支付租金便于分期规划未来的现金流出量。

(二)租赁的分类

1.经营租赁

经营租赁是由租赁公司向承租单位在短期内提供设备,并提供维修、保养、人员培训等的一种服务性业务,又称服务性租赁。经营租赁的特点如下。

(1)出租的设备一般由租赁公司根据市场需要选定,然后再寻找承租企业。

(2)租赁期较短,短于资产的有效使用期,在合理的限制条件内承租企业可以中途解约。

(3)租赁设备的维修、保养由租赁公司负责。

(4)租赁期满或合同中止以后,出租资产由租赁公司收回。经营租赁比较适用于租用技术过时较快的生产设备。

2.融资租赁

融资租赁是由租赁公司按承租单位要求出资购买设备,在较长的合同期内提供给承租单位使用的融资信用业务,它是以融通资金为主要目的的租赁。融资租赁的主要特点如下。

(1)出租的设备由承租企业提出要求购买,或者由承租企业直接从制造商或销售商那里选定。

(2)租赁期较长,接近于资产的有效使用期,在租赁期间双方无权取消合同。

(3)由承租企业负责设备的维修、保养。

(4)租赁期满,按事先约定的方法处理设备,包括退还租赁公司、继续租赁或企业留购。通常采用企业留购办法,即以很少的"名义价格"(相当于设备残值)买下设备。

两者的区别如表 3-3 所列。

表 3-3　经营租赁与融资租赁的区别

对比项目	经 营 租 赁	融 资 租 赁
业务原理	无融资租赁特征,只是一种融物方式	融资融物于一体
租赁目的	暂时性使用,预防无形损耗风险	融通资金,添置设备

续表

对比项目	经 营 租 赁	融 资 租 赁
租期	较短	较长,相当于设备经济寿命的大部分
租金	只是设备使用费	包括设备价款
契约法律效力	经双方同意可中途撤销合同	不可撤销合同
租赁标的	通用设备居多	一般为专用设备,也可为通用设备
维修与保养	全部为出租人负责	专用设备多为承租人负责,通用设备多为出租人负责
承租人	设备经济寿命期内轮流租给多个承租人	一般为一个
灵活方便	明显	不明显

（三）融资租赁的基本形式

融资租赁按照其业务的不同特点,可细分为如下三种具体形式。

1. 直接租赁

直接租赁是融资租赁的主要形式,是出租方按照承租方的要求购入的设备,直接租给承租人,签订合同并收取租金的租赁方式。通常所指的融资租赁,不作特别说明时即为直接租赁。直接租赁的出租人主要是制造厂商、租赁公司。

2. 杠杆租赁

杠杆租赁是在传统融资租赁方式上派生出来的一种租赁方式,是涉及承租人、出租人和资金出借人三方的融资租赁业务。一般来说,由资金出借人为出租人提供部分购买资产的资金,再由出租人购入资产租给承租人的方式。从出租人的角度看,只支付购买资产的部分资金(20%～40%),其余部分(60%～80%)是向资金出借人借来的。资金出借人(通常为银行)在融资租赁业务中起到了融通资本的作用。出租人既向承租人收取租金,又向借款人偿还本息,其间的差额就是出租人的杠杆收益。杠杆租赁一般适用于金额较大的设备项目。

3. 售后回租

售后回租是指承租方由于急需资金等各种原因,将自己的资产售予出租方,然后以租赁的形式从出租方原封不动地租回资产的使用权。在这种租赁合同中,除资产所有者的名义改变之外,其余情况均无变化。售后回租的特点:在售后回租的交易过程中,出售/承租人可以毫不间断地使用资产;资产的售价与租金是相互联系的,且资产的出售损益通常不得计入当期损益;出售/承租人将承担所有的契约执行成本(如修理费、保险费及税金等);承租人可从出售回租交易中得到纳税的财务利益。

（四）融资租赁的基本程序

不同的租赁业务,具有不同的具体程序。融资租赁的一般程序如下。

（1）选择租赁公司,提出委托申请。当企业决定采用融资租赁方式以获取某项设备时,需要了解各个租赁公司的资信情况、融资条件和租赁费率等,分析、比较并选定一家作为出租单位。然后,向租赁公司申请办理融资租赁。

（2）签订购货协议。由承租企业和租赁公司中的一方或双方,与选定的设备供应厂商进行购买设备的技术谈判和商务谈判,在此基础上与设备供应厂商签订购货协议。

（3）签订租赁合同。承租企业与租赁公司签订租赁设备的合同,如需要进口设备,还应办理设备进口手续。租赁合同是租赁业务的重要文件,具有法律效力。融资租赁合同的内容可分为一般条款和特殊条款两部分。

（4）交货验收。设备供应厂商将设备发运到指定地点,承租企业要办理验收手续。验收合格后签发交货及验收证书交给租赁公司,作为其支付货款的依据。

（5）定期交付租金。承租企业按租赁合同规定,分期交纳租金,这也就是承租企业对所筹资金的分期还款。

（6）合同期满处理设备。承租企业根据合同约定,对设备续租、退租或留购。

（五）租金的确定

在租赁筹资方式下,承租企业需要按照合同规定支付租金。租金的数额和支付方式对承租企业的未来财务状况具有直接的影响,是租赁筹资决策的重要依据。

1. 租金的构成

融资租赁每期租金的多少,取决于下列几项因素:租赁设备的购置成本、预计租赁设备的残值、利息、手续费、租赁期限。其中,购置成本包括设备的买价、运杂费和途中保险费等;预计残值指设备租赁期满时预计可变现净值;利息是指租赁公司为承租企业购置设备融资而应计的利息;租赁手续费包括租赁公司承办租赁设备所发生的业务费用以及必要的利润;租赁期限的长短既影响租金总额,也影响每期租金的数额。

2. 租金的支付方式

租金的支付方式的种类:按支付间隔长短,分为年付、半年付、季付和月付等方式;按在期初和期末支付,分为先付和后付;按每次是否等额支付,分为等额支付和不等额支付。实务中,承租企业与租赁公司商定的租金支付方式,大多数为后付等额年金。

3. 确定租金的方法

租金的计算方法很多,我国融资租赁实务中大多采用平均分摊法和等额年金法。

1）平均分摊法

平均分摊法是先以商定的利息率和手续费计算出租赁期间的利息和手续费,然后连同设备成本按支付次数平均计算。这种方法没有充分考虑资金时间价值的因素,每次应付租金的计算公式可列示如下:

$$A = \frac{(C-S)+I+F}{N} \tag{3-1}$$

式中,A 为每次支付的租金;C 为租赁设备的购置成本;S 为租赁设备预计残值;I 为租赁期间利息;F 为租赁期间手续费;N 为租期。

【例 3-1】　某企业于 2023 年 1 月 1 日从租赁公司租入一套设备,价值 100 万元,租期 5 年,预计租赁期满时的残值为 6 万元,归租赁公司,年利率按 10% 计算,租赁手续费为设备价值的 2%,租金每年年末支付一次。租赁该套设备每次支付的租金可计算如下:

$$\frac{(100-6)+[100\times(1+10\%)^5-100]+100\times2\%}{5}=31.41(万元)$$

2）等额年金法

等额年金法是运用年金现值的计算原理计算每期应付租金的方法。在这种方法下,通常要根据利率和租赁手续费率确定一个组费率,作为折现率。根据本书第二章中对年金的计算方法，后付年金的计算公式如下：

$$P = A \times (P/A, i, n)$$

经推导，可求得后付租金方式下每年年末支付租金数额的计算公式如下：

$$A = P/(P/A, i, n) \tag{3-2}$$

式中，A 为年金，即每年支付的租金；P 为年金现值，即等额租金现值；n 为支付租金期数；i 为贴现率，即租费率。

【例 3-2】 承接例 3-1，假定设备残值归属承租企业，租费率为 12%，则承租企业每年末支付的租金计算如下：

$$\frac{100}{P/A, 10\%, 5} = \frac{100}{3.7908} = 26.38（万元）$$

此例如果预计残值租赁期满归租赁公司，则每年末支付租金为

$$\frac{100 - 6 \times (P/F, 10\%, 5)}{P/A, 10\%, 5} = \frac{100 - 6 \times 0.6209}{3.7908} = 25.397（万元）$$

此例如果为先付等额租金方式，则每年末支付租金为

$$\frac{100}{(P/A, 10\%, 4) + 1} = \frac{100}{4.1699} = 23.98（万元）$$

（六）融资租赁筹资的优缺点

1. 融资租赁筹资的优点

一是在资金缺乏的情况下，能够迅速获得所需资产，特别是对中小企业、新创企业而言是一条重要的融资途径。二是财务风险小，财务优势明显，租金在整个租期内分摊，不用一次归还大量资金。三是与企业运用股票、债券、长期借款等筹资方式相比，融资租赁筹资的限制条款较少。四是免遭设备陈旧过时的风险，随着科学技术的不断进步，设备陈旧过时的风险很高，而大多租赁协议规定由出租人承担这种风险。五是税收负担轻，租金可在所得税前扣除，具有抵免所得税的效用。

2. 融资租赁筹资的缺点

一是资本成本较高，租金通常比其他负债筹资方式所负担的利息高得多，租金总额通常要高于设备价值的 30%。二是丧失资产残值，租赁期满，资产的残值一般归出租人所有，但承租人若购买资产则可享有资产残值。三是资产处置权有限，未经出租人同意，承租企业不得擅自对租赁财产加以改造。

第三节 权益资金的筹资

企业所能采用的筹资方式，一方面受法律环境和融资市场的制约，另一方面也受企业性质的制约。中小企业和非公司制企业的筹资方式比较受限；股份有限公司和有限责任公司的筹资方式相对多样。

股权筹资形成企业的股权资金，也称之为权益资本，是企业最基本的筹资方式。股权筹资又包含吸收直接投资、发行股票和利用留存收益三种主要形式，此外，我国上市公司引入战略投资者的行为，也属于股权筹资的范畴。

一、企业资本金制度

资本金制度是国家就企业资本金的募集、管理以及所有者的责、权、利等方面所制定的法律规范。资本金是企业权益资本的主要部分，是企业长期稳定拥有的基本资金。此外，一定数额的资本金也是企业取得债务资本的必要保证。

（一）资本金的特征

设立企业必须有法定的资本金。资本金是指企业在工商行政管理部门登记的注册资金，是投资者用以进行企业生产经营、承担民事责任而投入的资金。资本金在不同类型的企业中表现形式有所不同，股份有限公司的资本金被称为股本，股份有限公司以外的一般企业的资本金被称为实收资本。

从性质上看，资本金是投资者创建企业所投入的资本，是原始启动资金；从功能上看，资本金是投资者用以享有权益和承担责任的资金，有限责任公司和股份有限公司以其资本金为限对所负债务承担有限责任；从法律地位看，资本金要在工商行政管理部门办理注册登记，投资者只能按所投入的资本金而不是所投入的实际资本数额享有权益和承担责任，已注册的资本金如果追加或减少，必须办理变更登记；从时效看，除了企业清算、减资、转让回购股权等特殊情形外，投资者不得随意从企业收回资本金，企业可以无限期地占用投资者的出资。

（二）资本金的构成

资本金按照投资主体可分为国家资本金、法人资本金、个人资本金及外商资本金。其中，国家资本金指有权代表国家投资的政府部门或者机构以国有资产投入企业形成的资本金。法人资本金指其他法人单位以其依法可以支配的资产投入企业形成的资本金。个人资本金指社会公众以个人合法财产投入企业形成的资本金。外商资本金指外国投资者以及我国香港、澳门和台湾地区投资者向企业投资而形成的资本金。

（三）资本金的筹集

1.资本金的最低限额

有关法规制度规定了各类企业资本金的最低限额，《中华人民共和国公司法》规定，股份有限公司注册资本的最低限额为人民币 500 万元，上市的股份有限公司股本总额不少于人民币 3 000 万元；有限责任公司注册资本的最低限额为人民币 3 万元，一人有限责任公司的注册资本最低限额为人民币 10 万元。

还有一些行业高于这些最低限额的，由法律、行政法规另行规定。例如，《中华人民共和国注册会计师法》和《资产评估机构审批管理办法》均规定，设立公司制的会计师事务所或资产评估机构，注册资本应当不少于人民币 30 万元；《中华人民共和国保险法》规定，采取股份有限公司形式设立的保险公司，其注册资本的最低限额为人民币 2 亿元。《中华人民共和国证券法》规定，可以采取股份有限公司形式设立证券公司，在证券公司中属于经纪类的，最低注册资本为人民币 5 000 万元；属于综合类的，公司注册资本最低限额为人民币 5 亿元。

2.资本金的出资方式

根据我国《中华人民共和国公司法》等法律法规的规定，投资者可以采取货币资产和非货币资产两种形式出资。全体投资者的货币出资金额不得低于公司注册资本的 30%；投资者可以用实物、知识产权、土地使用权等可以依法转让的非货币财产作价出资；法律、行政法规规定不得作为出资的财产除外。

3. 资本金缴纳的期限

资本金缴纳的期限，通常有三种办法：一是实收资本制，在企业成立时一次筹足资本金总额，实收资本与注册资本数额一致，否则企业不能成立；二是授权资本制，在企业成立时不一定一次筹足资本金总额，只要筹集了第一期资本，企业即可成立，其余部分由董事会在企业成立后进行筹集，企业成立时的实收资本与注册资本可能不相一致；三是折中资本制，在企业成立时不一定一次筹足资本金总额，类似于授权资本制，但规定了首期出资的数额或比例及最后一期缴清资本的期限。

《中华人民共和国公司法》规定，资本金的缴纳采用折中资本制，资本金可以分期缴纳，但首次出资额不得低于法定的注册资本最低限额。股份有限公司和有限责任公司的股东首次出资额不得低于注册资本的 20%，其余部分由股东自公司成立之日起 2 年内缴足，投资公司可以在 5 年内缴足。而对于一人有限责任公司，股东应当一次足额缴纳公司章程规定的注册资本额。

4. 资本金的评估

吸收实物、无形资产等非货币资产筹集资本金的，应按照评估确认的金额或者按合同、协议约定的金额计价。其中，为了避免虚假出资或通过出资转移财产，导致国有资产流失，国有及国有控股企业以非货币资产出资或者接受其他企业的非货币资产出资，需要委托有资格的资产评估机构进行资产评估，并以资产评估机构评估确认的资产价值作为投资作价的基础。经国务院、省政府批准实施的重大经济事项涉及的资产评估项目，分别由本级政府国有资产监管部门或者财政部门负责核准，其余资产评估项目一律实施备案制度。严格来说，其他企业的资本金在评估时，并不一定要求必须聘请专业评估机构评估，相关当事人或者聘请的第三方专业中介机构评估后认可的价格也可成为作价依据。不过，聘请第三方专业中介机构来评估相关的非货币资产，能够更好地保证评估作价的真实性和准确性，有效地保护公司及其债权人的利益。

（四）资本金的管理原则

企业资本金的管理，应当遵循资本保全这一基本原则。实现资本保全的具体要求，可分为资本确定、资本充实和资本维持三部分内容。

1. 资本确定原则

资本确定是指企业设立时资本金数额的确定。企业成立时，必须明确规定企业的资本总额以及各投资者认缴的数额。如果投资者没有足额认缴资本总额，企业就不能成立。为了强化资本确定原则，法律规定由工商行政管理机构进行企业注册资本的登记管理。这是保护债权人的利益、明晰企业产权的根本需要。一方面，投资者以认缴的资本为限对公司承担责任；另一方面，投资者以实际缴纳的资本为依据行使表决权和分取红利。

企业获准工商登记即正式成立后 30 日内，应依据验资报告向投资者出具出资证明书等凭证。以此为依据确定投资者的合法权益，界定其应承担的责任。特别是占有国有资本的企业需要按照国家有关规定申请国有资产产权登记，取得企业国有资产产权登记证，但这并不免除企业向投资者出具出资证明书的义务，因为前者仅是国有资产管理的行政手段。

2.资本充实原则

资本充实是指资本金的筹集应当及时、足额。对企业登记注册的资本金,投资者应在法律法规和财务制度规定的期限内缴足。如果投资者未按规定出资,即为投资者违约,企业和其他投资者可以依法追究其责任,国家有关部门还将按照有关规定对违约者进行处罚。投资者在出资中的违约责任有两种情况:一是个别投资方单方违约,企业和其他投资者可以按企业章程的规定,要求违约方支付延迟出资的利息、赔偿经济损失;二是投资各方均违约或外资企业不按规定出资,则由工商行政管理部门进行处罚。

企业筹集的注册资本,必须进行验资,以保证出资的真实可信。对验资的要求:一是依法委托法定的验资机构;二是验资机构要按照规定出具验资报告;三是验资机构依法承担提供验资虚假或重大遗漏报告的法律责任,因出具的验资证明不实给公司债权人造成损失的,除能证明自己没有过错的外,在其证明不实的金额范围内承担赔偿责任。

3.资本维持原则

资本维持是指企业在持续经营期间有义务保持资本金的完整性。企业除由股东大会或投资者会议作出增减资本决议并按规定程序办理外,不得任意增减资本总额。

企业筹集的实收资本,在持续经营期间可以由投资者依照相关法律法规以及企业章程的规定转让或者减少,投资者不得抽逃或者变相抽回出资。除《中华人民共和国公司法》等有关法律法规另有规定外,企业不得回购本企业发行的股份。在下列四种情况下,股份公司可以回购本公司股份:减少公司注册资本;与持有本公司股份的其他公司合并;将股份奖励给职工;股东因对股东大会做出的公司合并、分立决议持有异议而要求公司收购其股份。

股份公司依法回购股份,应当符合法定要求和条件,并经股东大会决议。用于将股份奖励给本公司职工而回购本公司股份的,不得超过本公司已发行股份总额的 5%;用于收购的资金应当从公司的税后利润中支出;所收购的股份应当在 1 年内转让给职工。

二、吸收直接投资

吸收直接投资是指企业按照"共同投资、共同经营、共担风险、共享利润"的原则来吸收国家、法人、个人、外商投入资金的一种投资方式。吸收直接投资是非股份制企业筹集权益资本的基本方式,吸收直接投资的企业,资本不分为等额股份,无须公开发行股票。吸收直接投资实际出资额、注册资本部分形成实收资本;超过注册资本的部分属于资本溢价,形成资本公积。

吸收直接投资

(一) 吸收直接投资的种类

1.吸收国家投资

国家投资是指有权代表国家投资的政府部门或机构,以国有资产投入公司,这种情况下形成的资本叫国有资本。根据《公司国有资本与公司财务暂行办法》的规定,在公司持续经营期间,公司以盈余公积、资本公积转增实收资本的,国有公司和国有独资公司由公司董事会或经理办公会决定,并报主管财政机关备案;股份有限公司和有限责任公司由董事会决定,并经股东大会审议通过。吸收国家投资一般具有以下特点:产权归属国家;资金的运用和处置受国家约束较大;在国有公司中采用比较广泛。

2.吸收法人投资

法人投资是指法人单位以其依法可支配的资产投入公司,这种情况下形成的资本称为法人资本。吸收法人资本一般具有以下特点:发生在法人单位之间;以参与公司利润分配或控制为目的;出资方式灵活多样。

3.吸收外商直接投资

企业可以通过合资经营或合作经营的方式吸收外商直接投资,即与其他国家的投资者共同投资,创办中外合资经营企业或者中外合作经营企业,共同经营、共担风险、共负盈亏、共享利益。

4.吸收社会公众投资

社会公众投资是指社会个人或本公司职工以个人合法财产投入公司,这种情况下形成的资本称为个人资本。吸收社会公众投资一般具有以下特点:参加投资的人员较多;每人投资的数额相对较少;以参与公司利润分配为基本目的。

(二)吸收直接投资的程序

1.确定筹资数量

企业在新建或扩大经营时,首先确定资金的需要量。资金的需要量应根据企业的生产经营规模和供销条件等来核定,确保筹资数量与资金需要量相适应。

2.寻找投资单位

企业既要广泛了解有关投资者的资信、财力和投资意向,又要通过信息交流和宣传,使出资方了解企业的经营能力、财务状况以及未来预期,以便公司从中寻找最合适的合作伙伴。

3.协商和签署投资协议

找到合适的投资伙伴后,双方进行具体协商,确定出资数额、出资方式和出资时间。企业应尽可能吸收货币投资,如果投资方确有先进且适合需要的固定资产和无形资产,亦可采取非货币投资方式。对实物投资、工业产权投资、土地使用权投资等非货币资产,双方应按公平合理的原则协商定价。当出资数额、资产作价确定后,双方须签署投资的协议或合同,以明确双方的权利和责任。

4.取得所筹集的资金

签署投资协议后,企业应按规定或计划取得资金。如果采取现金投资方式,通常还要编制拨款计划,确定拨款期限、每期数额及划拨方式,有时投资者还要规定拨款的用途,如把拨款区分为固定资产投资拨款、流动资金拨款、专项拨款等。如为实物、工业产权、非专利技术、土地使用权等投资时,一个重要的问题就是核实财产。财产数量是否准确,特别是价格有无高估低估的情况,关系到投资各方的经济利益,必须认真处理,必要时可聘请专业资产评估机构来评定,然后办理产权的转移手续取得资产。

(三)吸收直接投资的出资方式

企业在采用吸收投资方式筹集资金时,投资者可以用现金、厂房、机械设备、材料物资、无形资产等作价出资。出资方式主要有以下几种。

1.以现金出资

以现金出资是吸收投资中一种最主要的出资方式。有了现金,便可获取其他物质资源。

因此,企业应尽量动员投资者采用现金方式出资。吸收投资中所需投入资金的数额,取决于投入的实物、工业产权之外尚需多少资金来满足建厂的开支和日常周转需要。

2.以实物出资

以实物出资是投资者以厂房、建筑物、设备等固定资产和原材料、商品等流动资产所进行的投资。一般来说,企业吸收的实物应符合如下条件:确为企业科研、生产、经营所需要;技术性能比较好;作价公平合理。

3.以工业产权出资

以工业产权出资是指投资者以专有技术、商标权、专利权等无形资产所进行的投资。一般来说,企业吸收的工业产权应符合以下条件:能帮助研究和开发出新的高科技产品;能帮助生产出适销对路的高科技产品;能帮助改进产品质量,提高生产效率;能帮助大幅度降低各种消耗;作价比较合理。

企业在吸收工业产权投资时应特别谨慎,认真进行技术时效性分析和财务可行性研究。因为以工业产权投资实际上是把有关技术资本化,把技术的价值固定化。而技术具有时效性,因其不断老化而导致价值不断减少甚至完全丧失,风险较大。

4.以土地使用权出资

投资者也可以用土地使用权来进行投资。土地使用权是按有关法规和合同的规定使用土地的权利。企业吸收土地使用权投资应符合以下条件:是企业科研、生产、销售活动所需要的;交通、地理条件比较适宜;作价公平合理。

(四) 吸收直接投资的优缺点

1.吸收直接投资的优点

(1)有利于增强企业信誉。吸收直接投资所筹集的资金属于企业自有资金,与债务资本相比较,能够提高公司的资信和借款能力,对扩大企业经营规模、壮大企业实力具有重要作用。

(2)有利于尽快形成生产能力。吸收直接投资可以直接获取投资者的先进设备和先进技术,有利于尽快形成生产能力,尽快开拓市场。

(3)有利于降低财务风险。吸收直接投资可以根据企业经营状况向投资者支付报酬,企业经营状况好,可向投资者多支付一些报酬;企业经营状况不好,则可不向投资者支付报酬或少支付报酬。报酬支付较为灵活,相对于债务资本,财务风险比较小。

2.吸收直接投资的缺点

(1)资本成本较高。一般而言,采用吸收直接投资方式筹集资金所需负担的资金成本较高,特别是企业经营状况良好时尤为明显。向投资者支付的报酬会随着收益的上升而升高。

(2)容易分散企业的控制权。采用吸收直接投资方式筹资,投资者一般都要求获得与投资数额相适应的经营管理权,如外部投资者投资较多,则投资者会有相当大的管理权,甚至完全控制企业。

(3)难以吸收大量的社会资本参与。不会面向社会公众,范围较小,融资规模受到限制。

三、发行普通股股票

以发行股票的方式进行筹资,是企业经济运营活动中一个非常重要的筹资手段。股票作为持有人对企业拥有相应权利的一种股权凭证,一方面代表着股东对企业净资产的要求权；另一方面，普通股股东凭借其所拥有的股份以及被授权行使权力的股份总额，有权行使其相应的、对企业生产经营管理及其决策进行控制或参与的权利。

（一）股票的特征

1.永久性

股票所载有的权利的有效性是始终不变的，因为它是一种无限期的法律凭证。公司发行股票所筹集的资金属于公司的长期自有资金，没有期限，不需要归还。股票的有效期与股份公司的存续期间相联系，两者是并存的关系。

股票

2.流通性

股票的流通性是指股票在不同投资者之间的可交易性。股票作为一种有价证券，特别是上市公司发行的股票具有很强的变现能力，流通性很强，在资本市场上可以自由转让、买卖和流通，也可以继承、赠送和作为抵押品。流通性通常以可流通的股票数量、股票成交量以及股价对交易量的敏感程度来衡量。

3.风险性

股票在交易市场上作为交易对象，同商品一样，有自己的市场行情和市场价格。由于股票价格要受到诸如公司经营状况、供求关系、银行利率、大众心理等多种因素的影响，其波动有很大的不确定性。正是这种不确定性，有可能使股票投资者遭受损失。价格波动的不确定性越大，投资风险也越大。

4.参与性

股东作为股份公司所有者，拥有参与企业管理的权利，包括重大决策权、经营选择权、财务监控权、公司经营的建议和质询权等。股票持有者的投资意志和享有的经济利益，通常是通过出席股东大会来行使股东权。股东有权出席股东大会，选举公司董事会，参与公司重大决策。股东参与公司决策的权利大小，取决于其所持有的股份的多少。

5.收益性

股东凭其持有的股票，有权从公司领取股息或红利，获取投资的收益。股息或红利的大小，主要取决于公司的盈利水平和公司的盈利分配政策。股票的收益性，还表现在股票投资者可以获得价差收入或实现资产保值增值。

（二）股票的分类

1.根据上市地区分

我国上市公司的股票有 A 股、B 股、H 股、N 股和 S 股等的区分。这一区分主要依据股票的上市地点和所面对的投资者而定。A 股的正式名称是人民币普通股票。它是由我国境内的公司发行，供境内机构、组织或个人以人民币认购和交易的普通股股票。B 股也称为人民币特种股票，是指那些在中国境内注册、在中国境内上市的特种股票，以人民币标明面值，只能以外币认购和交易。H 股也称为国企股，是指国有企业在我国香港上市的股票。S 股在我国是指尚未进行股权分置改革或者已经进入改革程序但未实施股权分置改革方案的股票。N 股是指那些在中国境内注册、在纽约（New York）上市的外资股。

2.根据股东权利和义务分

根据股东权利和义务分为普通股票和优先股票。

普通股是指在公司的经营管理和盈利及财产的分配上享有普通权利的股份，代表满足所有债权偿付要求及优先股东的收益权与求偿权要求后对企业盈利和剩余财产的索取权，它是构成公司资本的基础，是股票的一种基本形式，也是发行量最大、最为重要的股票。目前在上海和深圳证券交易所中交易的股票，都是普通股。普通股股票持有者按其所持有股份比例享有公司决策参与权、利润分配权、优先认股权、剩余资产分配权等基本权利。

优先股是相对于普通股而言的。主要指在利润分红及剩余财产分配的权利方面，优先于普通股。优先股股东在股东大会上无表决权，在参与公司经营管理上受到一定限制，仅对涉及优先股权利的问题有表决权。

3.根据票面有无记名分

根据票面有无记名分为记名股票和无记名股票。

记名股票是在股票票面上记载股东姓名或将名称记入公司股东名册的股票。无记名股票不登记股东名称，公司只记载股票数量、编号及发行日期。

《中华人民共和国公司法》规定，公司发起人、国家授权投资机构、法人发行的股票，为记名股票；向社会公众发行的股票，可以为记名股票，也可以为无记名股票。

4.根据业绩分

根据公司业绩可以分为 ST（special treatment，特别处理）股、垃圾股、绩优股、蓝筹股。

ST 股是指境内上市公司出现财务状况或其他状况异常时，被进行特别处理的股票。其股票交易将被交易所"特别处理"。股票交易被实行特别处理期间，股票报价日涨跌幅限制为 5% 以内；股票名称改为原股票名前加"ST"；上市公司的中期报告必须经过审计。

垃圾股是指业绩较差的公司的股票，与绩优股相对应。这类上市公司由于行业前景不好或者经营不善等，有的甚至进入亏损行列。由于投资垃圾股的风险大，所以风险回报率（收益率）也高。

绩优股是指业绩优良且比较稳定的公司股票。这些公司经过长时间的努力，具有较强的综合竞争力与核心竞争力，在行业内有较高的市场占有率，形成了经营规模优势，利润稳步增长，市场知名度很高，具有较高的投资价值，投资报酬率优厚稳定。

蓝筹股是指那些在其所属行业内占有重要支配性地位、业绩优良、成交活跃、红利优厚的大公司股票。

（三）发行普通股筹资的优缺点

1.发行股票筹资的优点

一是所筹措的资金无须偿还，具有永久性，可以长期占用。二是一般以这种方式一次性筹措的资金数额相对较大，用款限制也相对较为宽松。三是与发行债券等方式相比较而言，发行股票的筹资风险相对较小，且一般没有固定的股利支出负担，同时，由于这种方式降低了公司的资产负债率，为债权人提供了保障，有利于增强发行公司的后续举债能力。四是以这种方式筹资，有利于提高公司的知名度，同时由于在管理与信息披露等各方面相对于非上市公司而言，一般要求更为规范，有利于帮助其建立规范的现代企业制度。

2.股票筹资的缺点

一是发行股票的前期工作比较繁杂，发行费用相对较高。二是由于投资所承担的风险相对较大，要求的预期收益也相对较高，且股利是在税后支付的，不存在抵税效应，因此股票筹资的资金成本比较高。三是股票筹资有可能增加新股东，从而影响原有大股东对公司的控股权。四是如果股票上市，公司还必须按照相关法律法规披露有关信息，甚至有可能会因此而暴露商业机密，从而造成较高的信息披露成本。

四、发行优先股股票

优先股是相对于普通股而言的。优先股股票的发行一般是股份公司出于某种特定的目的和需要，且在票面上要注明"优先股"字样。优先股股东的特别权利就是可优先于普通股股东以固定的股息分取公司收益并在公司破产清算时优先分取剩余资产，但一般不能参与公司的经营活动，其具体的优先条件必须由公司章程加以明确。优先股股东不能退股，只能通过优先股的赎回条款被公司赎回，但是能稳定分红的股份。

（一）优先股的分类

1. 累积优先股和非累积优先股

累积优先股是指在某个营业年度内，如果公司所获的盈利不足以分派规定的股利，日后优先股的股东对往年未给付的股息，有权要求如数补给。对于非累积的优先股，虽然对于公司当年所获得的利润有优先于普通股获得分派股息的权利，但如该年公司所获得的盈利不足以按规定的股利分配时，非累积优先股的股东不能要求公司在以后年度中予以补发。一般来讲，对投资者来说，累积优先股比非累积优先股具有更大的优越性。

2. 参与优先股与非参与优先股

当企业利润增大，除享受既定比率的利息外，还可以跟普通股共同参与利润分配的优先股，称为参与优先股。除了既定股息外，不再参与利润分配的优先股，称为非参与优先股。一般来讲，参与优先股较非参与优先股对投资者更为有利。

3. 可转换优先股与不可转换优先股

可转换优先股是指允许优先股持有人在特定条件下把优先股转换成为一定数额的普通股。否则，就是不可转换优先股。可转换优先股是日益流行的一种优先股。

4. 可收回优先股与不可收回优先股

可收回优先股是指允许发行该类股票的公司，按原来的价格再加上若干补偿金将已发生的优先股收回。当该公司认为能够以较低股利的股票来代替已发生的优先股时，就往往行使这种权利。反之，就是不可收回的优先股。

（二）发行优先股筹资的优缺点

1. 发行优先股筹资的优点

一是财务负担轻，由于优先股票股利不是发行公司必须偿付的一项法定债务，如果公司财务状况恶化时，这种股利可以不付。二是财务上灵活机动，由于优先股票没有规定最终到期日，它实质上是一种永续性借款，优先股票的收回由企业决定，企业可在有利条件下收回优先股票。三是财务风险小，从债权人的角度看，优先股属于公司股本，从而巩固了公司的财务状况，提高了公司的举债能力。四是不减少普通股票收益和控制权，与普通股票相比，优先股票每股收益是固定的，只要企业净资产收益率高于优先股票成本率，普通股票每股收益就会上升，优先股票无表决权，不影响普通股股东对企业的控制权。

2. 发行优先股筹资的缺点

一是资金成本高，由于优先股票股利不能抵减所得税。因此其成本高于债务成本，这是优先股票筹资的最大不利因素。二是股利支付的固定性,虽然公司可以不按规定支付股利,但这会影响企业形象,进而对普通股票市价产生不利影响,损害到普通股股东的权益。当然,如在企业财务状况恶化时,这是不可避免的;但如企业盈利很大,想更多地留用利润来扩大经营时,由于股利支付的固定性,便成为一项财务负担,影响了企业的扩大再生产。

五、留存收益

(一)留存收益筹资的渠道

留存收益来源渠道有两个方面:盈余公积和未分配利润。盈余公积是指有指定用途的留存净利润,它是公司按照《中华人民共和国公司法》规定从净利润中提取的积累资金,包括法定盈余公积金和任意盈余公积金。未分配利润是指未限定用途的留存净利润,一是指这部分净利润没有分给公司的股东,二是指这部分净利润未指定用途。

(二)留存收益筹资的优缺点

1. 留存收益筹资的优势

一是资金成本较普通股成本低。用留存收益筹资,不用考虑筹资费用。二是保持普通股东的控制权。用留存收益筹资,不用对外发行股票,由此增加的权益资本不会改变企业的股权结构,不会稀释原有股东的控制权。三是增强企业的信誉。留存收益筹资能够使企业保持较大的可支配现金流,既可解决企业经营发展的资金需要,又能提高企业的举债能力。

2. 留存收益筹资的不足之处

一是筹资数额有限制。留存收益筹资最大可能的数额是企业当期的税后利润和上年未分配利润之和。如果企业经营亏损,则不存在这一渠道的资金来源。二是资金使用受到限制。留存收益中某些项目的使用,如法定盈余公积金等,要受到国家相关规定的制约。

第四节 资金需要量的预测

资金的需要量是筹资的数量依据,必须科学合理地进行预测。筹资数量预测的基本目的,是保证筹集的资金既能满足生产经营的需要,又不会产生资金多余而闲置。

一、销售百分比法

(一)基本原理

销售百分比法,是根据销售增长与资产增长之间的关系,预测未来资金需要量的方法。企业的销售规模扩大时,要相应增加流动资产;如果销售规模增加很多,还必须增加长期资产。为取得扩大销售所需增加的资产,企业需要筹措资金。这些资金,一部分来自留存收益,另一部分通过外部筹资取得。通常,销售增长率较高时,仅靠留存收益不能满足资金需要,即使获利良好的企业也需外部筹资。因此,企业需要预先知道自己的筹资需求,提前安排筹资计划,否则就可能发生资金短缺问题。

销售百分比法,将反映生产经营规模的销售因素与反映资金占用的资产因素连接起来,根据销售与资产之间的数量比例关系,预计企业的外部筹资需要量。销售百分比法首先假设某些资产与销售额存在稳定的百分比关系,根据销售与资产的比例关系预计资产额,根据资产额预计相应的负债和所有者权益,进而确定筹资需要量。

(二) 基本步骤

1. 确定随销售额变动而变动的资产和负债项目

资产是资金使用的结果,随着销售额的变动,经营性资产项目将占用更多的资金。同时,随着经营性资产的增加,相应的经营性短期债务也会增加,如存货增加会导致应付账款增加,此类债务称之为自动性债务,可以为企业提供暂时性资金。经营性资产与经营性负债的差额通常与销售额保持稳定的比例关系。这里,经营性资产项目包括库存现金、应收账款、存货等项目;而经营性负债项目包括应付票据、应付账款等项目,不包括短期借款、短期融资券、长期负债等筹资性负债。

2. 确定经营性资产与经营性负债有关项目与销售额的稳定比例关系

如果企业资金周转的营运效率保持不变,经营性资产与经营性负债会随销售额的变动而呈正比例变动,保持稳定的百分比关系。企业应当根据历史资料和同业情况,剔除不合理的资金占用,寻找与销售额的稳定百分比关系。

3. 确定需要增加的筹资数量

预计因销售增长而需要的资金需求增长额,扣除利润留存后,即为所需要的外部筹资额。计算公式为

$$外部融资需求量 = \frac{A}{S_1} \times \Delta S - \frac{B}{S_1} \times \Delta S - P \times E \times S_2 \tag{3-3}$$

式中,A 为随销售而变化的敏感性资产;B 为随销售而变化的敏感性负债;S_1 为基期销售额;S_2 为预测期销售额;ΔS 为销售变动额;P 为销售净利率;E 为利润留存率;$\frac{A}{S_1}$ 为敏感资产与销售额的关系百分比;$\frac{B}{S_1}$ 为敏感负债与销售额的关系百分比。

【例 3-3】 已知某公司 2022 年销售收入为 20 000 万元,销售净利润率为 12%,净利润的 60% 分配给投资者。2022 年 12 月 31 日的资产负债表(简表)如表 3-4 所示。

表 3-4　资产负债表(简表)

2022 年 12 月 31 日　　　　　　　　　　　　　　　　单位:万元

资　产	期末余额	负债及所有者权益	期末余额
货币资金	1 000	应付账款	1 000
应收账款净额	3 000	应付票据	2 000
存货	6 000	长期借款	9 000
固定资产净值	7 000	实收资本	4 000
无形资产	1 000	留存收益	2 000
资产总计	18 000	负债及所有者权益	18 000

该公司 2023 年计划销售收入比上年增长 30%,为实现这一目标,公司需新增设备一台,价值 148 万元。据历年财务数据分析,公司流动资产和流动负债随销售额同比率增减。

公司如需对外筹资,可按面值发行票面年利率为 10%、期限为 10 年、每年年末付息的公司债券解决。假设该公司 2023 年的销售净利率和利润分配政策与上年保持一致,公司债券发行费用可忽略不计,适用的所得税税率为 25%。

要求:

(1) 计算 2023 年公司需增加的营运资金。

(2) 预测 2023 年需要对外筹集的资金量。

(3) 填写 2023 年年末简化资产负债表,如表 3-5 所示。

表 3-5 简化资产负债表

2023 年 12 月 31 日　　　　　　　　　　　　　　　单位:万元

资　产	期末余额	负债及所有者权益	期末余额
流动资产		流动负债	
固定资产		长期负债	
无形资产		所有者权益	
资产总计		负债及所有者权益	

【解答】

(1) 　流动资产占销售收入百分比＝10 000/20 000＝50%

　　流动负债占销售收入百分比＝3 000/20 000＝15%

　　增加的销售收入＝20 000×30%＝6 000(万元)

　　增加的营运资金＝6 000×50%－6 000×15%＝2 100(万元)

(2) 　增加的留存收益＝20 000×(1＋30%)×12%×(1－60%)＝1 248(万元)

　　对外筹集资金量＝2 100＋148－1 248＝1 000(万元)

(3) 资产负债表(简表)填写如表 3-6 所示。

表 3-6 资产负债表(简表)

2023 年 12 月 31 日　　　　　　　　　　　　　　　单位:万元

资　产	期末余额	负债及所有者权益	期末余额
流动资产	13 000	流动负债	3 900
固定资产	7 148	长期负债	10 000
无形资产	1 000	所有者权益	7 248
资产总计	21 148	负债及所有者权益	21 148

其中,

　　　　　流动资产＝26 000×50%＝13 000(万元)

　　　　　固定资产＝7 000＋148＝7 148(万元)

　　　　　总资产＝13 000＋7 148＋1 000＝21 148(万元)

　　　　　流动负债＝26 000×15%＝3 900(万元)

　　　　　长期负债＝9 000＋1 000＝10 000(万元)

　　　　　总负债＝3 900＋10 000＝13 900(万元)

　　　　　所有者权益＝21 148－13 900＝7 248(万元)

或

$$所有者权益＝4\ 000＋2\ 000＋1\ 248＝7\ 248（万元）$$

销售百分比法的优点是能为筹资管理提供短期预计的财务报表，以适应外部筹资的需要，且易于使用。但在有关因素发生变动的情况下，必须相应地调整原有的销售百分比。

二、资金习性预测法

资金习性预测法是指根据资金习性预测未来资金需要量的一种方法。所谓资金习性，是指资金的变动同产销量变动之间的依存关系。按照资金同产销量之间的依存关系，可以把资金区分为不变资金、变动资金和半变动资金。

不变资金是指在一定的产销量范围内，不受产销量变动的影响而保持固定不变的那部分资金。也就是产销量在一定范围内变动，这部分资金保持不变。这部分资金包括为维持营业而占用的最低数额的现金，原材料的保险储备，必要的成品储备，厂房、机器设备等固定资产占用的资金。

变动资金是指随产销量的变动而同比例变动的那部分资金。一般包括直接构成产品实体的原材料、外购件等占用的资金。另外，在最低储备以外的现金、存货、应收账款等也具有变动资金的性质。

半变动资金是指虽然受产销量变化的影响，但不成同比例变动的资金，如一些辅助材料上占用的资金。半变动资金可采用一定的方法划分为不变资金和变动资金两部分。

（一）根据资金占用总额与产销量的关系预测

这种方式是根据历史上企业资金占用总额与产销量之间的关系，把资金分为不变和变动两部分，然后结合预计的销售量来预测资金需要量。

设产销量为自变量 X，资金占用为因变量 Y，它们之间的关系可用下式表示：

$$Y＝a＋bX \tag{3-4}$$

式中，a 为不变资金；b 为单位产销量所需变动资金。

可见，只要求出 a 和 b，并知道预测期的产销量，就可以用上述公式测算资金需求情况。a 和 b 可用回归直线方程求出。

【例 3-4】 某企业历年产销量和资金变化情况如表 3-7 所示，根据表 3-7 整理出表 3-8。2019 年预计销售量为 1 500 万件，请预计 2019 年的资金需要量。

【解答】

$$b＝\frac{n\sum xy－\sum x\sum y}{n\sum x^2－\left(\sum x\right)^2}$$

$$a＝\frac{\sum y－b\sum x}{n}$$

解得 $\qquad Y＝400＋0.5X$

把 2019 年预计销售量 1 500 万件代入上式，得出 2019 年资金需要量为

$$400＋0.5×1\ 500＝1\ 150（万元）$$

表 3-7　产销量与资金变化情况表

年　　度	产销量(x)/万件	资金占用(y)/万元
2013	1 200	1 000
2014	1 100	950
2015	1 000	900
2016	1 200	1 000
2017	1 300	1 050
2018	1 400	1 100

表 3-8　资金需要量预测表（按总额预测）

年　　度	产销量(x)/万件	资金占用(y)/万元	xy	x^2
2013	1 200	1 000	1 200 000	1 440 000
2014	1 100	950	1 045 000	1 210 000
2015	1 000	900	900 000	1 000 000
2016	1 200	1 000	1 200 000	1 440 000
2017	1 300	1 050	1 365 000	1 690 000
2018	1 400	1 100	1 540 000	1 960 000
合计 $n=6$	$=7\,200$	$=6\,000$	$=7\,250$	$=8\,740\,000$

（二）采用逐项分析法预测

这种方式是根据各资金占用项目（如现金、存货、应收账款、固定资产）同产销量之间的关系，把各项目的资金都分为变动和不变两部分，然后汇总在一起，求出企业变动资金总额和不变资金总额，进而来预测资金需求量。

【例 3-5】　某企业历年现金占用与销售额之间的关系如表 3-9 所示。

表 3-9　现金与销售额变化情况表　　　　　　　　　单位：元

年　　度	销售收入	现金占用
2011	2 000 000	110 000
2012	2 400 000	130 000
2013	2 600 000	140 000
2014	2 800 000	150 000
2015	3 000 000	160 000

根据以上资料，采用适当的方法来计算不变资金和变动资金的数额。此处假定采用高低点法求 a 和 b 的值。

$$b=\frac{最高业务量期的资金占用-最低业务量期的资金占用}{最高业务量-最低业务量}$$

$$a=最高业务量期的资金占用-b\times最高业务量$$

或　　　　　　　　　$=最低业务量期的资金占用-b\times最低业务量$

将 $b=0.05$ 代入 2005 年 $Y=a+bX$，得

$$a=160\,000-0.05\times3\,000\,000=10\,000（万元）$$

存货、应收账款、流动负债、固定资产等也可根据历史资料做这样的划分，然后汇总列于表 3-10 中。

表 3-10　资金需要量预测表（分享预测）　　　　　　　　单位：元

项　　目	年度不变资金（a）	每 1 元销售收入所需变动资金（b）
流动资产		
货币资金	10 000	0.05
应收账款	60 000	0.14
存货	100 000	0.22
小计	170 000	0.41
减：流动负债		
应付账款及应付费用	80 000	0.11
净资金占用	90 000	0.30
固定资产		
厂房、设备	510 000	0
所需资金合计	600 000	0.30

根据表 3-8 的资料得出预测模型为

$$Y=600\,000+0.30X$$

如果 2016 年的预计销售额为 3 500 000 元，则

2016 年的资金需要量 $=600\,000+0.30\times3\,500\,000=1\,650\,000（元）$

进行资金习性分析，把资金划分为变动资金和不变资金两部分，从数量上掌握了资金同销售量之间的规律性，对准确地预测资金需要量有很大帮助。实际上，销售百分比法是资金习性分析法的具体运用。

◀ **本 章 小 结** ▶

企业筹资是指企业作为筹资主体，根据其生产经营、对外投资和调整资本结构等需要，通过筹资渠道和金融市场，运用筹资方式，经济有效的筹措和集中资本的活动。企业筹资可能基于扩张、调整或混合性的动机。企业应在国家法律法规允许的前提下，以较低的成本从特定的筹资渠道采用一定的筹资方式及时、足额地筹措所需资金。

筹资渠道主要有国家财政投资、专业银行借入、非银行金融机构借入、其他单位投入、社会和企业内部职工集资、外商投入、企业自留等。企业筹资的主要方式有吸收直接投资、发行股票、企业内部积累、银行借款、发行债券、融资租赁等。

资金需要量预测方法包括销售百分比法和资金习性预测法。

◀ 复习与思考题 ▶

1. 简述企业的筹资类型。
2. 简述权益资金与负债资金筹集的具体渠道和方式。
3. 债务资金和权益资金的优缺点有哪些？
4. 资金需要量的预测方法有哪些？

◀ 练 习 题 ▶

一、单项选择题

1. 按（　　），可以将筹资分为直接筹资和间接筹资。
   A. 企业所取得资金的权益特性不同　　B. 筹集资金的使用期限不同
   C. 是否以金融机构为媒介　　D. 资金的来源范围不同

2. 企业资本金管理应当遵循的基本原则是（　　）。
   A. 资本确定原则　　B. 资本充实原则
   C. 资本保全原则　　D. 资本维持原则

3. 下列各项中，属于吸收直接投资与债务筹资相比的优点的是（　　）。
   A. 资本成本低　　B. 企业控制权集中
   C. 财务风险低　　D. 有利于发挥财务杠杆作用

4. 如果某上市公司最近一个会计年度的审计结果显示其股东权益低于注册资本，则该
上市公司会被（　　）。
   A. 暂停上市　　B. 终止上市
   C. 特别处理　　D. 取消上市资格

5. 相对于股权融资而言，长期银行借款筹资的优点是（　　）。
   A. 财务风险小　　B. 筹资规模大
   C. 限制条款少　　D. 资本成本低

6. 企业向租赁公司租入一台设备，价值 500 万元，合同约定租赁期满时残值 5 万元归租
赁公司所有，租期从 2012 年 1 月 1 日到 2017 年 1 月 1 日，租费率为 12%，若采用先付租金的
方式，则平均每年支付的租金为（　　）万元。[$(P/F,12\%,5)=0.567\,4$，$(P/A,12\%,4)=
3.037\,3$，$(P/A,12\%,5)=3.604\,8$]
   A. 123.85　　B. 123.14　　C. 245.47　　D. 108.61

7. 出租人既出租某项资产，又以该项资产为担保借入资金的租赁方式是（　　）。
   A. 直接租赁　　B. 售后回租　　C. 杠杆租赁　　D. 经营租赁

8. 下列各项中，不会影响融资租赁每期租金的因素是（　　）。
   A. 设备买价　　B. 安装调试费
   C. 设备维护费　　D. 租金支付方式

9. 某企业计划发行面值为 1 000 元的可转换债券，如果确定的转换价格越高，债券能转换为普通股的股数（　　）。

  A. 越多   B. 越少   C. 不变   D. 不确定

10. F 公司计划扩大生产规模，采用融资租赁方式租入生产线，该生产线价值 3 000 000 元，租期 5 年，租赁期满时预计残值 250 000 元，归租赁公司，租赁合同约定每年租金 750 442 元，则租赁的资本成本为（　　）。[已知：$(P/F,10\%,5)=0.620\,9$，$(P/F,9\%,5)=0.649\,9$；$(P/A,10\%,5)=3.790\,8$，$(P/A,9\%,5)=3.889\,7$。]

  A. 10%   B. 9.27%   C. 9%   D. 8.34%

11. 相对于股票筹资而言，长期借款的缺点是（　　）。

  A. 筹资速度慢   B. 筹资成本高

  C. 借款弹性差   D. 财务风险大

12. 在下列各项中，不属于普通股股东权利的是（　　）。

  A. 公司管理权   B. 分享盈余权

  C. 优先认股权   D. 优先分配剩余财产权

13. 在下列各项中，能够引起企业自有资金增加的筹资方式是（　　）。

  A. 吸收直接投资   B. 发行公司债券

  C. 利用商业信用   D. 留存收益转增资本

14. 按照有无特定的财产担保，可将债券分为（　　）。

  A. 记名债券和无记名债券   B. 可转换债券和不可转换债券

  C. 信用债券和抵押债券   D. 不动产抵押债券和证券抵押债券

15. 可转换债券筹资的优点不包括（　　）。

  A. 有利于稳定股票价格   B. 可以节约利息支出

  C. 可转换为股票，不需要还本 D. 增强筹资的灵活性

二、多项选择题

1. 筹资管理应遵循的原则有（　　）。

  A. 分析生产经营情况，正确预测资金需要量

  B. 合理安排筹资时间，适时取得资金

  C. 研究各种筹资方式，优化资本结构

  D. 遵循国家法律法规，合法筹措资金

2. 资本金缴纳的期限，通常有三种办法：实收资本制、授权资本制和折中资本制。下列有关这三种办法的表述正确的有（　　）。

  A. 在实收资本制下，在企业成立时一次筹足资本金总额，否则企业不能成立

  B. 在授权资本制下，企业成立时的实收资本与注册资本一致，否则企业不能成立

  C. 在折中资本制下，有限责任公司的股东首次出资额不得低于注册资本的 20%

  D. 在折中资本制下，规定了首期出资的数额或比例及最后一期缴清资本的期限

3. 下列各项中，属于吸收直接投资的有（　　）。

  A. 吸收国家投资   B. 吸收债权人投资

  C. 吸收外商直接投资   D. 吸收社会公众投资

4. 下列各项中,属于留存收益与普通股筹资方式相比的特点的有( )。

  A. 筹资数额有限   B. 筹资费用高

  C. 不会稀释原有股东控制权   D. 资金成本低

5. 相对于一次偿还债券来说,分批偿还债券的特点有( )。

  A. 发行费较高   B. 发行费较低

  C. 便于发行   D. 是最为常见的债券偿还方式

6. 相对于利用银行借款购买设备而言,通过融资租赁方式取得设备的主要优点有( )。

  A. 延长资金融通的期限   B. 限制条件较少

  C. 免遭设备陈旧过时的风险   D. 资本成本低

7. 企业筹资可以满足( )。

  A. 生产经营的需要   B. 对外投资的需要

  C. 调整资本结构的需要   D. 归还债务的需要

8. 以下不属于普通股筹资缺点的有( )。

  A. 会降低公司的信誉   B. 容易分散控制权

  C. 有固定到期日,需要定期偿还   D. 使公司失去隐私权

9. 运用销售百分比法预测资金需要量时,下列各项中属于预测企业计划年度追加资金需要量计算公式涉及的因素有( )。

  A. 计划年度预计利润留存率

  B. 计划年度预计销售收入增加额

  C. 计划年度预计经营资产增加额

  D. 计划年度预计经营负债增加额

10. 下列属于企业留存收益来源的有( )。

  A. 法定公积金   B. 任意公积金

  C. 资本公积金   D. 未分配利润

三、判断题

1. 企业进行筹资时,首先应利用内部筹资,然后再考虑外部筹资。 ( )

2.《中华人民共和国公司法》规定,投资者可以用实物、知识产权、设定担保的财产等非货币财产作价出资。 ( )

3. 普通股股东依法享有公司重大决策参与权、优先认股权、优先分配剩余财产权、股份转让权等。 ( )

4. 与普通股股票筹资相比,留存收益筹资的特点是财务风险小。 ( )

5. 筹资渠道解决的是资金来源问题,筹资方式解决的是通过何种方式取得资金的问题,它们之间不存在对应关系。 ( )

6. 从出租人的角度来看,杠杆租赁与直接租赁并无区别。 ( )

7. 资金成本是指筹资费用,即为筹集资金付出的代价。 ( )

8. 利用债券筹资可以发挥财务杠杆作用,且筹资风险低。 ( )

9. 在财务管理中,依据财务比率与资金需求量之间的关系预测资金需求量的方法称为比率预测法。 ( )

10. 商业信用是指商品交易中的延期付款或延期交货所形成的借贷关系，是企业之间的一种间接信用关系。　　　　　　　　　　　　　　　　　　　　（　　）

四、案例分析题

1. 某企业采用融资租赁的方式于 2005 年 1 月 1 日融资租入一台设备，设备价款为 60 000 元，租期为 10 年，到期后设备归企业所有，租赁双方商定采用的折现率为 20%，计算并回答下列问题：

(1) 租赁双方商定采用的折现率为 20%，计算每年年末等额支付的租金额。

(2) 租赁双方商定采用的折现率为 18%，计算每年年初等额支付的租金额。

2. 某公司 2022 年销售收入为 100 万元，销售净利率 10%，股利支付率为 60%，公司现有生产能力已经饱和，经预测公司 2023 年销售收入提高到 120 万元，销售净利率与利润分配政策不变。该公司资产情况如表 3-11 所示。试计算 2023 年外部资金需要量。

表 3-11　某公司资产情况　　　　　　　　　单位：万元

资　产		负债和所有者权益	
货币资金	5	应付费用	10
应收账款	15	应付账款	5
存　货	30	短期借款	25
		公司债券	10
固定资产净值	30	实收资本	20
		留存收益	10
合　计	80	合　计	80

3. 某公司 2008 年 12 月 31 日的简要资产负债表如表 3-12 所示。假定某公司 2008 年销售额为 10 000 万元，销售净利率为 10%，利润留存率为 40%。2009 年销售额预计增长 20%，公司有足够的生产能力，无须追加固定资产投资。试计算外部融资需求量。

表 3-12　某公司资产负债表(2008 年 12 月 31 日)　　　　　　　单位：万元

资　产	金额	与销售关系/%	负债与权益	金额	与销售关系/%
货币资金	500	5	短期借款	2 500	—
应收账款	1 500	15	应付账款	1 000	10
存货	3 000	30	预提费用	500	5
固定资产	3 000	—	应付债券	1 000	
			实收资本	2 000	
			留存收益	1 000	—
合计	8 000	50	合计	8 000	15

第四章

资本成本与资本结构

学习目标

- 了解资本成本的含义;
- 理解资本成本的计算;
- 掌握不同类型资本成本的计算和作用;
- 掌握资本结构理论和最佳资本结构的确定方法。

本章基本框架

资本成本与资本结构

- 资本成本
  - 资本成本概述
  - 个别资本成本的计算
  - 综合资本成本的计算
- 杠杆原理
  - 成本习性、边际贡献和息税前利润
  - 经营杠杆利益与风险
  - 财务杠杆利益与风险
  - 总杠杆利益与风险
- 资本结构与筹资决策
  - 资本结构的概念
  - 最佳资本结构的确定
  - 资本结构决策的方法

引导案例

　　韩国曾经第二大企业大宇集团,在 1999 年因经营不善、资不抵债不得不破产清算。2000 年 12 月,大宇汽车也宣告破产。

　　大宇集团于 1967 年奠基立厂,创办人金宇中是一名纺织品推销员。经过 30 年发展,通过政府的政策支持、银行的信贷支持和在海内外的大力购并,成为直逼韩国最大企业现代集团的庞大商业"帝国"。1998 年年底大宇集团总资产高达 640 亿美元,营业额占韩国 GDP

的 5%；业务涉及贸易、汽车、电子、通用设备等众多行业；国内所属企业曾多达 41 家，海外公司数量创下 600 家的记录，鼎盛时期，海外雇员几十万，成为国际知名品牌。

1997 年年底韩国发生金融危机后，其他企业集团都开始收缩，但大宇集团仍然我行我素。认为只要提高开工率，增加销售额和出口就能躲过这场危机。它继续大量发行债券，进行"借贷式经营"。1998 年发行的公司债券达 7 万亿韩元（约 58.33 亿美元）。在严峻的债务压力下，大梦方醒的大宇集团虽做出了种种努力，但为时已晚。经营依然不善，资产负债率仍然居高，大宇集团最终不得不走向破产。

（资料来源：佚名. 资本成本及结算［EB/OL］.（2021-06-18）［2023-05-06］. https://www.111doc.com/doc-8567632.html.）

思考：企业应该降低还是提高负债比例？

 小贴士

作为大学生，当你缺钱时，一般通过什么方式筹钱？请大家思考使用"花呗"是否适合大学生。

第一节　资本成本

资本成本是企业筹资管理的重要依据，也是企业资本结构决策的基本因素之一。企业筹得的资金付诸使用以后，只有当投资项目的投资收益率高于资本成本率时，所筹集和使用的资金才能取得较好的经济效益。

一、资本成本概述

（一）资本成本的含义

由于资金具有时间价值，即资金在周转使用过程中能带来增值，资金提供者让渡这种增值机会必然会要求得到相应的报酬。有风险的情况下，资金提供者还会要求额外的风险报酬。因此，企业要获得资金的使用权，必须付出相应的代价。这种代价可以理解为资金这种特殊商品的市场价格。另外，企业在筹集资金的过程中可能还需要支付一定的费用。综上所述，资本成本是企业筹集和使用资金所付出的代价，包括筹资费用和用资费用两个部分。

1. 筹资费用

筹资费用是企业在筹集资金的过程中为获取资本而付出的代价，如借款手续费、证券发行费等，它通常是在筹措资金时一次性支付。

2. 用资费用

用资费用是企业为了使用资金而付出的代价，如向债权人支付的利息，向股东分派的股利或红利等。用资费用在使用资金期间内会反复发生并随着使用资金金额的大小和期限的长短而变动。

资本成本可以用绝对数表示，也可以用相对数表示，但通常采用相对数即资本成本率来表示。资本成本率是企业的用资费用与有效筹资额之间的比率，所谓有效筹资额是指筹资金额扣除筹资费用后的净额。其计算公式如下：

$$K = \frac{D}{P - F} = \frac{D}{P(1 - f)} \tag{4-1}$$

式中，K 为资本成本率；D 为年用资费用；P 为筹资总额；F 为筹资费用；f 为筹资费用率。

(二) 资本成本的作用

资本成本是企业筹资管理的主要依据，也是企业投资管理的重要标准，乃至是企业整个财务管理和经营管理的重要工具。具体来说，资本成本有如下作用。

1. 资本成本是比较筹资方式、选择筹资方案的依据

各种资本的资本成本率，是比较、评价各种筹资方式的依据。在评价各种筹资方式时，一般会考虑的因素包括对企业控制权的影响、对投资者吸引力的大小、融资的难易和风险、资本成本的高低等，而资本成本是其中的重要因素。在其他条件相同时，企业筹资应选择资本成本最低的方式。

2. 平均资本成本是衡量资本结构是否合理的依据

企业财务管理目标是企业价值最大化，而企业价值是企业资产带来的未来经济利益的现值。计算现值时采用的贴现率通常会选择企业的平均资本成本，当平均资本成本率最小时，企业价值最大，此时的资本结构是企业理想的最佳资本结构。

3. 资本成本是评价投资项目可行性的主要标准

资本成本通常用相对数表示，它是企业对投入资本所要求的报酬率（或收益率），即最低必要报酬率。任何投资项目，如果它预期的投资报酬率超过该项目使用资金的资本成本率，则该项目在经济上就是可行的。因此，资本成本率是企业用以确定项目要求达到的投资报酬率的最低标准。

4. 资本成本是评价企业整体业绩的重要依据

一定时期企业资本成本的高低，不仅反映企业筹资管理的水平，还可作为评价企业整体经营业绩的标准。企业的生产经营活动，实际上就是所筹集资本经过投放后形成的资产营运，企业的总资产报酬率应高于其平均资本成本率，才能带来剩余收益。

(三) 资本成本的影响因素

1. 总体经济环境

总体经济环境和状态决定企业所处的国民经济发展状况和水平，以及预期的通货膨胀。总体经济环境变化的影响，反映在无风险报酬率上，如果国民经济保持健康、稳定、持续增长，整个社会经济的资金供给和需求相对均衡且通货膨胀水平低，资金所有者投资的风险小，预期报酬率低，筹资的资本成本相应就比较低。相反，如果国民经济不景气或者经济过热，通货膨胀持续居高不下，投资者投资风险大，预期报酬率高，筹资的资本成本就高。

2. 资本市场条件

资本市场效率表现为资本市场上的资本商品的市场流动性。资本商品的流动性高，表现为容易变现且变现时价格波动较小。如果资本市场缺乏效率，证券的市场流动性低，投资者投资风险大，要求的预期报酬率高，那么通过资本市场筹集的资本其资本成本就比较高。

3. 企业经营状况和融资状况

企业内部经营风险是企业投资决策的结果，表现为资产报酬率的不确定性；企业融资状况导致的财务风险是企业筹资决策的结果，表现为股东权益资本报酬率的不确定性。两者

共同构成企业总体风险，如果企业经营风险高，财务风险大，则企业总体风险水平高，投资者要求的预期报酬率高，企业筹资的资本成本相应就大。

4.企业对筹资规模和时限的需求

在一定时期内，国民经济体系中资金供给总量是一定的，资本是一种稀缺资源。因此企业一次性需要筹集的资金规模越大、占用资金时限越长，资本成本就越高。当然，融资规模、时限与资本成本的正向相关性并非线性关系，一般情况下，融资规模在一定限度内，并不引起资本成本的明显变化，当融资规模突破一定限度时，才引起资本成本的明显变化。

二、个别资本成本的计算

个别资本成本是指筹集和使用各种长期资金的成本。企业的长期资金一般有长期借款、债券、优先股、普通股、留存收益等，其中前两项为债务资本，后三项为权益资本。由于企业规模不同，在比较资本成本时，通常采用相对数来表示资本成本，即资本成本率。一般而言，个别资本成本率是企业用资费用与有效筹资额的比率。它的高低取决于三个因素，即用资费用、筹资费用和筹资总额。用资费用越高，资本成本越高；筹资费用越高，资本成本越高；筹资额越大，资本成本越低。换言之，在筹资额一定的情况下，用资费用和筹资费用与资本成本成正比；在用资费用和筹资费用一定的情况下，筹资额与资本成本成反比。

个别资本
成本的计算

（一）债务资本成本的计算

按照国际惯例和各国所得税法规定，债务资本的利息一般允许在企业所得税前支付，从而具有抵减企业所得税的作用，因而企业实际负担的利息应是考虑抵税因素后的利息：实际利息＝利息×（1－所得税率）。

1.长期借款成本

长期借款成本是指借款利息和筹资费用。长期借款资本成本的计算公式如下：

$$k_b = \frac{L \cdot i \cdot (1-T)}{L \cdot (1-f)} \times 100\% \qquad (4\text{-}2)$$

式中，k_b 为银行借款资本成本率；L 为银行借款本金；i 为银行借款年利率；f 为筹资费用率；T 为所得税税率。

【例 4-1】　某企业取得 5 年期长期借款 150 万元，年利率 10%，每年付息一次，到期一次还本，借款费用率 0.1%，企业所得税税率 25%，该项借款的资本成本率为

$$\frac{150 \times 10\% \times (1-25\%)}{150 \times (1-0.1\%)} \times 100\% = 7.5\%$$

长期借款的筹资费用主要是借款手续费，一般数额很小，有时也可以忽略不计。这时，长期借款成本可按下列公式计算：

$$k_b = i(1-T) \qquad (4\text{-}3)$$

沿用上例资料得

$$k_b = 10\% \times (1-25\%) = 7.5\%$$

2.公司债券成本

公司债券资本成本包括债券利息和借款发行费用。债券可以溢价发行，也可以折价发

行,其资本成本的计算公式为

$$k_b = \frac{B \cdot i \cdot (1-T)}{B_0 \cdot (1-f)} \times 100\%$$ (4-4)

式中,k_b 为公司债券资本成本率;B 为债券票面价格;B_0 为债券筹资额,按发行价格确定;i 为债券票面利率;f 为筹资费用率;T 为所得税税率。

【例 4-2】 某企业以 1 200 元的价格,溢价发行面值为 1 000 元、期限 6 年、票面利率为 10% 的公司债券一批。每年付息一次,到期一次还本,发行费用率 3%,所得税税率 20%。该批债券的资本成本率为

$$\frac{1\,000 \times 10\% \times (1-20\%)}{1\,200 \times (1-3\%)} \times 100\% = 6.87\%$$

上述债券为溢价发行,如果等价发行,则债券成本为

$$\frac{10\% \times (1-20\%)}{1-3\%} = 8.25\%$$

如果折价发行,发行价为 800 元,则债券成本为

$$\frac{1\,000 \times 10\% \times (1-20\%)}{800 \times (1-3\%)} = 10.31\%$$

以上所述是假定债券付息方式为每年付息一次,在我国实际工作中还有单利计息,到期一次支付,这时债券利息需调整。

在实际中,由于债券利率水平通常高于长期借款,同时债券发行费用较多,因此债券成本一般高于长期借款成本。

(二) 权益资本成本的计算

权益资本成本主要有吸收直接投资成本、优先股成本、普通股成本、留存收益成本等。各种权益资本的红利是以所得税后的净利支付的,因此不会减少企业应缴纳的所得税,不具有抵减企业所得税的作用。

1.优先股成本

公司发行优先股筹资需要支付发行费用,优先股股利通常是固定的。优先股筹资额应按优先股的发行价格确定。优先股成本可按下列公式计算:

$$K_P = \frac{D_P}{P_P(1-f_p)}$$ (4-5)

式中,K_P 为优先股成本率;D_P 为优先股股利;P_P 为优先股筹资额;f_p 为优先股筹资费用率。

【例 4-3】 某公司发行优先股总面额为 100 万元,总价为 130 万元,筹资费用率为 5%,规定年股利率为 15%。优先股成本计算如下:

$$K_P = \frac{100 \times 15\%}{130 \times (1-5\%)} = 12.15\%$$

由于优先股股利在税后支付,而债券利息在税前支付,当公司破产清算时,优先股持有者的求偿权在债券持有人之后,因此优先股风险大于债券,资本成本高于债券成本。

2.普通股成本

普通股资本成本主要是向股东支付的各期股利。由于各期股利并不一定固定,随企业各期收益波动,因此普通股的资本成本只能按贴现模式计算,并假定各期股利的变化具有一

定的规律性。如果是上市公司普通股，其资本成本还可以根据该公司的股票收益率与市场收益率的相关性，按资本资产定价模型法估计。

（1）股利增长模型法。假定资本市场有效，股票市场价格与价值相等。假定某股票本期支付的股利为 D_0，未来各期股利按 g 速度增长。目前股票市场价格为 P_0，则普通股资本成本为

$$K_s = \frac{D_0(1+g)}{P_0(1-f)} + g = \frac{D_1}{P_0(1-f)} + g \tag{4-6}$$

【例 4-4】 某公司普通股市价 30 元，筹资费用率 2%，本年发放现金股利每股 0.6 元，预期股利年增长率为 10%。则

$$K_s = \frac{0.6 \times (1 + 10\%)}{30 \times (1 - 2\%)} + 10\% = 12.24\%$$

（2）资本资产定价模型法。假定资本市场有效，股票市场价格与价值相等。假定风险报酬率为 R_f，市场平均报酬率为 R_m，某股票系数为 β，则普通股资本成本率为

$$K_s = R_s = R_f + \beta(R_m - R_f) \tag{4-7}$$

【例 4-5】 某公司普通股 β 系数为 1.6，此时一年期国债利率 5%，市场平均报酬率 15%，该普通股资本成本率为

$$K_s = 5\% + 1.6 \times (15\% - 5\%) = 21\%$$

3. 留存收益成本

留存收益是企业税后净利形成的，是一种所有者权益，其实质是所有者向企业追加的投资。企业利用留存收益筹资无须发生筹资费用。如果企业将留存收益用于再投资，所获得的收益率低于股东自己进行一项风险相似的投资项目的收益率，企业就应该将其分配给股东。留存收益的资本成本率，表现为股东追加投资要求的报酬率，其计算与普通股成本相同，也分为股利增长模型法和资本资产定价模型法，不同点在于留存收益资本成本不考虑筹资费用。留存收益资本成本可按下列公式计算：

$$K_t = \frac{D_1}{P_0} + g \tag{4-8}$$

式中，符号含义同普通股。

在公司全部资本中，普通股和优先股的风险最大，要求报酬相应最高，因此其资本成本也最高。留存收益无筹资费用，所以比普通股资本成本低。

三、综合资本成本的计算

综合资本成本也称加权平均资本成本，是指多元化融资方式下的综合资本成本，反映了企业资本成本整体水平的高低。在衡量和评价单一融资方案时，需要计算个别资本成本；在衡量和评价企业筹资总体的经济性时，需要计算企业的综合资本成本。综合资本成本用于衡量企业资本成本水平，确立企业理想的资本结构。

企业综合资本成本，是以各项个别资本在企业总资本中的比重为权数，对各项个别资本成本率进行加权平均而得到的总资本成本率。其计算公式为

$$K_w = \sum_{j=1}^{n} K_j W_j \tag{4-9}$$

式中，K_w 为综合资本成本；K_j 为第 j 种个别资本成本；W_j 为第 j 种个别资本在全部资本中的比重。

综合资本成本的计算，存在着权数价值的选择问题，即各项个别资本按什么权数来确定资本比重。通常，可供选择的价值形式有账面价值、市场价值、目标价值等。

（一）账面价值权数

账面价值权数即以各项个别资本的会计报表账面价值为基础来计算资本权数，确定各类资本占总资本的比重。其优点是资料容易取得，可以直接从资产负债表中得到，而且计算结果比较稳定。其缺点是，当债券和股票的市价与账面价值差距较大时，导致按账面价值计算出来的资本成本，不能反映目前从资本市场上筹集资本的现时机会成本，不适合评价现时的资本结构。

（二）市场价值权数

市场价值权数即以各项个别资本的现行市价为基础来计算资本权数，确定各类资本占总资本的比重。其优点是能够反映现时的资本成本水平，有利于进行资本结构决策。但现行市价处于经常变动之中，不容易取得，而且现行市价反映的只是现时的资本结构，不适用未来的筹资决策。

（三）目标价值权数

目标价值权数即以各项个别资本预计的未来价值为基础来确定资本权数，确定各类资本占总资本的比重。目标价值是目标资本结构要求下的产物，是公司筹措和使用资金对资本结构的一种要求。对于公司筹措新资金，需要反映期望的资本结构来说，目标价值是有益的，适用于未来的筹资决策，但目标价值的确定难免具有主观性。

以目标价值为基础计算资本权重，能体现决策的相关性。目标价值权数的确定，可以选择未来的市场价值，也可以选择未来的账面价值。选择未来的市场价值，与资本市场现状联系比较紧密，能够与现时的资本市场环境状况结合起来，目标价值权数的确定一般以现时市场价值为依据。但市场价值波动频繁，可行方案是选用市场价值的历史平均值，如 30 日、60 日、120 日均价等。总之，目标价值权数是主观愿望和预期的表现，依赖于财务经理的价值判断和职业经验。

【**例 4-6**】　某公司共有长期资本账面总额为 1 000 万元，其中：银行长期借款 400 万元，占 40%；债券 150 万元，占 15%；普通股 450 万元，占 45%。长期贷款、长期债券和普通股的个别资本成本分别为 5%、6%、9%。普通股市场价值为 1 600 万元，债务市场价值等于账面价值。该公司的平均资本成本如下。

按账面价值计算：
$$K_w = 5\% \times 40\% + 6\% \times 15\% + 9\% \times 15\% = 6.95\%$$

按市场价值计算：
$$k_w = \frac{5\% \times 400 + 6\% \times 150 + 9\% \times 1\ 600}{400 + 150 + 1\ 600} = 8.05\%$$

第二节　杠杆原理

自然界中的杠杆效应，是指人们通过利用杠杆，可以用较小的力量移动较重物体的现象。财务管理中的杠杆效应表现为，由于特定固定支出或费用的存在，导致当某一财务变量以较小幅度变动时，另一相关变量会以较大幅度变动。财务管理中的杠杆效应包括经营杠杆、财务杠杆和总杠杆三种形式。

一、成本习性、边际贡献和息税前利润

（一）成本习性

1.成本习性的含义

成本习性也称为成本性态，是指成本的变动与业务量之间的依存关系。从成本习性来认识和分析成本并将成本重新进行分类，有助于进一步加强成本管理，挖掘内部潜力，并能促使企业搞好经营预测和决策，争取实现最大的经济效益。

2.成本按习性分类

按成本习性可以将全部成本划分为固定成本、变动成本和混合成本三类。

（1）固定成本是指其总额在一定时期和一定业务量范围内不随业务量发生任何变动的那部分成本。属于固定成本的主要有按直线法计提的折旧费、保险费、管理人员工资、办公费等。单位固定成本将随产量的增加而逐渐变小。

固定成本还可进一步区分为约束性固定成本和酌量性固定成本两类：约束性固定成本，属于企业"经营能力"成本，是企业为维持一定的业务量所必须负担的最低成本，如厂房、机器设备折旧费、长期租赁费等。企业的经营能力一经形成，在短期内很难有重大改变，因而这部分成本具有很大的约束性。酌量性固定成本，属于企业"经营方针"成本，是企业根据经营方针确定的一定时期（通常为一年）的成本，如广告费、开发费、职工培训费等。

需要指出的是，固定成本总额只是在一定时期和业务量的一定范围（通常称为相关范围）内保持不变。

（2）变动成本是指其总额随着业务量正比例变动的那部分成本。直接材料、直接人工等都属于变动成本，但产品单位成本中的直接材料、直接人工将保持不变。与固定成本相同，变动成本也存在相关范围。

（3）混合成本。有些成本虽然也随业务量的变动而变动，但不成同比例变动，这类成本称为混合成本。混合成本按其与业务量的关系又可分为半变动成本和半固定成本。

① 半变动成本：通常有一个初始量，类似于固定成本，在这个初始量的基础上随产量的增长而增长，又类似于变动成本。

② 半固定成本：这类成本随产量的变化而呈阶梯型增长，产量在一定限度内，这种成本不变，当产量增长到一定限度后，这种成本就跳跃到一个新水平。

3.成本习性模型

以上分析可知，成本按习性可分为变动成本、固定成本和混合成本三类，但混合成本又可以按一定的方法分解成变动部分和固定部分，这样，成本习性模型可用下列公式表示：

$$Y = a + bx \tag{4-10}$$

式中，Y 为总成本；a 为固定成本；b 为单位变动成本；x 为产销量。

若能求出公式中 a 和 b 的值，就可以利用这个直线方程来进行成本预测、成本决策和其他短期决策，所以，成本习性模型是一个非常重要的模型。

（二）边际贡献

1. 边际贡献的含义及其计算

边际贡献是指销售收入减去变动成本以后的差额，边际贡献是运用盈亏分析原理，进行产品生产决策的重要指标。通常，边际贡献又称为"边际利润"或"贡献毛益"等。

边际贡献一般可分为单位产品的边际贡献和全部产品的边际贡献，其计算方法为

单位产品边际贡献＝销售单价－单位变动成本

全部产品边际贡献＝全部产品的销售收入－全部产品的变动成本

很显然，边际贡献越大越好，在定价决策中，首先保证边际贡献不为负数，其次应考虑全部产品的边际贡献应足以弥补固定成本，并仍有一定的积余。而在特殊定价中，边际贡献保持正数是接受与否的底线。

2. 边际贡献的作用

在产品销售过程中，一定量的品种边际贡献首先是用来弥补企业生产经营活动所发生的固定成本总额，在弥补了企业所发生的所有固定成本后，如有多余，才能构成企业的利润。这就有可能出现以下三种情况。

（1）当提供的品种边际贡献刚好等于所发生的固定成本总额时，企业只能保本，即做到不盈不亏。

（2）当提供的品种边际贡献小于所发生的固定成本总额时，企业就要发生亏损。

（3）当提供的品种边际贡献大于所发生的固定成本总额时，企业将会盈利。

因此，品种边际贡献的实质所反映的就是产品为企业盈利所能作出的贡献大小，只有当产品销售达到一定的数量后，所得品种边际贡献才有可能弥补所发生的固定成本总额，为企业盈利作贡献。

（三）息税前利润

1. 息税前利润的含义

息税前利润（earning before interest and tax，EBIT）通俗地说就是不扣除利息也不扣除所得税的利润，也就是在不考虑利息的情况下在交所得税前的利润，也可以称为息前税前利润。

2. 息税前利润的计算

息税前利润＝企业的净利润＋企业支付的利息费用＋企业支付的所得税

息税前利润＝销售收入－变动成本－固定经营成本＝边际贡献－固定经营成本

二、经营杠杆利益与风险

（一）经营杠杆

经营杠杆是指由于固定性经营成本的存在，而使得企业的资产报酬（息税前利润）变动率大于业务量变动率的现象。经营杠杆反映了资产报酬的波动

经营杠杆

性，用以评价企业的经营风险。用 $EBIT$ 表示资产总报酬，则

$$EBIT = S - V - F = (P - V_c)Q - F = M - F$$

式中，S 为销售额；V 为变动性经营成本；F 为固定性经营成本；Q 为产销业务量；P 为销售单价；V_c 为单位变动成本；M 为边际贡献。

上式中，影响 EBIT 的因素包括产品售价、产品需求、产品成本等因素。当产品成本中存在固定成本时，如果其他条件不变，产销业务量的增加虽然不会改变固定成本总额，但会降低单位产品分摊的固定成本，从而提高单位产品利润，使息税前利润的增长率大于产销业务量的增长率，进而产生经营杠杆效应。当不存在固定性经营成本时，所有成本都是变动性经营成本，边际贡献等于息税前利润，此时息税前利润变动率与产销业务量的变动率完全一致。

（二）经营杠杆系数

只要企业存在固定性经营成本，就存在经营杠杆效应。但不同的产销业务量，其经营杠杆效应的大小程度是不一致的。测算经营杠杆效应程度，常用指标为经营杠杆系数。经营杠杆系数，是息税前利润变动率与产销业务量变动率的比，计算公式为

$$DOL = \frac{息税前利润变动率}{产销量变动率} = \frac{\Delta EBIT}{EBIT} \bigg/ \frac{\Delta Q}{Q} \qquad (4-11)$$

式中，DOL 为经营杠杆系数；$\Delta EBIT$ 为息税前利润变动额；ΔQ 为产销业务量变动值。

上式经整理，经营杠杆系数的计算也可以简化为

$$DOL = \frac{基期边际贡献}{基期息税前利润} = \frac{M}{M-F} = \frac{EBIT+F}{EBIT} \qquad (4-12)$$

【例 4-7】 泰华公司产销某种服装，固定成本 500 万元，变动成本率 70%。年产销额 5 000 万元时，变动成本 3 500 万元，固定成本 500 万元，息税前利润 1 000 万元；年产销额 7 000 万元时，变动成本为 4 900 万元，固定成本仍为 500 万元，息税前利润为 1 600 万元。可以看出，该公司产销量增长了 40%，息税前利润增长了 60%，产生了 1.5 倍的经营杠杆效应。

$$DOL = \frac{\Delta EBIT}{EBIT} \bigg/ \frac{\Delta Q}{Q} = \frac{600}{1\ 000} \bigg/ \frac{2\ 000}{5\ 000} = 1.5$$

$$DOL = \frac{M}{EBIT} = \frac{5\ 000 \times 30\%}{1\ 000} = 1.5$$

（三）经营杠杆与经营风险

经营风险是指企业由于生产经营上的原因而导致的资产报酬波动的风险。引起企业经营风险的主要原因是市场需求和生产成本等因素的不确定性，经营杠杆本身并不是资产报酬不确定的根源，只是资产报酬波动的表现。但是，经营杠杆放大了市场和生产等因素变化对利润波动的影响。经营杠杆系数越高，表明资产报酬等利润波动程度越大，经营风险也就越大。根据经营杠杆系数的计算公式：

$$DOL = \frac{EBIT+F}{EBIT} = 1 + \frac{F}{EBIT} \qquad (4-13)$$

上式表明，在企业不发生经营性亏损、息税前利润为正的前提下，经营杠杆系数最低为 1，不会为负数；只要有固定性经营成本存在，经营杠杆系数（degree of operational leverage，DOL)总是大于1。

从上式可知，影响经营杠杆的因素包括企业成本结构中的固定成本比重和息税前利润水平。其中，息税前利润水平又受产品销售数量、销售价格、成本水平(单位变动成本和固定成本总额)高低的影响。固定成本比重越高、成本水平越高、产品销售数量和销售价格水平越低，经营杠杆效应越大，反之亦然。

【例 4-8】　某企业生产 A 产品，固定成本 100 万元，变动成本率 60%，当销售额分别为 1 000 万元、500 万元、250 万元时，经营杠杆系数分别为

$$DOL_{1000}=\frac{1\ 000-1\ 000\times 60\%}{1\ 000-1\ 000\times 60\%-100}=1.33$$

$$DOL_{500}=\frac{500-500\times 60\%}{500-500\times 60\%-100}=2$$

$$DOL_{250}=\frac{250-250\times 60\%}{250-250\times 60\%-100}\rightarrow\infty$$

上例计算结果表明：在其他因素不变的情况下，销售额越小，经营杠杆系数越大，经营风险也就越大，反之亦然。如销售额为 1 000 万元时，DOL 为 1.33，销售额为 500 万元时，DOL 为 2，显然后者的不稳定性大于前者，经营风险也大于前者。在销售额处于盈亏临界点 250 万元时，经营杠杆系数趋于无穷大，此时企业销售额稍有减少便会导致更大的亏损。

三、财务杠杆利益与风险

(一) 财务杠杆

财务杠杆

财务杠杆是指由于固定性资本成本的存在，而使得企业的普通股收益(或每股收益)变动率大于息税前利润变动率的现象。财务杠杆反映了股权资本报酬的波动性，用以评价企业的财务风险。用普通股收益或每股收益表示普通股权益资本报酬，则

$$TE=(EBIT-I)(1-T) \tag{4-14}$$

$$EPS=(EBIT-I)(1-T)/N \tag{4-15}$$

式中，TE 为全部普通股净收益；EPS 为每股收益；I 为债务资本利息；T 为所得税税率；N 为普通股股数。

上式中，影响普通股收益的因素包括资产报酬、资本成本、所得税税率等因素。当有固定利息费用等资本成本存在时，如果其他条件不变，息税前利润的增加虽然不改变固定利息费用总额，但会降低每一元息税前利润分摊的利息费用，从而提高每股收益，使得普通股收益的增长率大于息税前利润的增长率，进而产生财务杠杆效应。当不存在固定利息、股息等资本成本时，息税前利润就是利润总额，此时利润总额变动率与息税前利润变动率完全一致。如果两期所得税税率和普通股股数保持不变，每股收益的变动率与利润总额变动率也完全一致，进而与息税前利润变动率一致。

(二) 财务杠杆系数

只要企业融资方式中存在固定性资本成本，就存在财务杠杆效应。如固定利息、固定融资租赁费等的存在，都会产生财务杠杆效应。在同一固定的资本成本支付水平上，不同的息税前利润水平，对固定的资本成本的承受负担是不一样的，其财务杠杆效应的大小程度是不

一致的。测算财务杠杆效应程度，常用指标为财务杠杆系数。财务杠杆系数（degree of financial leverage,DFL），是每股收益变动率与息税前利润变动率的倍数，计算公式为

$$DFL = \frac{每股收益变动率}{息税前利润变动率} = \frac{\Delta EPS/EPS}{\Delta EBIT/EBIT} \tag{4-16}$$

上式经整理，财务杠杆系数的计算也可以简化为

$$DFL = \frac{息税前利润总额}{息税前利润总额-利息} = \frac{EBIT}{EBIT-1} \tag{4-17}$$

【例 4-9】 有甲、乙、丙三个公司，资本总额均为 1 000 万元，所得税税率均为 30%，每股面值均为 1 元。甲公司资本全部由普通股组成；乙公司债务资本 300 万元（利率 10%），普通股 700 万元；丙公司债务资本 500 万元（利率 10.8%），普通股 500 万元。三个公司 2021 年 EBIT 均为 200 万元，2022 年 EBIT 均为 300 万元，EBIT 增长了 50%。有关财务指标如表 4-1 所示。

表 4-1 普通股收益及财务杠杆的计算 单位：万元

利润项目		甲公司	乙公司	丙公司
普通股股数		1 000 万股	700 万股	500 万股
利润总额	2021 年	200	170	146
	2022 年	300	270	246
	增长率	50%	58.82%	68.49%
净利润	2021 年	140	119	102.2
	2022 年	210	189	172.2
	增长率	50%	58.82%	68.49%
普通股收益	2021 年	140	119	102.2
	2022 年	210	189	172.2
	增长率	50%	58.82%	68.49%
每股收益	2021 年	0.14 元	0.17 元	0.20 元
	2022 年	0.21 元	0.27 元	0.34 元
	增长率	50%	58.82%	68.49%
财务杠杆系数		1.000	1.176	1.370

可见，资本成本固定型的资本所占比重越高，财务杠杆系数就越大。甲公司由于不存在固定资本成本的资本，没有财务杠杆效应；乙公司存在债务资本，其普通股收益增长幅度是息税前利润增长幅度的 1.176 倍；丙公司存在债务资本，并且债务资本的比重比 B 公司高，其普通股收益增长幅度是息税前利润增长幅度的 1.370 倍。

（三）财务杠杆与财务风险

财务风险是指企业由于筹资原因产生的资本成本负担而导致的普通股收益波动的风险。引起企业财务风险的主要原因是资产报酬的不利变化和资本成本的固定负担。由于财务杠杆的作用，当企业的息税前利润下降时，企业仍然需要支付固定的资本成本，导致普通股剩余收益以更快的速度下降。财务杠杆放大了资产报酬变化对普通股收益的影响，财务杠杆系数越高，表明普通股收益的波动程度越大，财务风险也就越大。只要有固定性资本成

本存在,财务杠杆系数总是大于1。

从财务杠杆系数计算公式可知,影响财务杠杆的因素包括企业资本结构中债务资本比重、普通股收益水平和所得税税率水平。其中,普通股收益水平又受息税前利润、固定资本成本(利息)高低的影响。债务成本比重越高、固定的资本成本支付额越高、息税前利润水平越低,财务杠杆效应越大,反之亦然。

【例 4-10】　在例 4-9 中,三个公司 2021 年的财务杠杆系数分别为:甲公司 1.000、乙公司 1.176、丙公司 1.370。这意味着,如果 EBIT 下降时,甲公司的 EPS 与之同步下降,而乙公司和丙公司的 EPS 会以更大的幅度下降。导致各公司 EPS 不为负数的 EBIT 最大降幅如表 4-2 所示。

表 4-2　各指标之间的关系

公司	DFL	EPS 降低	EBIT 降低
甲	1.000	100%	100%
乙	1.176	100%	85.03%
丙	1.370	100%	72.99%

上述结果意味着,2022 年在 2021 年的基础上,EBIT 降低 72.99%,丙公司普通股收益会出现亏损;EBIT 降低 85.03%,乙公司普通股收益和指率先亏损;EBIT 降低 100%,甲公司普通股收益会出现亏损。显然,丙公司不能支付利息、不能满足普通股股利要求的财务风险远高于其他公司。

四、总杠杆利益与风险

(一) 总杠杆

经营杠杆和财务杠杆可以独自发挥作用,也可以综合发挥作用,总杠杆是用来反映两者之间共同作用结果的,即权益资本报酬与产销业务量之间的变动关系。由于固定性经营成本的存在,产生经营杠杆效应,导致产销业务量变动对息税前利润变动有放大作用;同样,由于固定性资本成本的存在,产生财务杠杆效应,导致息税前利润变动对普通股收益有放大作用。两种杠杆共同作用,将导致产销业务量的变动引起普通股每股收益更大的变动。

总杠杆,是指由于固定经营成本和固定资本成本的存在,导致普通股每股收益变动率大于产销业务量的变动率的现象。

(二) 总杠杆系数

只要企业同时存在固定性经营成本和固定性资本成本,就存在总杠杆效应。产销量变动通过息税前利润的变动,传导至普通股收益,使得每股收益发生更大的变动。用总杠杆系数(degree of total leverage,DTL)表示总杠杆效应程度,可见,总杠杆系数是经营杠杆系数和财务杠杆系数的乘积,是普通股每股收益变动率相当于产销量变动率的倍数,计算公式为

$$DTL = \frac{普通股每股收益变动率}{产销量变动率} \tag{4-18}$$

上式经整理,总杠杆系数的计算也可以简化为

$$DTL = DOL \times DFL = \frac{基期边际贡献}{基期利润总额} = \frac{M}{M-F-I} \tag{4-19}$$

【例4-11】 某公司去年的损益表有关资料如下：销售收入4 000万元、变动成本2 400万元、固定成本1 000万元、息税前利润600万元、利息200万元、所得税200万元。

要求：计算经营杠杆系数、财务杠杆系数和复合杠杆系数。

【解答】 $DOL = (4000 - 2400) \div 600 = 2.67$

$DFL = 600 \div (600 - 200) = 1.5$

$DTL = 2.67 \times 1.5 = 4$

（三）总杠杆与公司风险

公司风险包括企业的经营风险和财务风险。总杠杆系数反映了经营杠杆和财务杠杆之间的关系，用以评价企业的整体风险水平。在总杠杆系数一定的情况下，经营杠杆系数与财务杠杆系数此消彼长。总杠杆效应的意义在于：第一，能够说明产销业务量变动对普通股收益的影响，据以预测未来的每股收益水平；第二，揭示了财务管理的风险管理策略，即要保持一定的风险状况水平，需要维持一定的总杠杆系数，经营杠杆和财务杠杆可以有不同的组合。

固定资产比较重大的资本密集型企业，经营杠杆系数高，经营风险大，企业筹资主要依靠权益资本，以保持较小的财务杠杆系数和财务风险；变动成本比重较大的劳动密集型企业，经营杠杆系数低，经营风险小，企业筹资主要依靠债务资本，保持较大的财务杠杆系数和财务风险。

在企业初创阶段，产品市场占有率低，产销业务量小，经营杠杆系数大，此时企业筹资主要依靠权益资本，在较低程度上使用财务杠杆；在企业扩张成熟期，产品市场占有率高，产销业务量大，经营杠杆系数小，此时，企业资本结构中可扩大债务资本，在较高程度上使用财务杠杆。

 小贴士

融资有风险，不做老赖，诚信经营。

第三节 资本结构与筹资决策

一、资本结构的概念

资本结构及其管理是企业筹资管理的核心问题。企业应综合考虑有关影响因素，运用适当的方法确定最佳资本结构，提升企业价值。

（一）资本结构的含义

资本结构是指企业资本总额中各种资本的构成及其比例关系。筹资管理中，资本结构有广义和狭义之分。广义的资本结构包括全部债务与股东权益的构成比率；狭义的资本结构则指长期负债与股东权益资本构成比率。狭义资本结构下，短期债务作为营运资金来管理。本书所指的资本结构通常仅是狭义的资本结构,也就是债务资本在企业全部资本中所占的比重。

不同的资本结构会给企业带来不同的后果。企业利用债务资本进行举债经营具有双重作用,既可以发挥财务杠杆效应,也可能带来财务风险。因此企业必须权衡财务风险和资本成本的关系,确定最佳的资本结构。评价企业资本结构最佳状态的标准应该是能够提高股权收益或降低资本成本,最终目的是提升企业价值。股权收益表现为净资产报酬率或普通股每股收益;资本成本,表现为企业的平均资本成本率。根据资本结构理论,当公司平均资本成本最低时,公司价值最大。所谓最佳资本结构,是指在一定条件下使企业平均资本成本率最低、企业价值最大的资本结构。资本结构优化的目标,是降低平均资本成本率或提高普通股每股收益。

从理论上讲,最佳资本结构是存在的,但由于企业内部条件和外部环境的经常性变化,动态地保持最佳资本结构十分困难。因此在实践中,目标资本结构通常是企业结合自身实际进行适度负债经营所确立的资本结构。

(二) 影响资本结构的因素

资本结构是产权结构问题,是社会资本在企业经济组织形式中的资源配置结果。资本结构的变化,将直接影响社会资本所有者的利益。

1.企业经营状况的稳定性和成长率

企业产销业务量的稳定程度对资本结构有重要影响:如果产销业务量稳定,企业可较多地负担固定的财务费用;如果产销业务量和盈余有周期性,则要负担固定的财务费用将承担较大的财务风险。经营发展能力表现为未来产销业务量的增长率,如果产销业务量能够以较高的水平增长,企业可以采用高负债的资本结构,以提升权益资本的报酬。

2.企业的财务状况和信用等级

企业财务状况良好,信用等级高,债权人愿意向企业提供信用,企业容易获得债务资本。相反,如果企业财务情况欠佳,信用等级不高,债权人投资风险大,这样会降低企业获得信用的能力,加大债务资本筹资的资本成本。

3.企业资产结构

资产结构是企业筹集资本后进行资源配置和使用后的资金占用结构,包括长短期资产构成和比例,以及长短期资产内部的构成和比例。资产结构对企业资本结构的影响主要包括以下几方面:拥有大量固定资产的企业主要通过长期负债和发行股票筹集资金;拥有较多流动资产的企业更多地依赖流动负债筹集资金;资产适用于抵押贷款的企业负债较多;以技术研发为主的企业则负债较少。

4.企业投资人和管理当局的态度

从企业所有者的角度看,如果企业股权分散,企业可能更多地采用权益资本筹资以分散企业风险。如果企业为少数股东控制,股东通常重视企业控股权问题,为防止控股权稀释,企业一般尽量避免普通股筹资,而是采用优先股或债务资本筹资。从企业管理当局的角度看,高负债资本结构的财务风险高,一旦经营失败或出现财务危机,管理当局将面临市场接管的威胁或者被董事会解聘。因此,稳健的管理当局偏好于选择低负债比例的资本结构。

5.行业特征和企业发展周期

不同行业资本结构差异很大。产品市场稳定的成熟产业经营风险低,因此可提高债务资本比重，发挥财务杠杆作用。高新技术企业的产品、技术、市场尚不成熟，经营风险高，因此可降低债务资本比重，控制财务杠杆风险。在同一企业不同发展阶段，资本结构安排不同。企业初创阶段，经营风险高，在资本结构安排上应控制负债比例；企业发展成熟阶段，产品产销业务量稳定和持续增长，经营风险低，可适度增加债务资本比重，发挥财务杠杆效应；企业收缩阶段，产品市场占有率下降，经营风险逐步加大，应逐步降低债务资本比重，保证经营现金流量能够偿付到期债务，保持企业持续经营能力，减少破产风险。

6. 经济环境的税务政策和货币政策

资本结构决策必然要研究理财环境因素，特别是宏观经济状况。政府调控经济的手段包括财政税收政策和货币金融政策，当所得税税率较高时，债务资本的抵税作用大，企业可以充分利用这种作用来提高企业价值。货币金融政策影响资本供给，从而影响利率水平的变动，当国家执行紧缩的货币政策时，市场利率较高，企业债务资本成本增大。

二、最佳资本结构的确定

最佳资本结构是指在一定条件下，使企业综合资本成本最低、企业价值最大的资本结构。它应该是企业的目标资本结构。其判断标准主要体现在三个方面：有利于最大限度地增加所有者的财富，使企业价值最大化的资本结构；能使综合资本成本最低的资本结构；能使资产保持适宜的流动，并使资本结构具有弹性的资本结构。其中，综合资本成本最低则是最主要的判断标准。

资本结构优化，要求企业权衡负债的低资本成本和高财务风险的关系，确定合理的资本结构。

三、资本结构决策的方法

最佳资本结构判定的主要标准是降低平均资本成本率或提高普通股每股收益，因此，常见的资本结构的决策方法有资本成本比较法和每股收益分析法。

（一）资本成本比较法

资本成本比较法，是通过计算和比较各种可能的筹资组合方案的加权平均资本成本，选择加权平均资本成本率最低的方案。即能够降低加权平均资本成本的资本结构，就是最佳资本结构。这种方法侧重于从资本投入的角度对筹资方案和资本结构进行优化分析。

【例 4-12】 某公司需筹集 5 000 万元长期资本，可以用银行借款、发行债券、发行普通股三种方式筹集，其个别资本成本率已分别测定，有关资料如表 4-3 所示。

表 4-3 资本成本与资本结构数据表

筹资方式	资本结构			个别资本成本率
	甲方案	乙方案	丙方案	
银行借款	40%	30%	20%	6%
债券	10%	15%	20%	8%
普通股	50%	55%	60%	9%
合计	100%	100%	100%	

首先,分别计算三个方案的加权平均资本成本。

甲方案＝40％×6％＋10％×8％＋50％×9％＝7.7％

乙方案＝30％×6％＋15％×8％＋55％×9％＝7.95％

丙方案＝20％×6％＋20％×8％＋60％×9％＝8.2％

其次,根据企业筹资评价的其他标准,考虑企业的其他因素,对各个方案进行修正之后,再选择其中成本最低的方案。本例中,假设其他因素对方案选择的影响甚小,则甲方案的加权平均资本成本最低。这样,该公司的资本结构为银行借款 2 000 万元,发行债券 500 万元,发行普通股 2 500 万元。

(二) 每股收益分析法

每股收益
分析法

每股收益分析法是利用每股利润无差别点来进行资本结构决策的方法。

可以用每股收益的变化来判断资本结构是否合理,即能够提高普通股每股收益的资本结构,就是合理的资本结构。在资本结构管理中,利用债务资本的目的之一,就在于债务资本能够提供财务杠杆效应,利用负债筹资的财务杠杆作用来增加股东财富。

每股收益受到经营利润水平、债务资本成本水平等因素的影响,分析每股收益与资本结构的关系,可以找到每股收益无差别点。所谓每股收益无差别点,是指不同筹资方式下每股收益都相等时的息税前利润和业务量水平。根据每股收益无差别点,可以分析判断在什么样的息税前利润水平或产销业务量水平前提下,适于采用何种筹资组合方式,进而确定企业的资本结构安排。

在每股收益无差别点上,无论是采用债务还是股权筹资方案,每股收益都是相等的。当预期息税前利润或业务量水平大于每股收益无差别点时,应当选择财务杠杆效应较大的筹资方案,反之亦然。在每股收益无差别点时,不同筹资方案的 EPS 是相等的,用公式表示如下:

$$\frac{(\overline{\text{EBIT}}-I_1)(1-T)}{N_1}=\frac{(\overline{\text{EBIT}}-I_2)(1-T)}{N_2} \tag{4-20}$$

式中,$\overline{\text{EBIT}}$ 为息税前利润平衡点,即每股收益无差别点;I_1、I_2 为两种筹资方式下的债务利息;N_1、N_2 为两种筹资方式下普通股股数;T 为所得税税率。

【例 4-13】 某公司现有资本总额 400 万元,其中自有资金普通股和借入资金债券各为 200 万元,普通股每股 10 元,债券利息率为 8％。公司所得税税率为 40％,现拟追加筹资 200 万元,有增发普通股和发行债券两种方案可供选择。试对筹资方案做出选择。

增发普通股和发行债券两种筹资方式下的每股收益无差别点为

$$\frac{(\overline{\text{EBIT}}-16)(1-40\%)}{20+20}=\frac{(\overline{\text{EBIT}}-16-16)(1-40\%)}{20}$$

得

$$\overline{\text{EBIT}}=48$$

当息税前利润为 48 万元时,增发普通股和增加债券后的每股收益相等,如表 4-4 所示。

表 4-4　增发普通股和增加债权后的每股收益表　　　　单位:万元

项　目	增发普通股	增加债券
息税前利润（EBIT）	48	48
减:利息	16	32
税前利润	32	16
减:所得税（40%）	12.8	6.4
减:优先股	0	0
普通股可分配利润	19.2	9.6
普通股股份数（万股）	40	20
每股利润（EPS）	0.48	0.48

当息税前利润大于 48 万元时,增加债券筹资比增发普通股有利;当息税前利润小于 48 万元时,则不再增加债务。当然,企业增加债券筹资也不是无止境的,当债务增加到一定程度后,企业的信誉会下降,债务利率会上升,而且企业还本付息的风险很大,企业再增加债务就不利了。

◀ 本 章 小 结 ▶

资本成本包括用资费用和筹资费用两部分内容。个别资本成本是企业各种单项长期资金的成本,综合资本成本是企业全部长期资金的成本。资本成本是选择筹资方式、进行资本结构决策、确定追加筹资方案的依据,是评价投资项目、比较投资方案、进行投资决策的标准,可以作为考核企业整个经营业绩的基准。

企业资本结构决策需要再在杠杆利益与相关风险之间进行合理权衡,即分别分析经营杠杆及经营风险、财务杠杆及财务风险以及这两种杠杆的综合作用即总杠杆作用。经营杠杆利用固定性经营成本来提高息税前利润,财务杠杆利用固定财务费用来提高每股收益,总杠杆则是固定性经营成本和固定财务费用的综合反映。企业杠杆的水平和风险大小可以通过计算杠杆系数来确定。

资本结构是企业筹资活动研究的重点。资本结构又称资金结构,是指企业资金总额中各种资金来源的构成比例。筹资决策的目标就是要确定最佳的资本结构,以求得股权权益最大化或资本成本最小化。

◀ 复习与思考题 ▶

1. 什么是资本成本? 资本成本具有哪些作用?
2. 什么是财务杠杆? 企业为什么要进行负债经营?
3. 什么是经营杠杆和总杠杆?
4. 如何运用资本成本比较法来进行资本结构决策? 此方法有何优缺点?

◀ 练 习 题 ▶

一、单项选择题

1. 某企业发行 5 年期债券,债券面值为 1 000 元,票面利率 10%,每年付息一次,发行价为 1 100 元,筹资费率 3%,所得税税率为 30%,则该债券的资金成本是(　　)。

    A. 9.37%　　　　B. 6.56%　　　　C. 7.36%　　　　D. 6.66%

2. 企业向银行取得借款 100 万元,年利率 5%,期限 3 年。每年付息一次,到期还本,所得税税率为 30%,手续费忽略不计,则该项借款的资金成本为(　　)。

    A. 3.5%　　　　B. 5%　　　　　C. 4.5%　　　　D. 3%

3. 某公司普通股目前的股价为 10 元/股,筹资费率为 8%,刚刚支付的每股股利为 2 元,股利固定增长率 3%,则该股票的资金成本为(　　)。

    A. 22.39%　　　B. 21.74%　　　C. 24.74%　　　D. 25.39%

4. 某公司普通股目前的股价为 10 元/股,筹资费率为 8%,刚刚支付的每股股利为 2 元,股利固定增长率 3%,则该企业利用留存收益的资金成本为(　　)。

    A. 22.39%　　　B. 25.39%　　　C. 20.6%　　　　D. 23.6%

5. 下列筹资方式中,资金成本最低的是(　　)。

    A. 长期借款　　　B. 发行债券　　　C. 留存收益　　　D. 发行股票

6. 在下列各项中,不能用于加权平均资金成本计算的是(　　)。

    A. 市场价值权数　　　　　　　　B. 目标价值权数

    C. 账面价值权数　　　　　　　　D. 边际价值权数

7. 债务的利息一般允许在企业所得税前支付,因此企业实际负担的利息为(　　)。

    A. 利息×(1-所得税率)　　　　B. 利息

    C. 财务费用　　　　　　　　　　D. 资本化利息

8. 公司增发的普通股的市价为 12 元/股,筹资费用率为市价的 6%,本年发放股利每股 0.6 元,已知同类股票的预计收益率为 11%,则维持此股价需要的股利年增长率为(　　)。

    A. 5%　　　　　B. 5.39%　　　　C. 5.68%　　　　D. 10.34%

9. 某公司股票目前发放的股利为每股 2 元,股利按 10% 的比例固定递增,假设筹资费用率为 0,据此计算出的资本成本为 15%,则该股票目前的市价为(　　)元。

    A. 44　　　　　B. 13　　　　　C. 30.45　　　　D. 35.5

10. 企业希望在筹资计划中确定期望的加权平均资本成本,为此需要计算个别资本占全部资本的比重。此时,最适宜采用的计算基础是(　　)。

    A. 目前的账面价值　　　　　　　B. 目前的市场价值

    C. 预计的账面价值　　　　　　　D. 目标市场价值

11. 某企业借入资本和权益资本的比例为 1∶1 则该企业(　　)。

    A. 既有经营风险又有财务风险

    B. 只有经营风险

    C. 只有财务风险

    D. 没有风险,因为经营风险和财务风险可以相互抵消

12. 某公司资产的市场价值为 10 000 万元，其中股东权益的市场价值为 6 000 万元。债务的到期收益率为 18%，β 系数为 1.4，市场的风险溢价是 9%，国债的利率为 5%，所得税率为 25%。则加权平均资本成本为（　　）。

    A. 18%　　　　　B. 17.6%　　　　　C. 15.96%　　　　　D. 13.5%

13. 下列有关杠杆的表述错误的是（　　）。

    A. 经营杠杆系数、财务杠杆系数以及复合杠杆系数恒大于 1

    B. 财务杠杆表明息税前利润变动对每股利润的影响

    C. 复合杠杆表明销量变动对每股利润的影响

    D. 经营杠杆表明销量的变动对息税前利润变动的影响

14. 下列说法不正确的是（　　）。

    A. 在其他因素不变的情况下，固定财务费用越小，财务杠杆系数也就越小，财务风险越小

    B. 在其他因素不变的情况下，固定成本越大，财务杠杆系数越大，财务风险越大

    C. 在其他因素不变的情况下，单位变动成本越大，财务杠杆系数越小，财务风险越小

    D. 当企业的财务杠杆系数等于 1 时，则企业的固定财务费用为 0，企业没有财务风险

15. 已知经营杠杆为 2，固定成本为 10 万元，利息费用为 2 万元，则已获利息倍数为（　　）。

    A. 2　　　　　B. 4　　　　　C. 5　　　　　D. 2.5

16. 已知经营杠杆为 2，固定成本为 4 万元，企业财务费用为 1 万元，固定资产资本化利息为 1 万元，则已获利息倍数为（　　）。

    A. 2　　　　　B. 4　　　　　C. 3　　　　　D. 1

17. 某公司的经营杠杆系数为 1.5，财务杠杆系数为 1.2，则该公司销售额每增长 1 倍，每股收益增加（　　）。

    A. 1.2 倍　　　　　B. 1.8 倍　　　　　C. 0.3 倍　　　　　D. 2.7 倍

18. 关于复合杠杆系数，下列说法正确的是（　　）。

    A. 等于经营杠杆系数和财务杠杆系数之和

    B. 该系数等于普通股每股收益变动率与息税前利润变动率之间的比率

    C. 该系数反映产销量变动对普通股每股收益的影响

    D. 复合杠杆系数越大，企业风险越小

19. 企业为维持一定经营能力所必须负担的最低成本是（　　）。

    A. 固定成本　　　　　　　　　　B. 酌量性固定成本

    C. 约束性固定成本　　　　　　　D. 沉没成本

20. 下列筹资活动不会加大财务杠杆作用的是（　　）。

    A. 增发普通股　　　　　　　　　B. 增发优先股

    C. 增发公司债券　　　　　　　　D. 增加银行借款

21. 某企业 2004 年的销售额为 1 000 万元，变动成本 600 万元，固定经营成本 200 万元，预计 2005 年固定成本不变，则 2005 年的经营杠杆系数为（　　）。

    A. 2　　　　　B. 3　　　　　C. 4　　　　　D. 无法计算

22. 一般而言,在其他因素不变情况下,固定成本越高,则(　　)。

    A. 经营杠杆系数越小,经营风险越大

    B. 经营杠杆系数越大,经营风险越小

    C. 经营杠杆系数越小,经营风险越小

    D. 经营杠杆系数越大,经营风险越大

23. 当财务杠杆系数为 1 时,下列表述正确的是(　　)。

    A. 息税前利润增长率为 0　　　　　B. 息税前利润为 0

    C. 利息与优先股股息为 0　　　　　D. 固定成本为 0

24. 下列措施有利于降低复合杠杆系数,从而降低企业复合风险的是(　　)。

    A. 降低产品销售单价　　　　　　　B. 提高资产负债率

    C. 节约固定成本支出　　　　　　　D. 减少产品销售量

二、多项选择题

1. 计算加权资金成本时,权数的确定可以选择(　　)。

    A. 账面价值　　　　B. 市场价值　　　　C. 目标价值　　　　D. 清算价值

2. 资金成本包括用资费用和筹资费用两部分,其中属于用资费用的是(　　)。

    A. 向股东支付的股利　　　　　　　B. 向债权人支付的利息

    C. 借款手续费　　　　　　　　　　D. 债券发行费

3. 权益资金成本包括(　　)。

    A. 债券成本　　　　　　　　　　　B. 优先股成本

    C. 普通股成本　　　　　　　　　　D. 留存收益成本

4. 决定综合资本成本高低的因素有(　　)。

    A. 个别资本的数量　　　　　　　　B. 总成本的数量

    C. 个别资本成本　　　　　　　　　D. 加权平均权数

5. 在计算个别资本成本时,需要考虑所得税抵减作用的筹资方式有(　　)。

    A. 银行借款　　　　B. 长期债券　　　　C. 优先股　　　　D. 普通股

6. 根据风险收益对等观念,在一般情况下,下列各筹资方式资本成本由大到小的表述中不正确的有(　　)。

    A. 银行借款＞企业债券＞普通股　　　B. 普通股＞银行借款＞企业债券

    C. 企业债券＞银行借款＞普通股　　　D. 普通股＞企业债券＞银行借款

7. 关于财务杠杆系数的表述,正确的是(　　)。

    A. 在其他条件不变的情况下,债务比率越高,财务杠杆系数越大

    B. 财务杠杆系数越大,财务风险也就越大

    C. 财务杠杆系数与资金结构无关

    D. 财务杠杆系数可以反映息税前盈余随每股盈余的变动而变动的幅度

8. 某企业经营杠杆系数为 2,财务杠杆系数为 3,则下列说法正确的有(　　)。

    A. 如果销售量增加 10%,息税前利润将增加 20%

    B. 如果息税前利润增加 20%,每股利润将增加 60%

    C. 如果销售量增加 10%,每股利润将增加 60%

    D. 如果每股利润增加 30%,销售量增加 5%

9. 下列关于经营杠杆系数的叙述，正确的是（　　）。

    A. 经营杠杆系数指的是息税前利润变动率相当于产销量变动率的倍数

    B. 固定成本不变，销售额越大，经营杠杆系数就越大，经营风险就越小

    C. 经营杠杆系数表明经营杠杆是利润不稳定的根源

    D. 降低经营杠杆系数的措施有增加销售额、降低单位变动成本和固定成本

10. 下列关于联合杠杆系数的叙述，正确的是（　　）。

    A. 是指营业杠杆和财务杠杆的综合

    B. 总杠杆综合了营业杠杆和财务杠杆的共同影响作用，一个企业同时利用营业杠杆和财务杠杆，这种影响作用会更大

    C. 对于营业杠杆和财务杠杆的综合程度的大小，可以用总杠杆系数来反映

    D. 是指普通股每股税后利润变动率相当于营业总额（营业总量）变动率的倍数

三、判断题

1. 只要企业息税前利润率大于借入资金利息率，即使借入资金，企业也不存在财务风险。　　　　　　　　　　　　　　　　　　　　　　　　　　　　　（　　）

2. 经营杠杆能够扩大市场和生产等不确定性因素对利润变动的影响。　　（　　）

3. 当企业的经营杠杆系数等于 1 时，企业的固定成本为 0，但此时企业仍然存在经营风险。　　　　　　　　　　　　　　　　　　　　　　　　　　　　　（　　）

4. 经营杠杆可以用边际贡献除以息税前利润来计算，它说明了销售变动引起利润变化的幅度。　　　　　　　　　　　　　　　　　　　　　　　　　　　　（　　）

5. 在其他条件不变的情况下，公司财务杠杆系数增加通常表明普通股每股盈余的波动性加剧。　　　　　　　　　　　　　　　　　　　　　　　　　　　　（　　）

四、计算分析题

1. 云达发展公司计划筹资 8 100 万元，所得税税率 25%。其他有关资料如下。

（1）从银行借款 810 万元，年利率 7%，手续费率 2%。

（2）按溢价发行债券，债券面值 1 134 万元，发行价格 1 215 万元，票面利率 9%，期限 5 年，每年支付一次利息，其筹资费用率为 3%。

（3）发行优先股 2 025 万元（面值和发行价格相同），预计年股利率为 12%，筹资费用率为 4%。

（4）发行普通股 3 240 万元，每股发行价格 10 元，筹资费用率为 6%。预计第一年每股股利 1.20 元，以后每年按 8% 递增。

（5）其余所需资金通过留存收益取得。

要求：

（1）分别计算银行借款、债券、优先股、普通股、留存收益的资金成本。

（2）计算该公司的加权平均资金成本。

2. 某公司目前拥有资金 2 000 万元，其中：长期借款 800 万元，年利率 10%；普通股 1 200 万元，每股面值 1 元，发行价格 20 元，目前价格也为 20 元，上年每股股利 2 元，预计股利增长率为 5%，所得税率 25%。

该公司计划筹资 100 万元，有两种筹资方案可供选择：①增加长期借款 100 万元，借款利率将为 12%，同时股票价格将下降为 18 元；②增发普通股 4 万股，普通股每股市价增加

到每股 25 元。假设筹资费用可忽略不计。

要求：

(1) 计算该公司筹资前加权平均资金成本。

(2) 采用比较资本成本法确定该公司最佳资本结构。

3. 某公司原有资本 700 万元，其中债券资本 200 万元(每年负担利息 24 万元)，普通股资本 500 万元(发行普通股 10 万股，面值 50 元)。由于扩大业务，需追加筹资 300 万元，其筹资方式有两种：①全部发行普通股，增发 6 万股，面值 50 元；②全部筹借长期债券，债券利率仍为 12%，利息 36 万元；公司变动成本率为 60%，固定成本为 180 万元，所得税率 25%。

要求：

(1) 计算每股收益无差别点时的销售收入和息税前利润。

(2) 当预计销售收入为 1 000 万元，或预计息税前利润为 420 万元时，应选哪个方案。

4. A 公司 2022 年销售甲产品 100 000 件，单价 100 元，单位变动成本 55 元，固定经营成本 2 000 000 元。该公司平均负债总额 4 000 000 元，年利息率 8%。2023 年该公司计划销售量比上年提高 20%，其他条件均保持上年不变。该公司适用的所得税税率为 25%。

要求：

(1) 计算该公司 2022 年的边际贡献、息税前利润和净利润。

(2) 计算该公司 2023 年的经营杠杆系数、财务杠杆系数和复合杠杆系数。

(3) 计算该公司 2023 年的息税前利润变动率和每股收益变动率。

(4) 计算该公司 2023 年的边际贡献、息税前利润和净利润。

5. 某企业只生产一种产品，其总成本习性模型为 $Y = 5\ 000 + 3X$。假定该企业 2022 年度销售量为 5 000 件，每件售价为 10 元；按市场预测 2023 年 A 产品的销售数量将增长 20%。

要求：

(1) 计算 2022 年该企业的边际贡献总额。

(2) 计算 2022 年该企业的息税前利润。

(3) 计算 2023 年的经营杠杆系数。

(4) 计算 2023 年息税前利润增长率。

(5) 假定企业 2022 年发生负债利息 2 500 元，无融资租赁租金，计算 2023 年财务杠杆系数和复合杠杆系数。

五、案例分析题

实业机械公司创立于 1972 年，主要生产抽水泵。公司的创立者柯克先生和主管生产的副董事长斯科特先生从公司创立之日起，就领导公司同瑞雷斯公司展开激烈竞争，直到瑞雷斯公司自动退出。注意到公司在服务组织方面的力量薄弱，柯克先生和斯科特先生实行一种改进的市场营销政策。这项政策特别强调为公司产品的用户提供送货服务和技术帮助，并将公司产品打入地区市场、全国市场以及国际市场，公司在各地建立了许多办事处。另外，有许多销售商帮助推销公司的产品，弥补公司在其他方面的不足。由于这些因素及公司可观的生产能力，自成立以来公司的销售额一直保持了 37% 的增长额。现在公司产品的市场占有率已经达到 35%。据估计，实业机械公司的销售增长率要高于同行业平均水平。同时，实业机械公司积极投身于国际市场，在 2012 年，公司获得了韩国和日本的境外销售权，并做了大量实质性的工作去开拓非洲市场。并且公司的产品不断地革新，同时又推出了设备租赁这一服务，成功地加深了商业客户和潜在顾客对公司及其产品的了解。

因此，实业机械公司经讨论得出两种筹资方式，再选出一种作为公司的筹资方案：一是向几家保险公司发行总金额为 800 万美元的优先债券；二是向社会公众发行相同金额的普通股股票。

要求：

结合案例，回答下列问题。

1. 如何理解财务杠杆系数？

2. 通过该案例分析普通股筹资的优缺点。

第五章

投资管理

学习目标

- 了解项目投资的含义、特点及现金流量的分析和估算方法；
- 理解各种贴现指标和非贴现指标的计算及其评价标准；
- 掌握投资决策方法的应用；
- 了解证券投资的目的、风险；
- 掌握债券、股票投资的价值评估及收益率。

本章基本框架

投资管理

- 项目投资的概念
  - 投资的概念和分类
  - 项目投资的概念和特点
  - 项目投资的程序
  - 项目投资的计算期
  - 项目投资的金额及其投入方式
- 项目投资的现金流量
  - 现金流量的分析
  - 现金流量的估算
- 评价项目投资可行性的基本方法
  - 项目投资评价的基本原理
  - 贴现的分析评价指标
  - 非贴现的分析评价指标
- 项目投资评价方法的应用
  - 单一投资项目的财务可行性分析
  - 多个互斥项目的比较与优选
  - 固定资产更新决策
- 证券投资
  - 证券资产的概念及特点
  - 证券投资的目的
  - 债券投资
  - 股票投资

引导案例

　　康元葡萄酒厂是生产葡萄酒的中型企业，该厂生产的葡萄酒酒香纯正，价格合理，长期以来供不应求。为了扩大生产能力，康元葡萄酒厂准备新建一条生产线。

　　张晶是该厂的助理会计师，主要负责投资工作。总会计师王冰要求张晶收集建设葡萄酒新生产线的有关资料，并对投资项目进行财务评价，以供厂领导决策考虑。

　　张晶经过半个月的调查研究，得到以下有关资料。

　　(1) 投资新的生产线需一次性投入 1 000 万元，建设期 1 年，预计可使用 10 年，报废时无残值收入；按税法要求该生产线的折旧年限为 8 年，使用直线法折旧，残值率为 10%。

　　(2) 购置设备所需的资金通过银行借款筹措，借款期限为 4 年，每年年末支付利息 100 万元，第 4 年年末用税后利润偿付本金。

　　(3) 该生产线投入使用后，预计可使工厂第 1～5 年的销售收入每年增长 1 000 万元，第 6～10 年的销售收入每年增长 800 万元，耗用的人工和原材料等成本为收入的 60%。

　　(4) 生产线建设期满后，工厂还需垫支流动资金 200 万元。

　　(5) 所得税税率为 25%。

　　(6) 银行借款的资金成本为 10%。

　　思考：如何对项目投资进行可行性评价？

第一节　项目投资的概念

一、投资的概念和分类

　　广义地讲，投资是指特定经济主体（包括政府、企业和个人）以本金回收并获利为基本目的，将货币、实物资产等作为资本投放于某一个具体对

项目投资的概念

象，以在未来期间内获取预期经济利益的经济行为。对于企业而言，投资是为获取未来收益而向一定对象投放资金的经济行为。例如，购建厂房、机器设备，购买股票、债券、基金等经济行为，均属于投资行为。本章所讨论的投资，均指企业投资。

　　投资可分为以下几种类型。

　　1. 直接投资和间接投资

　　按照投资行为的介入程度，分为直接投资和间接投资。直接投资是指由投资人将资金直接用于各项生产经营性资产，如各种货币资金、实物资产、无形资产及其他长期资产等，以便获取利润的投资。在非金融企业中，直接投资所占比重很大。间接投资，是指把资金投放于被投资对象发行的金融工具，如股票、债券、基金等，以便取得股利或利息收入的投资。随着我国金融市场的日趋完善和多渠道筹资的形成，企业间接投资将越来越广泛。

　　2. 短期投资和长期投资

　　按照投资回收时间的长短，分为短期投资和长期投资。短期投资又称为流动资产投资，是指能够并且准备在一年以内收回的投资，主要包括对现金、应收账款、存货、短期有价证券等的投资，长期有价证券如能随时变现，也可用于短期投资。长期投资则是 1 年以上才能收回的投资，主要包括对厂房、机器设备等固定资产的投资，也包括对无形资产和长期有价证券等的投

资。由于长期投资中固定资产所占比重最大,所以长期投资重点研究固定资产投资。

3.项目投资和证券投资

按投资对象的存在形态和性质,企业投资可以划分为项目投资和证券投资。项目投资,是指通过购买具有实质内涵的经营资产(包括有形资产和无形资产)形成具体的生产经营能力,开展实质性的生产经营活动,谋取经营利润的投资。项目投资,属于直接投资。证券投资,是指企业通过购买具有权益性的证券资产,通过证券资产上所赋予的权力,间接控制被投资企业的生产经营活动,获取投资收益的投资。证券投资,属于间接投资。

4.对内投资和对外投资

按照投资的方向不同,分为对内投资和对外投资。从企业的角度看,对内投资就是项目投资,是指企业将资金投向企业内部、购置各项生产经营用资产的投资。对外投资是指企业通过购买股票、债券等有价证券,或以货币资金、实物资产、无形资产向其他企业注入资金的投资。一般,对内投资是直接投资,对外投资主要是间接投资。

5.独立投资与互斥投资

按投资项目之间的相互关联关系,企业投资可以划分为独立投资和互斥投资。独立投资是相容性投资,各个投资项目之间互不关联、互不影响,可以同时存在。互斥投资是非相容性投资,各个投资项目之间相互关联、相互替代,不能同时存在。因此,互斥投资项目决策考虑的是各方案之间的排斥性,也许每个方案都是可行方案,但互斥决策需要从中选择最优方案。

二、项目投资的概念和特点

项目投资是对特定项目所进行的一种长期投资行为。对工业企业来讲,主要有以新增生产能力为目的的新建项目投资和以恢复或改善原有生产能力为目的的更新改造项目投资两大类。通常包括固定资产投资、无形资产投资、开办费投资和流动资产投资等。

相对营运资金投资而言,项目投资具有以下特点。

1.投资规模较大,投资回收时间较长

项目投资,尤其是其中的新建项目投资的规模往往较大。因而投资的回收时间少则几年,多则几十年,所以是一种长期投资行为。

2.投资风险较大

项目投资的风险较大,一方面,由于项目投资的规模大、时间长;另一方面,由于项目投资中的固定资产具有"专用性",一旦市场发生意料之外的变化,往往会给企业带来较大的损失。

3.项目投资的次数较少

营运资金的投资是经常性的,而项目投资由于具有以上特点,往往不宜过于频繁,企业必须量力而行。

4.投资决策必须严格遵守相应的投资程序

对企业来说,项目投资是十分重要的,有时甚至关系到企业的生死存亡。所以必须十分慎重,严格遵守投资各个环节的程序。

三、项目投资的程序

项目投资的程序一般包括提出项目—可行性分析—决策—实施与控制四个步骤。

1. 投资项目的提出

一般而言，对于新增生产能力的投资项目由企业的高层管理者提出，而更新改造的投资项目可以由企业中层或基层管理者提出。

2. 投资项目的可行性分析

当投资项目提出以后，就必须从多个方面进行可行性分析，写出投资项目的可行性分析报告。投资项目的可行性分析一般应包括以下内容。

（1）国民经济可行性分析，即从整个国民经济现状及发展的角度，宏观地分析该项目是否可行，是否有发展前景，其中，尤其应该考虑是否满足环保的要求。

（2）财务可行性分析，即从经济效益的角度，分析该项目是否能够盈利。

（3）技术可行性分析，即从技术的角度，分析本企业的技术水平能否达到该项目的要求。

3. 投资项目的决策

在写出投资项目可行性分析报告的基础上，企业应作出最后的决策。对于投资额特别大的项目应由董事会或股东大会投票表决；对于投资额较小的项目，则可以由企业的经理层做出决策。

4. 投资项目的实施与控制

在投资项目的实施过程中，必须加强对建设进度、建设质量、建设成本等方面的管理，确保投资项目保质保量完成。但是，在投资项目的实施过程中，如果发现国家政策、市场环境、企业内部环境等方面发生了某些重大变化，使原来可行的投资项目变得不可行，则必须尽早、果断地停止投资项目的建设，或采取其他补救措施，力求减少损失。

四、项目投资的计算期

项目投资计算期是指投资项目从投资建设开始到最终清理结束整个过程所需要的时间。一般以年为计量单位。

一个完整的项目计算期由建设期（记作 s，$s \geq 0$）和生产经营期（记作 p，$p > 0$）两部分构成。

其中，建设期是指项目资金正式投入开始到项目建成投产为止所需要的时间。第一年初称为建设起点，建设期的最后一年年末称为投产日。

生产经营期是指从投产日到清理结束日（终结点）之间的时间间隔，通常包括试产期和达产期（完全达到设计生产能力）。

显然，如果用 n 表示项目投资计算期，则有 $n = s + p$。

五、项目投资的金额及其投入方式

（一）项目投资的金额

1. 原始总投资

原始总投资是反映项目所需现实资金的价值指标。从项目投资的角度看，原始总投资等于企业为使投资项目完全达到设计生产能力、开展正常经营而投入的全部现实资金，包括建设投资和流动资金投资两项内容。通常除个别情况外，假设它们都是在建设期内投入的。

　　建设投资是指在建设期内按一定生产经营规模和建设内容进行的投资,包括固定资产投资、无形资产投资和其他资产投资三项内容。

　　固定资产投资是项目用于购置或安装固定资产应当发生的投资。计提折旧的固定资产原值与固定资产投资之间可能存在差异,原因在于固定资产原值可能包括应构成固定资产成本的建设期内资本化了的借款利息。两者的关系如下:

$$固定资产原值＝固定资产投资＋建设期资本化借款利息$$

　　无形资产投资是指项目用于取得无形资产而发生的投资。

　　其他资产投资是指为组织项目投资的企业在其筹建期内发生的,不能计入固定资产和无形资产价值的那部分投资,包括生产准备和开办费投资。流动资金投资是指项目投产前后分次或一次投放于流动资产项目的投资增加额,又称为垫支流动资金或营运资金投资。

　　2.投资总额

　　投资总额是反映项目投资总体规模的价值指标,它等于原始总投资与建设期资本化利息之和。其中,建设期资本化利息是指在建设期发生的与购建项目所需的固定资产、无形资产等长期资产有关的借款利息。

　　【注意】　分析投资项目现金流量时使用的是原始总投资。

(二) 项目投资金额的投入方式

　　项目的资金投入分为一次投入和分次投入两种方式。一次投入方式是指投资行为集中一次发生或资金集中在某一个时点上投入。如果投资行为涉及两个或两个以上的时点,则属于分次投入方式。当建设期为零时,一般为一次投资方式。

　　若投资行为只涉及一个年度,但分别在年初和年末各投资一次,则该项投资行为从时间特征上看也属于分次投入方式。

第二节　项目投资的现金流量

一、现金流量的分析

(一) 现金流量的概念

　　在项目投资决策中,现金流量是指投资项目在其计算期内各项现金流入量与现金流出量的统称,它是评价投资方案是否可行时必须事先计算的一个基础性数据,也是计算项目投资决策评价指标的重要信息之一。这时的“现金”是广义的现金,它不仅包括各种货币资金,而且还包括项目需要投入的企业现有的非货币资源的变现价值。例如,一个项目需要使用原有的厂房、设备和材料等,则相关的现金流量是指它们的变现价值,而不是其账面价值。

(二) 现金流量的构成

　　投资项目中的现金流量包括现金流出量、现金流入量和现金净流量。但是在进行投资决策分析投资项目现金流量时通常使用另一划分标准,即按照时间特征进行划分,主要包括三个组成部分,如图 5-1 所示。

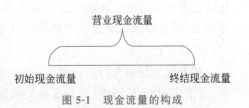

图 5-1　现金流量的构成

1.初始现金流量

初始现金流量是指开始投资时发生的现金流量，一般包括固定资产投资、无形资产投资、开办费投资、流动资金投资和原有固定资产的变价收入等。

2.营业现金流量

营业现金流量是指投资项目投入使用后，在其寿命周期内由于生产经营所带来的现金流入和流出的数量。

3.终结现金流量

终结现金流量是指投资项目完成时所发生的现金流量，主要包括固定资产的残值收入或变价收入、收回垫支的流动资金和停止使用的土地变价收入等。

（三）确定现金流量的假设

1.投资项目的类型假设

假设投资项目只包括固定资产投资项目、完整工业投资项目和更新改造投资项目三种类型。

2.财务可行性分析假设

项目已经具备国民经济可行性和技术可行性。

3.全投资假设

假设在确定项目的现金流量时，只考虑全部投资的运动情况，而不具体区分自有资金和借入资金等具体形式的现金流量。即实际存在借入资金也将其作为自有资金对待。

4.建设期投入全部资金假设

假设在建设期一次投入或分次投入全部资金，在经营期不再投入资金。

5.时点指标假设

为便于利用时间价值的形式，不论现金流量具体内容所涉及的价值指标实际上是时点指标还是时期指标，均假设按照年初或年末时点的指标处理。通常情况下，若没有特别指明，则建设期的资金投入假设在各期期初，经营期的营业收入、营业成本及所实现的利润假设在各期期末。

6.确定性假设

假设与项目现金流量有关的加工、产销量、成本水平、企业所得税税率等因素均为已知常数。

二、现金流量的估算

（一）估算现金流量时应注意的问题

1.应考虑增量现金流量

所谓增量现金流量，是指直接接受或拒绝某个方案后，企业总现金流量因此发生的变动。在确定投资方案的相关现金流量时，应遵循的最基本原则是，只有增量现金流量才是与项目相关的现金流量。

现金流量的估算

2.区分相关成本与非相关成本

相关成本是指与特定决策有关的、在分析评价时必须加以考虑的成本。例如，差额成本、未来成本、重置成本、机会成本等都属于相关成本。与此相反，与特定决策无关的、在分析评价时不必加以考虑的成本是非相关成本。例如，沉没成本、过去成本、账面成本等往往是非相关成本。

【例5-1】 某公司曾经在2020年打算新建一个车间,并请一家会计公司做过可行性分析,支付咨询费5万元。后来由于公司有了更好的投资机会,该项目被搁置下来,该笔咨询费作为费用已经入账了。2022年,在进行投资分析时,这笔咨询费是否仍是相关成本呢?答案是否定的。

3.不要忽视机会成本

在投资方案的选择中,如果选择了一个投资方案,则必须放弃投资于其他途径的机会。其他投资机会可能取得的收益是实行本方案的一种代价,被称为这项投资方案的机会成本。

【例5-2】 例5-1中公司新建车间的投资方案,需要使用公司拥有的一块土地。在进行投资分析时,假设这块土地出售可净得15万元,15万元就是兴建车间项目的机会成本。值得注意的是,不管该公司当初是以5万元还是20万元购进的这块土地,都应以现行市价作为这块土地的机会成本。

机会成本不是通常意义上的"成本",它不是一种支出或费用,而是失去的收益。这种收益不是实际发生的,而是潜在的。机会成本总是针对具体方案的,离开被放弃的方案就无从计量确定。

4.要考虑投资方案对公司其他部门的影响

当采用一个新的项目时,该项目可能对公司的其他部门造成有利或不利的影响,在分析投资项目现金流量时要考虑这种影响。

【例5-3】 若例5-1中新建车间生产的产品上市后,原有其他产品的销量可能减少,而且整个公司的销售额也许不增加甚至减少。因此,公司在进行投资分析时,不应将新车间的销售收入作为增量收入来处理,而应扣除其他部门因此减少的销售收入。

(二) 现金流量的估算

1.初始投资额的估算

初始投资额也就是建设期的现金流量,即企业在建设期所发生的现金流入量和现金流出量。一般包括以下几方面。

(1)土地使用费用支出,主要指因投资项目占用土地而支出的土地使用费。

(2)固定资产方面的投资,包括固定资产的购入或建造成本、运输成本和安装成本等。

(3)流动资产方面的投资,包括投入的现金、材料等。这部分流动资金属于垫支的性质,当投资项目结束时,一般会如数收回。

(4)其他方面的投资,包括与固定资产投资有关的职工培训费、注册费等。

(5)原有固定资产的变价收入。原有固定资产的变价收入主要在更新改造投资项目时考虑。建设期现金流量除原有固定资产的变价收入为现金流入量外,其他部分均为现金流出量。用公式可表示为

$$初始投资额 = -(货币性资本性支出 + 营运资本投资)$$

2.营业期现金流量

营业期现金流量,即项目投产后,企业在生产经营期间所发生的现金流入量和现金流出量。营业期现金流量一般按年度进行计算。营业期现金流入量主要是由因生产经

营而使企业增加的营业收入和该年流动资金回收额构成。营业期现金流出量则主要是由付现成本和所得税构成。所谓付现成本，是指每年需要实际支付现金的销货成本。销货成本中不需要每年实际支付现金的某些成本，如折旧费用、长期待摊费用等属于非付现成本。

营业期现金净流量（net cash flow，NCF）的计算公式为

$$NCF＝营业收入－付现成本－所得税 \tag{5-1}$$

或

$$NCF ＝营业收入－付现成本－所得税$$
$$＝营业收入－（总成本－非付现成本）－所得税$$
$$＝营业利润－所得税＋非付现成本$$
$$＝税后营业利润＋非付现成本 \tag{5-2}$$

或

$$NCF ＝税后营业利润＋非付现成本$$
$$＝（营业收入－付现成本－非付现成本）×（1－所得税税率）＋$$
$$非付现成本$$
$$＝营业收入×（1－所得税税率）－付现成本×（1－所得税税率）＋$$
$$非付现成本×所得税税率 \tag{5-3}$$

式中，付现成本为付现的经营成本；总成本包括付现的经营成本、非付现成本。

3. 终结点现金流量

终结现金净流量主要包括以下两方面。

（1）营运资本投资收回。

（2）处置长期资产产生的现金流量。

【例 5-4】 阳光公司准备购入一套设备以扩充生产能力，需投资 10 000 元，使用寿命为 5 年，采用直线法计提折旧，5 年后设备无残值。5 年中每年销售收入为 6 000 元，每年的付现成本为 2 000 元，假设公司的所得税率为 25%，计算该方案营业期各年的现金流量。

【解答】
$$年折旧额＝\frac{10\ 000}{5}＝2\ 000（元）$$

$$NCF_1＝6\ 000－2\ 000－（6\ 000－2\ 000－2\ 000）×25\%＝3\ 500（元）$$

第 2～5 年同上。

【例 5-5】 某公司计划增添一条生产流水线，以扩充生产能力。现有甲、乙两个方案可供选择。甲方案需要投资 500 000 元，乙方案需要投资 750 000 元。两方案的预计使用寿命均为 5 年，折旧均采用直线法，甲方案预计残值为 20 000 元，乙方案预计残值为 30 000 元。甲方案预计年销售收入为 1 000 000 元，第 1 年付现成本为 660 000 元，以后在此基础上每年增加维修费 10 000 元。乙方案预计年销售收入为 1 400 000 元，年付现成本为 1 050 000 元。项目投入营运时，甲方案需垫支营运资金 200 000 元，乙方案需垫支营运资金 250 000 元。公司所得税税率为 25%。

根据上述资料，两方案的现金流量计算如表 5-1 和表 5-2 所示。表 5-1 所示的是甲方案营业期间现金流量的具体测算过程，乙方案营业期间的现金流量比较规则，其现金流量的测算可以用公式直接计算。表 5-2 所示的是甲、乙两方案投资项目每年的现金流量。

表 5-1 甲方案营业期间现金流量计算表 单位:元

项 目	第 1 年	第 2 年	第 3 年	第 4 年	第 5 年
销售收入(1)	1 000 000	1 000 000	1 000 000	1 000 000	1 000 000
付现成本(2)	660 000	670 000	680 000	690 000	700 000
折旧(3)	96 000	96 000	96 000	96 000	96 000
营业利润(4)=(1)−(2)−(3)	244 000	234 000	224 000	214 000	204 000
所得税(5)=(4)×25%	61 000	58 500	56 000	53 500	51 000
税后营业利润(6)=(4)−(5)	183 000	175 500	168 000	160 500	153 000
营业现金净流量(7)=(3)+(6)	279 000	271 500	264 000	256 500	249 000

表 5-2 甲、乙两方案投资项目每年的现金流量计算表 单位:元

项 目	第 0 年	第 1 年	第 2 年	第 3 年	第 4 年	第 5 年
甲方案:						
固定资产投资	(500 000)					
营运资金垫支	(200 000)					
营业现金流量		279 000	271 500	264 000	256 500	249 000
固定资产残值						20 000
营运资金回收						200 000
现金流量合计	(700 000)	279 000	271 500	264 000	256 500	469 000
乙方案:						
固定资产投资	(750 000)					
营运资金垫支	(250 000)					
营业现金流量		298 500	298 500	298 500	298 500	298 500
固定资产残值						30 000
营运资金回收						250 000
现金流量合计	(1 000 000)	298 500	298 500	298 500	298 500	578 500

乙方案非付现成本=乙方案年折旧额=(750 000−30 00)÷5=144 000(元)

乙方案营业现金净流量=税后营业利润+非付现成本

$$=(1\ 400\ 000-1\ 050\ 000-144\ 000)\times(1-25\%)+144\ 000$$

$$=298\ 500(元)$$

或 乙方案营业现金净流量=收入×$\left(1-\dfrac{所得税}{税率}\right)-\dfrac{付现}{成本}\times\left(1-\dfrac{所得税}{税率}\right)+\dfrac{非付现}{成本}\times\dfrac{所得税}{税率}$

$$=1\ 400\ 000\times(1-25\%)-1\ 050\ 000\times(1-25\%)+144\ 000\times25\%$$

$$=298\ 500(元)$$

第三节　评价项目投资可行性的基本方法

一、项目投资评价的基本原理

项目投资评价的基本原理是：投资项目的收益率超过资本成本时，企业的价值将增加；投资项目的收益率小于资本成本时，企业的价值将减少。

这里的资本成本指的是投资的必要报酬率，是投资人的机会成本（也是企业的加权平均资本成本），即投资人将资金投资于其他同等风险资产可以赚取的收益，企业投资项目的收益率必须达到这一要求，否则的话，投资项目的收益不足以满足投资人的要求，会降低企业的价值。

二、贴现的分析评价指标

（一）净现值

贴现的分析评价指标

1. 含义

净现值（net present value，NPV）是指在特定方案中，未来现金流入量的现值与未来现金流出量的现值之间的差额。

按照这种方法，所有的未来现金流入和流出量都要按照预定的贴现率（企业的加权平均资本成本）折算为它们的现值，然后再计算它们的差额。

2. 计算公式

$$NPV = \sum_{k=0}^{n} \frac{I_k}{(1+i)_k} - \sum_{k=0}^{n} \frac{O_k}{(1+i)_k} \tag{5-4}$$

式中，n 为投资涉及的年份；I_k 为第 k 年的现金流入量；O_k 为第 k 年的现金流出量；i 为预定的贴现率（资本成本或者投资人要求的报酬率）。

若项目为一次性投资，则净现值的计算公式也可以表示为

$$NPV = \sum_{k=0}^{n} \frac{NCF_k}{(1+i)_k} - C \tag{5-5}$$

式中，C 为一次性的初始投资额；NCF_k 为第 k 年的净现金流量。

3. 决策原则

如果净现值为正数，则贴现后的现金流入大于贴现后的现金流出，表示该项目的投资报酬率大于预定的贴现率，投资该项目能够增加企业的价值，该项目可行。

如净现值为零，表示贴现后的现金流入等于贴现后的现金流出，表示该项目的投资报酬率相当于预定的贴现率，投资该项目企业的价值没有变化；如果净现值为负数，则贴现后的现金流入小于贴现后的现金流出，表示该项目的投资报酬率小于预定的贴现率，投资该项目会降低企业的价值，该项目不可行。

【注意】

（1）单项决策时，若 NPV≥0，则项目可行；若 NPV＜0，则项目不可行。

（2）多项互斥投资决策时，在净现值大于零的投资项目中，选择净现值较大的投资项目。

4.适用范围

净现值法评价方案是否可行,主要适合于互斥方案的选择。

5.应用

【例 5-6】 阳光公司计划进行某项目投资活动,有关资料为:原始投资为 150 万元,其中固定资产投资额 100 万元,另需垫支营运资金 50 万元,全部资金于建设起点一次投入,该项目经营期 5 年,到期残值收入为 5 万元,预计投产后年营业收入为 90 万元,年总成本为 60 万元。该企业按直线法折旧,全部营运资金于终结点一次回收,所得税税率为 25%,折现率为 10%。计算该方案的净现值。

【解答】

(1) 计算年折旧额:

$$年折旧额 = (100 - 5)/5 = 19(万元)$$

(2) 分析现金流量:

$$NCF_0 = -150 \text{万元}$$
$$NCF_{1\sim4} = (90 - 60) \times (1 - 25\%) + 19 = 41.5(万元)$$
$$NCF_5 = 41.5 + 5 + 50 = 96.5(万元)$$

(3) 画出现金流量图(见图 5-2)。

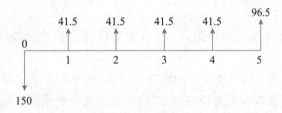

图 5-2　现金流量图

(4) 计算净现值:

$$
\begin{aligned}
NPV &= 41.5 \times (P/A, 10\%, 4) + 96.5 \times (P/F, 10\%, 5) - 150 \\
&= 41.5 \times 3.169\,9 + 96.5 \times 0.620\,9 - 150 \\
&= 41.467\,7(万元)
\end{aligned}
$$

在该方案中,其净现值为正数,说明这个方案的报酬率大于 10%。这个方案是有利的,也是可以接受的。

6.净现值法的优缺点

净现值法的优点:考虑了资金的时间价值,能够反映各种投资方案的净收益,因而它具有广泛的适用性,在理论上也比其他方法更加完善。净现值法是投资决策评价中的最基本的方法。

但是,净现值法也有一定的缺点。首先,它不能揭示各个投资方案本身的实际可达到的报酬率是多少。其次,当几个投资项目或几个方案的初始投资额不一致时,简单地比较它们之间净现值的大小显然是不合适的。这两个缺点分别可以用下面指标净现值率、现值指数和内含报酬率来补充。

（二）净现值率

1. 含义

净现值率是指投资项目的净现值占原始投资现值总和的百分比（net present value rate, NPVR）。

2. 计算公式

净现值率的计算公式为

$$NPVR = \frac{投资项目净现值}{原始投资现值之和} \tag{5-6}$$

3. 决策原则

净现值率是一个贴现的相对量评价指标。采用这种方法进行投资项目评价的标准是：当 $NPVR \geq 0$，则项目可行；当 $NPVR < 0$ 时则项目不可行。

4. 应用

【例 5-7】 承接例 5-6，请计算该方案的净现值率。

【解答】
$$NPVR = \frac{41.4677}{150} = 27.65\%$$

由于该项目的净现值率大于 0，故可以投资。

5. 优缺点

（1）优点：考虑了资金时间价值；可以动态反映项目投资的资金投入与产出之间的关系。

（2）缺点：不能直接反映投资项目的实际收益率；在资本决策过程中可能导致片面追求较高的净现值率，在企业资本充足的情况下，有降低企业投资利润总额的可能。

（三）现值指数

1. 含义

现值指数法也称获利指数法（profitability index, PI），是指投产后按行业基准收益率或企业设定贴现率折算的各年营业期现金净流量的现值合计（可简称报酬总现值）与原始投资的现值合计（投资总现值）之比。即项目未来现金流入量的现值合计与未来现金流出量的现值合计的比率。

2. 计算公式

现值指数法的计算公式为

$$PI = \frac{\sum_{k=0}^{n} \dfrac{I_k}{(1+i)^k}}{\sum_{k=0}^{n} \dfrac{O_k}{(1+i)^k}} \tag{5-7}$$

当初始投资为一次性投入时，其计算公式可以简化表示为

$$PI = \sum_{k=0}^{n} \frac{NCF_k}{(1+i)^k} \div C \tag{5-8}$$

从净现值率和现值指数的定义可知这两个指标存在以下关系：

$$现值指数（PI）= 1 + 净现值率（NPVR）$$

3.决策原则

与净现值率一样,现值指数也是一个贴现的相对量评价指标,采用这种方法的判断标准是:如果 PI≥1,则该投资项目可行;如果 PI<1,则该投资项目不可行。如果几个投资项目的现值指数都大于,那么现值指数越大,投资项目越好。但在进行互斥性投资决策时,正确的选择原则不是选择现值指数最大的项目,而是在保证现值指数大于 1 的情况下,使追加投资收益最大化。

4.适用范围

运用现值指数评价方案是否可行,主要适合于独立方案的选择。

5.应用

【例 5-8】 承接例 5-6,请计算该方案的现值指数。

【解答】 $PI = \dfrac{41.5 \times (P/A, 10\%, 4) + 96.5 \times (P/F, 10\%, 5)}{150} = 191.4677 \div 150 = 1.28$

由于该项目的现值指数大于 1,根据判断标准,该项目可行。

6.优缺点

现值指数法的优缺点与净现值法的优缺点基本相同,但有一个重要区别是:现值指数法可以从动态的角度反映投资项目的资金投入与总产出之间的关系,可以弥补净现值法在投资额不同的项目之间不便比较的缺陷,使各种不同投资额项目之间可直接用现值指数进行对比。其缺点是除了无法直接反映投资项目的实际收益率外,其计算过程比净现值法的计算过程复杂,计算口径也不一致。

(四) 内含报酬率

1.含义

内含报酬率(internal rate of return,IRR)又称为内部报酬率,是指能够使未来现金流入量现值等于未来现金流出量现值的贴现率,或者说是使投资方案净现值为零时的贴现率。

2.计算公式

显然,根据其含义,内含报酬率满足下列等式:

$$NPV = \sum_{k=0}^{n} \frac{I_k}{(1+IRR)^k} - \sum_{k=0}^{n} \frac{O_k}{(1+IRR)^k} = 0$$

内含报酬率的计算是解一个 n 次方程,通常采用试误法来求出 IRR 的值。

但当项目投产后的每年净现金流量表现为普通年金的形式,可以直接利用年金现值系数计算内含报酬率的方法,又称为简便算法。该法所要求的重复而必要条件是:项目的全部投资均于建设起点一次投入,建设期为零,建设起点第 0 年净现金流量等于原始投资的负值;投产后每年净现金流量相等,第 1 至第 n 期每期净现金流量取得了普通年金的形式。

3.决策原则

计算出各方案的内含报酬率以后,可以根据企业的资本成本或要求的最低投资报酬率对方案进行取舍。当内含报酬率超过企业的资本成本时,方案是可行的,否则,方案不可行。

4.适用范围

运用内含报酬率评价方案是否可行,主要适合于独立方案的选择。

5.应用

【例 5-9】 某投资项目的现金净流量如表 5-3 所示。

表 5-3　某投资项目的现金净流量表 1　　　　　　　　　　　　单位：万元

年份	0	1	2	3	4	5
NCF$_k$	−200	80	80	80	80	80

若该项目的资本成本为 10％，试用内含报酬率法判断该项目投资的可行性。

【解答】　通过分析该项目的现金流量特点，可断定，计算内含报酬率时可用简便算法，即利用年金现值系数计算内含报酬率。

$$80 \times (P/A, \text{IRR}, 5) = 200$$
$$(P/A, \text{IRR}, 5) = 200/80 = 2.5$$

查年金现值系数表，找 5 年期各利率下与 2.5 最接近的系数，分别是利率为 28％时的 2.532 和利率为 32％时的 2.345 2，利用内插法计算：

折现率　　　　系数
28％　　　　　2.532
IRR　　　　　2.5
32％　　　　　2.345 2

$$\frac{\text{IRR} - 28\%}{32\% - 28\%} = \frac{2.5 - 2.532}{2.345\ 2 - 2.532}$$

$$\text{IRR} = 28\% + \frac{2.5 - 2.532}{2.345\ 2 - 2.532} \times (32\% - 28\%) = 28.69\%$$

由于该项目的内含报酬率为 28.69％，大于该项目的资本成本 10％，因此，该项目是可行的。

【例 5-10】　某投资项目的现金净流量如表 5-4 所示。

表 5-4　某投资项目的现金净流量表 2　　　　　　　　　　　　单位：元

年份	0	1	2
NCF$_k$	20 000	11 800	13 240

该项目内含报酬率的计算应该采用"试误法"，进行逐步测试。

"试误法"的计算步骤：首先通过逐步测试找到使净现值一个大于 0，一个小于 0，并且最接近的两个贴现率，然后通过内插法求出内含报酬率。

该项目内含报酬率的计算如表 5-5 所示。

表 5-5　项目内含报酬率的计算　　　　　　　　　　　　单位：元

年份	现金净流量	贴现率＝18％		贴现率＝16％	
		贴现系数	现值	贴现系数	现值
0	−20 000	1	−20 000	1	−20 000
1	11 800	0.847	9 995	0.862	10 172
2	13 240	0.718	9 506	0.743	9 837
净现值			−499		9

折现率	系数
18%	−499
IRR	0
16%	9

$$\frac{18\%-IRR}{18\%-16\%}=\frac{-499-0}{-499-9}$$

$$IRR=18\%-\frac{-499}{-499-9}\times2\%=16.04\%$$

6. 优点

内含报酬率方法的优点在于考虑了资金的时间价值，同时也反映了投资的真实报酬率，但是，这种方法的计算过程比较复杂，特别是对于每年的净现金流量不相等的投资项目，一般要经过多次测算才能得到最终的结果。当然，在内部报酬率的计算过程中，可以借助计算机，通过事先编制好的程序，直接计算得出特定现金流量条件下的内含报酬率。

三、非贴现的分析评价指标

(一) 投资回收期法

1. 含义

投资回收期（payback period，PP）是指投资引起的现金流入累计与投资额相等所需要的时间，它一般以年为单位，表示收回投资所需要的年限。回收期越短、方案越有利。投资回收期法是一种使用很早很广的投资决策方法。

2. 计算

（1）原始投资在建设起点一次支出，且建设期为 0，当每年现金流入量相等时，则

$$PP=\frac{原始投资额}{每年现金净流量} \tag{5-9}$$

（2）如果现金流入量每年不等，或原始投资是分几年投入的，其计算公式为（设 M 是收回原始投资的前一年）：

$$PP=M+\frac{第\ M\ 年的尚未回收额}{第(M+1)年的现金净流量} \tag{5-10}$$

3. 优缺点

1) 优点

投资回收期法计算简便，并且容易被决策人正确理解。

2) 缺点

未充分考虑资金的时间价值，并且没有考虑回收期满后的项目收益。主要用来测定方案的流动性而非营利性。事实上，有战略意义的长期投资往往是早期的收益较低，而中后期的收益较高。因此，仅仅利用投资回收期法进行决策往往会导致企业优先考虑急功近利的项目，而放弃较为长期的成功项目。过去，投资回收期法是一种评价投资方案的最常用的方法，而现在，这种方法只能作为一种辅助方法来使用。

【例 5-11】 承接例 5-4，计算该项目的投资回收期。

【解答】
$$PP=\frac{10\ 000}{3\ 500}=2.86(年)$$

【例 5-12】 图 5-3 为某投资项目的现金流量，请计算该项目的投资回收期。

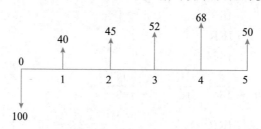

图 5-3 现金流量图

【解答】
$$PP=2+\frac{100-(40+45)}{52}=2.29(年)$$

（二）投资利润率法

1.含义

投资利润率（return on investment，ROI）是指年平均利润占项目投资总额的比率。

2.计算公式

投资利润率法的计算公式为

$$ROI=\frac{年平均利润}{项目投资总额}\qquad(5-11)$$

【例 5-13】 承接例 5-5，该项目的投资利润率 $=\dfrac{220}{1000}=22\%$。

3.决策原则

投资项目的投资利润率越高越好，低于无风险投资利润率的方案为不可行方案。

4.优缺点

1）优点

投资利润率指标计算简单、明了、易于掌握，且该指标不受建设期长短、投资的方式、回收额的有无以及现金净流量的大小等条件的影响，能够说明各投资方案的收益水平。

2）缺点

（1）没有考虑资金时间价值因素，不能正确反映建设期长短及投资方式不同对项目的影响。

（2）该指标的分子分母其时间特征不一致，因而在计算口径上可比性较差。

（3）该指标的计算无法直接利用现金净流量信息。

第四节　项目投资评价方法的应用

一、单一投资项目的财务可行性分析

在只有一个投资项目可供选择的条件下，需要利用评价指标考查该独立项目是否具有财务可行性，从而作出接受或拒绝该项目的决策。当有关正指标大于或等于某些特定数值或反指标小于特定数值时，则该项目具有财务可行性；反之，则不具有财务可行性。

（一）单一投资项目具备财务可行性的条件

如果某一投资项目的评价指标同时满足以下条件，则可以断定该投资项目无论从哪个

方面看都具备财务可行性,应当接受此投资方案。

(1) 净现值 NPV$\geq$0。

(2) 净现值率 NPVR$\geq$0。

(3) 现值指数 PI$\geq$1。

(4) 内含报酬率 IRR$\geq i$(i 为资金成本或行业基准投资利润率)。

(5) 投资回收期低于标准投资回收期,即 $P<P_0$。(其中 P_0 为标准投资回收期)。

(6) 投资利润率 ROI$\geq i$。

如果某一投资项目的评价指标同时不满足上述条件,即同时发生以下情况:NPV$<$0,NPVR$<$0,PI$<$1,IRR$<i$,$P>P_0$,ROI$<i$,就可以断定该投资项目无论从哪个方面看都不具备财务可行性。毫无疑问,此时应当放弃该投资项目。

(二) 辅助指标与主要指标评价结论发生矛盾时的处理办法

当静态投资回收期(次要指标)或投资利润率(辅助指标)的评价结论与净现值等主要指标的评价结论发生矛盾时,应当以主要指标的结论为准。

如果在评价过程中发现某项目的主要指标 NPV$\geq$0,NPVR$\geq$0,PI$\geq$1,IRR$\geq i$,但次要或辅助指标 $P>P_0$ 或 ROI$<i$,则可断定该项目基本上具有财务可行性;相反,如果出现 NPV$<$0,NPVR$<$0,PI$<$1,IRR$<i$ 的情况,即使 $P<P_0$ 或 ROI$\geq i$,也可基本断定该项目不具有财务可行性。

【例 5-14】 已知某固定资产投资项目的原始投资为 100 万元,项目计算期为 11 年(其中生产经营期为 10 年),该项目投资利润率为 9.5%,行业基准贴现率为 10%,行业标准投资回收期为 3 年。有关投资决策评价指标分别为:ROI$=$10%,$P=$5 年,NPV$=$16.264 8 万元,NPVR$=$17.04%,PI$=$1.170 4,IRR$=$12.73%。

依题意:

$$\text{ROI}=10\%>9.5\%, \quad P=5 \text{ 年}>3 \text{ 年}$$
$$\text{NPV}=16.264\ 8 \text{ 万元}>0, \quad \text{NPVR}=17.04\%>0$$
$$\text{PI}=1.170\ 4>1, \quad \text{IRR}=12.73\%>10\%$$

计算表明该方案各项主要评价指标均达到或超过相应标准。所以该方案具有财务可行性,只是投资回收期较长,超过了行业标准投资回收期,有一定风险。

二、多个互斥项目的比较与优选

企业在进行项目投资决策时,常常会遇到多个可供选择的投资项目,企业必须从中选择一个项目的情况,这就是互斥项目的投资决策问题。投资决策中的互斥项目决策是指在决策时涉及多个相互排斥、不能同时并存的投资方案。互斥方案决策过程就是在每一个入选方案已具备财务可行性的前提下,利用具体决策方法比较各个方案的优劣,利用评价指标从各个备选方案中最终选出一个最优方案的过程。

互斥方案决策的方法主要有净现值法、净现值率法、差额投资内含报酬率法和年等额净回收额法等。

(一) 净现值法和净现值率法

净现值法主要适用于那些原始投资额相同且项目计算期相等的多方案比较决策,即可以选择净现值大的方案作为最优方案。

净现值率法主要适用于那些原始投资额不相同，而项目计算期相等的多方案比较决策，即可以选择净现值率大的方案作为最优方案。

由于这些方法的应用在前面已经介绍过了，所以在此不再赘述。

（二）差额投资内含报酬率法和年等额净回收额法

这两种方法主要适用于原始投资不相同的多项目比较，后者尤其适用于项目计算期不同的多项目比较决策。

1. 差额投资内含报酬率法

所谓差额投资内含报酬率法，是指在计算出两个原始投资额不相等的投资项目的差量现金净流量的基础上，计算出差额内含报酬率，并据以判断这两个投资项目孰优孰劣的方法。采用此法时，当差额内含报酬率指标大于或等于基准收益率或设定贴现率时，原始投资额大的项目较优；反之，则投资少的项目为优。

差额内含报酬率与内含报酬率的计算过程一样，只是所依据的是差量现金净流量。该方法还经常被用于更新改造项目的投资决策中。当该项目的差额内含报酬率指标大于或等于基准收益率或设定贴现率时，应当进行更新改造；反之，就不应当进行更新改造。

【例 5-15】 某企业有两个可供选择的投资项目的差量净现金流量，如表 5-6 所示。

表 5-6 投资项目差量净现金流量表 单位：万元

现金净流量	年 份					
	0	1	2	3	4	5
甲项目的现金净流量	−200	128.23	128.23	128.23	128.23	128.23
乙项目的现金净流量	−100	101.53	101.53	101.53	101.53	101.53
差量净现金流量 ΔNCF	−100	26.70	26.70	26.70	26.70	26.70

要求：就以下两种不相关情况选择投资项目。

（1）该企业的行业基准贴现率 i 为 8%。

（2）该企业的行业基准贴现率 i 为 12%。

【解答】 根据所给资料可知，差量现金净流量（甲项目的现金净流量−乙项目的现金净流量）如下：

$$\Delta NCF_0 = -100 \text{ 万元}, \quad \Delta NCF_{1\sim5} = 26.70 \text{ 万元}$$

$$26.70 \times (P/A, \Delta IRR, 5) = 100$$

$$(P/A, \Delta IRR, 5) = \frac{100}{26.70} = 3.745$$

用试误法可求得，甲、乙两方案的差量内含报酬率 $\Delta IRR = 10.49\%$。

在第（1）种情况下，由于差量内含报酬率大于 8%，所以应该选择甲方案。

在第（2）种情况下，由于差量内含报酬率小于 12%，所以应该选择乙方案。

2. 年等额净回收额法

所谓年等额净回收额法，是指根据所有投资项目的年等额净回收额指标的大小来选择最优项目的一种投资决策方法。某一方案年等额净回收额等于该方案净现值与相关的资本回收系数的乘积,或者是方案净现值与相关年金现值系数的比值。若某方案净现值为 NPV,设定折现率或基准收益率为 i,项目计算期为 n,则年等额净回收额可按下式计算:

$$A = NPV \times (A/P, i, n) \tag{5-12}$$

或

$$A = NPV / (P/A, i, n) \tag{5-13}$$

式中,A 为该项目的年等额净回收额;$(A/P, i, n)$ 为 n 年、折现率为 i 的资本回收系数;$(P/A, i, n)$ 为 n 年、折现率为 i 的年金现值系数。

采用年等额净回收额的方法是在所有投资项目中,以年等额净回收额最大的项目为优。

【例 5-16】 红光公司拟投资新建一条生产线。现有三个方案可供选择:甲方案的原始投资为 200 万元,项目计算期为 5 年,净现值为 120 万元;乙方案的原始投资为 150 万元,项目计算期为 6 年,净现值为 110 万元;丙方案的原始投资为 300 万元,项目计算期为 8 年,净现值为 -1.25 万元。行业基准折现率为 10%。按年等额净回收额法进行决策分析如下。

因为甲方案和乙方案的净现值均大于零,所以这两个方案具有财务可行性。

因为丙方案的净现值小于零,所以该方案不具有财务可行性,只需对甲、乙两方案进行评价即可。

$$甲方案的年等额净回收额 = 120 / (P/A, 10\%, 5) = 31.65(万元)$$
$$乙方案的年等额净回收额 = 110 / (P/A, 10\%, 6) = 25.26(万元)$$

因为 31.65 > 25.26,显然甲方案优于乙方案。

三、固定资产更新决策

固定资产更新是对技术上或经济上不宜继续使用的旧资产,用新的资产更换,或用先进的技术对原有设备进行局部改造。

固定资产更新决策主要研究两个问题:一个是决定是否更新,即继续使用旧资产还是更换新资产;另一个是决定选择什么样的资产来更新。实际上这两个问题是结合在一起考虑的,如果市场上没有比现有设备更合适的设备,那么就继续使用旧设备。

(一) 更新决策的现金流量的分析

更新决策不同于一般的决策。一般说来,设备更换并不改变企业的生产能力,不增加企业的现金流入。更新决策的现金流量主要是现金流出,即使有少量的残值变价收入,也属于支出抵减,而非实质上的流入增加。由于只有现金流出,而没有现金流入,就给采用贴现现金流量分析带来了困难。

【例 5-17】 红星公司有一台旧设备,工程技术人员提出更新要求,有关数据如表 5-7所示。

表 5-7 更新决策相关数据 单位:元

项 目	旧 设 备	新 设 备
原值	2 200	2 400
预计使用年限	10	10

续表

项　　目	旧　设　备	新　设　备
已使用年限	4	0
最终残值	200	300
变现价值	600	2 400
年运行成本	700	400

假设该企业要求的最低投资报酬率为 15%，继续使用与更新的现金流量如图 5-4 所示。

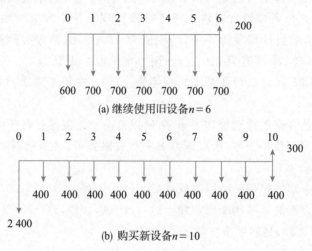

图 5-4　继续使用与更新的现金流量

可以将固定资产更新项目决策视为两个方案：继续使用旧设备方案和购买新设备的方案。图 5-4 表示了两个方案的现金流量。

由于没有适当的现金流入，无论哪个方案都不能计算其净现值和内含报酬率。

（二）固定资产的平均年成本

固定资产的平均年成本是指该资产引起的现金流出的年平均值。若不考虑时间价值，它是未来使用年限内现金流出总额与使用年限的比值。若考虑时间价值，它是未来使用年限内现金流出总现值与年金现值系数的比值，即平均每年的现金流出。平均年成本法把继续使用旧设备和购置新设备看成是两个互斥方案，并且假定将来设备再更换时可以按原来的平均年成本找到可代替的设备。

1. 不考虑时间价值

【例 5-18】　承接例 5-17，不考虑时间价值时：

$$旧设备平均年成本 = \frac{600 + 700 \times 6 - 200}{6} = \frac{4\,600}{6} = 767（元）$$

$$新设备平均年成本 = \frac{2\,400 + 400 \times 10 - 300}{10} = \frac{6\,100}{10} = 610（元）$$

2. 考虑时间价值（暂不考虑所得税的影响）

计算现金流出总现值，然后分摊给每一年。

$$旧设备平均年成本=\frac{600+700\times(P/A,15\%,6)-200\times(P/F,15\%,6)}{(P/A,15\%,6)}=836(元)$$

$$新设备平均年成本=\frac{2\,400+400\times(P/A,15\%,10)-300\times(P/F,15\%,10)}{(P/A,15\%,10)}=863(元)$$

通过上述计算可知,使用旧设备的平均年成本较低,不宜进行设备更新。

(三) 更新决策的应用

在分析固定资产更新决策相关现金流量时,应遵循以下步骤。

1.继续使用旧设备方案

$$\begin{matrix}初始现金流量\\(机会成本)\end{matrix}=-[设备变现价值-(设备变现价值-账面价值)\times所得税税率]$$

各期营业现金流量,通常运用式(5-3)来计算。

终结点现金流量=会计规定的残值-(会计规定的残值-账面价值)×所得税税率

其中:会计规定的残值即为最终报废时的变现价值,账面价值即为税法规定的残值。

2.更换新设备

初始现金流量=货币性资本支出+非货币资源的变现价值+垫支的营运资本

各期营业现金流量,通常运用式(5-3)来计算。

$$终结点现金流量=\begin{matrix}会计规定的\\残值\end{matrix}-\left(\begin{matrix}会计规定的\\残值\end{matrix}-\begin{matrix}账面\\价值\end{matrix}\right)\times\begin{matrix}所得税\\税率\end{matrix}+\begin{matrix}收回垫支的\\营运资本\end{matrix}$$

【例5-19】　红光公司有一台设备购于3年前,现在考虑是否需要更新。该公司所得税税率为25%,其他有关资料如表5-8所示。

表5-8　两种方案现金流出比较　　　　　　　　　　单位:元

项　目	旧　设　备	新　设　备
原价	60 000	50 000
税法规定残值(10%)	6 000	5 000
税法规定使用年限(年)	6	4
已用年限	3	0
尚可使用年限	4	4
每年操作成本	8 600	5 000
两年末大修支出	28 000	
最终报废残值	7 000	10 000
目前变现价值	10 000	
每年折旧额:	(直线法)	(年数总和法)
第一年	9 000	18 000
第二年	9 000	13 500
第三年	9 000	9 000
第四年	0	4 500

假设两台设备的生产能力相同,并且未来可用年限相同,因此,可通过比较其现金流出总现值判断方案的优劣,如表5-9所示。

表 5-9　两种方案现金流出总现值比较　　　　　　　　　　　单位：元

项　　目	现金流量	时间（年次）	系数（10%）	现　值
继续用旧设备：				
旧设备变现价值	10 000	0	1	10 000
旧设备变现损失减税	(10 000−33 000)×0.25＝5 750	0	1	5 750
每年付现操作成本	8 600×(1−0.25)＝6 450	1～4	3.17	20 446.5
每年折旧抵税	9 000×0.25＝2 250	1～3	2.487	5 595.75
两年末大修成本	28 000×(1−0.25)＝21 000	2	0.826	17 346
残值变现收入	7 000	4	0.683	4 781
残值变现净收入纳税	(7 000−6 000)×0.25＝250	4	0.683	170.75
合计				43 336.5
更换新设备：				
设备投资	50 000	0	1	50 000
每年付现操作成本	5 000×(1−0.25)＝3 750	1～4	3.17	11 887.5
每年折旧抵税：				
第一年	18 000×0.25＝4 500	1	0.909	4 090.5
第二年	13 500×0.25＝3 375	2	0.826	2 787.75
第三年	9 000×0.25＝2 250	3	0.751	1 689.75
第四年	4 500×0.25＝1 125	4	0.683	768.38
残值收入	10 000	4	0.683	6 830
残值净收入纳税	(10 000−5 000)×0.25＝1 250	4	0.683	853.75
合计				46 574.87

从表 5-9 可知更换新设备的现金流出总现值比继续用旧设备的现金流出总现值要多出 3 238.37 元，因此继续用旧设备好。

第五节　证券投资

一、证券资产的概念及特点

（一）证券资产的概念

证券资产是企业进行金融投资所形成的资产。证券投资不同于项目投资，项目投资的对象是实体性经营资产，经营资产是直接为企业生产经营服务的资产，如固定资产、无形资产等，它们往往是一种服务能力递减的消耗性资产。证券投资的对象是金融资产，金融资产是一种以凭证、票据或者合同合约形式存在的权利性资产，如债券、股票、基金及其衍生证券等。

（二）证券资产的特点

1.价值虚拟性

证券资产不能脱离实体资产而完全独立存在，但证券资产的价值不完全由实体资本的现实生产经营活动决定,而是取决于契约性权利所能带来的未来现金流量,是一种未来现金流量折现的资本化价值。

2. 可分割性

证券资产可以分割为一个最小的投资单位,如一股股票、一份债券、一份基金,这就决定了证券资产投资的现金流量比较单一,往往由原始投资、未来收益或资本利得、本金回收所构成。

3. 持有目的多元性

证券资产的持有目的是多元的,既可能是为未来积累现金即为未来变现而持有的,也可能是为谋取资本利得即为销售而持有的,还有可能是为取得对其他企业的控制权而持有的。

4. 强流动性

证券资产具有很强的流动性:变现能力强,证券资产往往都是上市证券,一般都有活跃的交易市场可供及时转让;持有目的可以相互转换,当企业急需现金时,可以立即将为其他目的而持有的证券资产变现。

5. 高风险性

证券资产是一种虚拟资产,会受到公司风险和市场风险的双重影响,不仅发行证券资产的公司业绩影响着它的投资收益率,资本市场的市场平均收益率变化也会给证券资产带来直接的市场风险。一般来说,股票投资相比债券投资具有更高的风险。

二、证券投资的目的

1. 分散资金投向,降低投资风险

投资分散化,即将资金投资于多个相关程度较低的项目,实行多元化经营,能够有效地分散投资风险。

2. 利用资金,增加企业收益

企业在生产经营过程中,由于各种原因有时会出现资金闲置、现金结余较多的情况。这些闲置的资金可以投资于股票、债券等有价证券,谋取投资收益。

3. 稳定客户关系,保障生产经营

为了保持与供销客户良好而稳定的业务关系,可以对业务关系链的供销企业进行投资,购买其债券或股票,甚至达到控制。这样,能够通过债权或股权对关联企业的生产经营施加影响和控制,保障本企业的生产经营顺利进行。

4. 提高资产流动性,增强偿债能力

在企业需要支付大量现金,而现有现金储备又不足时,可以通过变卖有价证券迅速取得大量现金,保证企业的及时支付。

三、债券投资

(一)债券要素

债券是依照法定程序发行的约定在一定期限内还本付息的有价证券,反映证券发行者与持有者之间的债权债务关系。债券一般包含以下几个基本要素。

债券投资

1. 债券面值

债券面值是指债券设定的票面金额，代表发行人承诺于未来某一特定日偿付债券持有人的金额。债券的票面金额是债券到期时偿还债务的金额，固定不变，到期必须足额偿还。

2. 债券票面利率

债券票面利率是指债券发行者预计一年内向持有者支付的利息占票面金额的比率。票面利率不同于实际利率，实际利率是指按复利计算的一年期的利率，债券的计息和付息方式有多种，可能使用单利或复利计算，利息支付可能半年一次、一年一次或到期一次还本付息，这使得票面利率可能与实际利率发生差异。

3. 债券到期日

债券到期日是指偿还债券本金的日期，债券一般都有规定到期日，以便到期时归还本金。

（二）债券的价值

将未来在债券投资上收取的利息和收回的本金折为现值，即可得到债券的内在价值。债券的内在价值也称为债券的理论价格，只有债券价值大于其购买价格时，该债券才值得投资。影响债券价值的因素主要有债券的面值、期限、票面利率和所采用的贴现率等因素。

1. 债券估价基本模型

典型的债券类型，是有固定的票面利率、每期支付利息、到期归还本金的债券，这种债券模式下债券价值计量的基本模型如下：

$$V_b = \sum_{t=1}^{n} \frac{I_t}{(1+R)^t} + \frac{M}{(1+R)^n} \tag{5-14}$$

式中，V_b 为债券的价值；I_t 为债券各期的利息；M 为债券的面值；R 为债券价值评估时所采用的贴现率即所期望的最低投资收益率。一般来说，经常采用市场利率作为评估债券价值时所期望的最低投资收益率。

2. 债券价值的影响因素

从债券价值基本模型中可以看出，债券面值、债券期限、票面利率、市场利率是影响债券价值的基本因素。

【例 5-20】 某债券面值 1 000 元，期限 20 年，每年支付一次利息，到期归还本金，以市场利率作为评估债券价值的贴现率，目前的市场利率为 10％，如果票面利率分别为 8％、10％和 12％，则

$$V_b = 80 \times (P/A, 10\%, 20) + 1\,000 \times (P/F, 10\%, 20) = 829.69(元)$$
$$V_b = 100 \times (P/A, 10\%, 20) + 1\,000 \times (P/F, 10\%, 20) = 999.96(元)$$
$$V_b = 120 \times (P/A, 10\%, 20) + 1\,000 \times (P/F, 10\%, 20) = 1\,170.23(元)$$

综上可知，债券的票面利率可能小于、等于或大于市场利率，因而债券价值就可能小于、等于或大于债券票面价值，因此在债券实际发行时就要折价、平价或溢价发行。折价发行是对投资者未来少获利息而给予的必要补偿；平价发行是因为票面利率与市场利率相等，此时票面价值和债券价值是一致的，所以不存在补偿问题；溢价发行是为了对债券发行者未来多付利息而给予的必要补偿。

（三）债券投资的收益率

1. 债券收益的来源

债券投资的收益是投资于债券所获得的全部投资收益,这些投资收益来源于以下三个方面。

(1) 名义利息收益。债券各期的名义利息收益是其面值与票面利率的乘积。

(2) 利息再投资收益。债券投资评价时,有两个重要的假定:第一,债券本金是到期收回的,而债券利息是分期收取的;第二,将分期收到的利息重新投资于同一项目,并取得与本金同等的利息收益率。

(3) 价差收益。价差收益是指债券尚未到期时投资者中途转让的债券,在卖价和买价之间的价差上所获得的收益,也称为资本利得收益。

2. 债券的内部收益率

债券的内部收益率,是指按当前市场价格购买债券并持有至到期日或转让日所产生的预期收益率,也就是债券投资项目的内含收益率。在债券价值估价基本模型中,如果用债券的购买价格 P_0 代替内在价值 V_b,就能求出债券的内部收益率。也就是说,用该内部收益率贴现所决定的债券内在价值,刚好等于债券的目前购买价格。

债券真正的内在价值是按市场利率贴现所决定的,当按市场利率贴现所计算的内在价值大于按内部收益率贴现所计算的内在价值时,债券的内部收益率才会大于市场利率,这正是投资者所期望的。

【**例 5-21**】　假定投资者目前以 1 075.92 元的价格购买一份面值为 1 000 元、每年付息一次、到期归还本金、票面利率为 12% 的 5 年期债券,投资者将该债券持有至到期日,有

$$1075.92 = 120 \times (P/A, R, 5) + 1000 \times (P/F, R, 5)$$

解得

$$\text{内部收益率 } R = 10\%$$

同样原理,如果债券目前购买价格为 1000 元或 899.24 元,有

$$\text{内部收益率 } R = 12\%$$

或

$$\text{内部收益率 } R = 15\%$$

可见,溢价债券的内部收益率低于票面利率,折价债券的内部收益率高于票面利率,平价债券的内部收益率等于票面利率。

通常,也可以用简便算法对债券投资收益率近似估算,其计算公式为

$$R = \frac{I + (B - P)/N}{(B + P)/2} \times 100\%$$

式中, P 为债券的当前购买价格; B 为债券面值; N 为债券持有期限,分母是平均资金占用,分子是平均收益。

将例 5-21 数据代入:

$$R = \frac{120 + (1\,000 - 1\,075.92)/5}{(1\,000 + 1\,075.92)/2} \times 100\% = 10.10\%$$

四、股票投资

（一）股票的价值

投资于股票预期获得的未来现金流量的现值,即为股票的价值或内在价值、理论价格。股

票是一种权利凭证,它之所以有价值,是因为它能给持有者带来未来的收益,这种未来的收益包括各期获得的股利、转让股票获得的价差收益、股份公司的清算收益等。价格小于内在价值的股票,是值得投资者投资购买的。股份公司的净利润是决定股票价值的基础。股票给持有者带来的未来的收益一般是以股利形式出现的,因此可以通过股利计算确定股票价值。

1.股票估价基本模型

从理论上讲,如果股东中途不转让股票,股票投资没有到期日,投资于股票所得到的未来现金流量是各期的股利。假定某股票未来各期股利为 D,（为期数）,R 为估价所采用的贴现率即所期望的最低收益率,股票价值的估价模型为

$$V_s = \frac{D_1}{1+R_s} + \frac{D_2}{(1+R_s)^2} + \cdots + \frac{D_n}{(1+R_s)^n} + \cdots \tag{5-15}$$

$$= \sum_{t=1}^{\infty} \frac{D_t}{(1+R_s)^t}$$

优先股是特殊的股票,优先股股东每期在固定的时点收到相等的股利,优先股没有到期日,未来的现金流量是一种永续年金,其价值计算为

$$V_s = \frac{D}{R_s} \tag{5-16}$$

2.常用的股票估价模型

与债券不同的是,持有期限、股利、贴现率是影响股票价值的重要因素。如果投资者准备永久持有股票,未来的贴现率也是固定不变的,那么未来各期不断变化的股利就成为评价股票价值的难题。为此,我们不得不假定未来的股利按一定的规律变化,从而形成几种常用的股票估价模式。

1）固定增长模型

一般来说,公司并没有把每年的盈余全部作为股利分配出去,留存的收益扩大了公司的资本额,不断增长的资本会创造更多的盈余,进一步引起下期股利的增长。如果公司本期的股利为 D_0,未来各期的股利按上期股利的 g 速度呈几何级数增长,根据股票估价基本模型,股票价值 V_s 为

$$V_s = \sum_{t=1}^{\infty} \frac{D_0(1+g)^t}{(1+R_s)^t} \tag{5-17}$$

因为 g 是一个固定的常数,当 R_s 大于 g 时,上式可以化简为

$$V_s = \frac{D_0(1+g)}{R_s - g} \tag{5-18}$$

【例 5-22】 假定某投资者准备购买 A 公司的股票,并且准备长期持有,要求达到 12% 的收益率,该公司今年每股股利为 0.8 元,预计未来股利会以 9% 的速度增长,则 A 公司股票的价值为

$$V_s = 0.8 \times (1+9\%) \div (12\% - 9\%) = 29.07(元)$$

如果 A 公司股票目前的购买价格低于 29.07 元,该公司的股票是值得购买的。

2）零增长模型

如果公司未来各期发放的股利都相等,并且投资者准备永久持有,那么这种股票与优先股类似。或者,当固定增长模型中 $g = 0$ 时,有

$$V_s = \frac{D_0}{R_s} \qquad (5\text{-}19)$$

【例 5-23】 例 5-22 中,如果 $g = 0$,A 公司股票的价值为

$$V_s = 0.8 \div 12\% = 6.67(元)$$

3) 阶段性增长模型

许多公司的股利在某一阶段有一个超常的增长率,这一期间的增长率 g 可能大于 R_s,而后阶段公司的股利固定不变或正常增长。对于阶段性增长的股票,需要分段计算,才能确定股票的价值。

【例 5-24】 假定某投资者准备购买 B 公司的股票,打算长期持有,要求达到 12% 的收益率。B 公司今年每股股利为 0.6 元,预计未来 3 年股利以 15% 的速度增长,而后以 9% 的速度转入正常增长。则 B 公司股票的价值分两段计算。

(1) 计算高速增长期股利的现值,如表 5-10 所示。

表 5-10 高速增长期股利的现值

单位:元

年数	股　利	现值系数(12%)	股利现值
1	$0.6 \times (1 + 15\%) = 0.69$	0.893	0.616 2
2	$0.69 \times (1 + 15\%) = 0.793\ 5$	0.797	0.632 4
3	$0.793\ 5 \times (1 + 15\%) = 0.912\ 5$	0.712	0.649 7

合计:1.898 3 元。

(2) 正常增长期股利在第 3 年年末的现值:

$$V_3 = \frac{D_4}{R_s - g} = \frac{0.912\ 5 \times (1 + 9\%)}{12\% - 9\%} = 33.15(元)$$

(3) 计算该股票的价值:

$$V_0 = 33.15 \times 0.712 + 1.898\ 3 = 25.50(元)$$

(二) 股票投资的收益率

1. 股票收益的来源

股票投资的收益由股利收益、股利再投资收益、转让价差收益三部分构成。

2. 股票的内部收益率

股票的内部收益率,是使得股票未来现金流量贴现值等于目前的购买价格时的贴现率,也就是股票投资项目的内含收益率。股票的内部收益率高于投资者所要求的最低收益率时,投资者才愿意购买该股票。在固定增长股票估价模型中,用股票的购买价格 P_0 代替内在价值 V_s,有

$$R = \frac{D_1}{P_0} + g \qquad (5\text{-}20)$$

从式(5-20)中可以看出,股票投资内部收益率由两部分构成:一部分是预期股利收益率 D_1 / P_0;另一部分是股利增长率 g。

如果投资者不打算长期持有股票,而将股票转让出去,则股票投资的收益由股利收益和资本利得(转让价差收益)构成。这时,股票内部收益率 R 是使股票投资净现值为零时的贴现率,其计算公式为

$$\text{NPV} = \sum_{t=1}^{n} \frac{D_t}{(1+R)^t} + \frac{P_t}{(1+R)^t} - P_0 = 0 \qquad (5\text{-}21)$$

【例 5-25】 某投资者 2018 年 5 月购入 A 公司股票 1 000 股，每股购价 3.2 元；A 公司 2019 年、2020 年、2021 年分别派发现金股利 0.25 元/股、0.32 元/股、0.45 元/股；该投资者 2021 年 5 月以每股 3.5 元的价格售出该股票，则 A 公司股票内部收益率的计算为

$$\text{NPV} = \frac{0.25}{1+R} + \frac{0.32}{(1+R)^2} + \frac{0.45}{(1+R)^3} + \frac{3.5}{(1+R)^3} - 3.2 = 0$$

当 $R = 12\%$ 时，$\text{NPV} = 0.089\,8$。

当 $R = 14\%$ 时，$\text{NPV} = -0.068\,2$。

用插值法计算：

$$R = 12\% + 2\% \times \frac{0.089\,8}{0.089\,8 + 0.068\,2} = 13.14\%$$

◈ 本章小结 ◈

对于企业而言，投资是为获取未来收益而向一定对象投放资金的经济行为。按投资对象的存在形态和性质，企业投资可以划分为项目投资和证券投资。

投资项目的种类不同，适用的评价方法也各异。对投资项目的分析评价，都要企业创造出不同的备选方案，然后利用项目投资的评价方法进行择优。

常用的项目投资评价方法有净现值法、净现值率法、现值指数法、内含报酬率法、投资回收期法、投资利润率法。前四种方法则考虑了资金的时间价值，后两种方法没有考虑资金的时间价值。各种方法有其各自的利弊和适用性，企业应该根据具体情况选择合适的方法进行项目评价。

固定资产更新是对技术上或经济上不宜继续使用的旧设备，用设备来更换或用先进的技术对旧设备进行改造。对于固定资产的更新决策，现实可行的方法就是比较继续使用和更新的年使用成本，以其较低者作为择取方案。固定资产的年平均使用成本是与该资产相关的现金流出量的年平均值。在考虑货币的时间价值的情况下，它是未来使用年限内现金流出量现值总额与年金现值系数的比值即平均每年的现金流出量。

证券投资的对象是金融资产，如股票、债券等。将未来在债券投资上收取的利息和收回的本金折为现值，即可得到债券的内在价值。影响债券价值的因素主要有债券的面值、期限、票面利率和所采用的贴现率等。债券的内部收益率，是指按当前市场价格购买债券并持有至到期日或转让日所产生的预期收益率。股票是一种权利凭证，投资于股票预期获得的未来现金流量的现值，即为股票的价值，包括各期获得的股利、转让股票获得的价差收益、股份公司的清算收益等。

◈ 复习与思考题 ◈

1. 项目投资的建设期、营业期、终结期，分别涉及哪些可能的现金流项目？

2. 梳理比较各项目投资评价指标的优缺点。

3. 如何进行项目寿命期不等的互斥投资方案决策?

4. 证券投资的风险有哪些?

5. 列举常用的股票估值模型。

◈ 练 习 题 ◈

一、单项选择题

1. 下列各项中,不属于投资项目现金流出量内容的是( )。

    A. 固定资产投资   B. 折旧

    C. 增加的营运资本   D. 新增付现营业成本

2. 下列关于各项评价指标的表述中,错误的是( )。

    A. 净现值是绝对数指标,在比较投资额不同的项目时有一定的局限性

    B. 现值指数是相对数,反映投资的效率

    C. 内含报酬率是项目本身的投资报酬率

    D. 投资利润率是使用现金流量计算的

3. 已知某投资项目的原始投资额为 100 万元,投资期为 2 年,投产后第 1~3 年每年现金净流量为 25 万元,第 4~10 年每年现金净流量为 20 万元。则该项目的投资回收期为( )。

    A. 4.25 年   B. 6.25 年   C. 4 年   D. 5 年

4. 甲公司预计投资 A 项目,项目投资需要购买一台设备,该设备的价值是 100 万元,投资期 1 年,在营业期期初需要垫支营运资本 50 万元。营业期是 5 年,预计每年的净利润为 120 万元,每年营业现金毛流量为 150 万元,连续 5 年相等,则该项目的投资利润率为( )。

    A. 80%   B. 100%   C. 120%   D. 150%

5. 若现值指数小于 1,表明该投资项目( )。

    A. 各年利润小于 0,不可行

    B. 它的内含报酬率小于 0,不可行

    C. 它的内含报酬率没有达到预定的折现率,不可行

    D. 它的内含报酬率一定小于 0

6. 下列各项中,属于项目投资决策静态评价指标的是( )。

    A. 投资利润率   B. 净现值   C. 内部收益率   D. 净现值率

7. 某项目建设期为 1 年,建设投资 200 万元全部于建设期初投入,经营期 10 年,每年现金净流入量为 50 万元,若贴现率为 12%,则该项目的净现值率为( )。$[(P/A,12\%,10)=5.650\,2]$

    A. 0.261 3   B. 0.413 5   C. 1.424 6   D. 1.261 3

8. 已知某投资项目按 14% 折现率计算的净现值大于零,按 16% 折现率计算的净现值小于零,则该项目的内部收益率肯定( )。

    A. 大于 14%,小于 16%   B. 小于 14%

    C. 等于 15%   D. 大于 16%

9. 当某项目的净现值大于零时，下列选项成立的有（　　）。

    A. 净现值率大于 1

    B. 投资利润率大于基准收益率

    C. 内含报酬率大于基准的贴现率

    D. 投资回收期小于项目计算期的一半

10. 对于单一项目来说，（　　）说明该项目是可行的。

    A. 方案的内含报酬率高于资本成本

    B. 方案的内含报酬率低于资本成本

    C. 方案的现值指数小于 0

    D. 净现值是负数

11. 对于互斥项目的决策，如果投资额不同，项目寿命期相同，应当选择的决策方法是（　　）。

    A. 内含报酬率法　　　　　　　　B. 净现值法

    C. 现值指数法　　　　　　　　　D. 投资利润率法

12. 甲公司可以投资的资本总量为 10 000 万元，资本成本 10%，现有三个独立的投资项目：A 项目的投资额是 10 000 万元，B 项目的投资额是 6 000 万元，C 项目的投资额是 4 000 万元。A 项目的净现值是 2 000 万元，现值指数 1.25；B 项目的净现值 1 200 万元，现值指数 1.3；C 项目的净现值 1 100 万元，现值指数 1.2。则甲公司应当选择（　　）。

    A. A 项目　　　　　　　　　　　B. B 项目

    C. B 项目、C 项目　　　　　　　D. A 项目、B 项目、C 项目

13. 如果某投资项目的相关评价指标满足以下关系：$NPV>0$，$NPVR>0$，$PI>1$，$IRR>i$，$P<P_0$，则说明（　　）。

    A. 该项目基本具备财务可行性　　B. 该项目完全具备财务可行性

    C. 该项目基本不具备财务可行性　D. 该项目完全不具备财务可行性

14. 关于证券投资的风险，下列说法错误的是（　　）。

    A. 价格风险属于系统风险　　　　B. 购买力风险属于系统风险

    C. 违约风险属于系统风险　　　　D. 破产风险属于非系统风险

15. 根据债券估价基本模型，不考虑其他因素的影响，当市场利率上升时，固定利率债券价值的变化方向是（　　）。

    A. 不变　　　　　B. 不确定　　　　　C. 下降　　　　　D. 上升

二、多项选择题

1. 项目投资的特点包括（　　）。

    A. 回收时间较长　　　　　　　　B. 投资规模大

    C. 发生频率低　　　　　　　　　D. 投资风险大

2. 企业打算新建生产线，需要在建设起点一次投入固定资产 500 万元，建设期末投入无形资产 50 万元，建设期资本化利息为 10 万元，流动资金投资合计为 30 万元，则下列表述正确的有（　　）。

    A. 建设投资额是 500 万元　　　　B. 原始投资额是 580 万元

    C. 项目总投资是 590 万元　　　　D. 固定资产原值是 510 万元

3. 某投资项目需要 3 年建成,从明年开始每年年初投入建设资金 45 万元。建成投产之时,需投入营运资金 70 万元,以满足日常经营活动需要。生产出的 A 产品,估计每年可获净利润 60 万元。固定资产使用年限为 8 年,资产使用期满后,估计有残值变现收入 11 万元,采用年限平均法计提折旧。使用后第 4 年预计进行一次改良,估计改良支出 40 万元,分 4 年平均摊销。根据上述资料下列各项计算正确的有( )。

    A. 原始投资为 135 万元
    B. 第 3 年现金净流量为 −70 万元
    C. 第 7 年现金净流量为 115.5 万元
    D. 第 11 年现金净流量为 166.5 万元

4. 下列各项中,属于项目投资决策动态评价指标的是( )。

    A. 投资利润率
    B. 投资回收期
    C. 内部收益率
    D. 净现值率

5. 若净现值为负数,表明该投资项目( )。

    A. 为亏损项目,不可行
    B. 它的内含报酬率小于 0,不可行
    C. 它的内含报酬率没有达到资本成本,不可行
    D. 它的内含报酬率不一定小于 0

6. 下列选项中,能够影响项目内含报酬率的因素有( )。

    A. 投资项目的期限
    B. 投资项目的现金流量
    C. 企业要求的最低投资报酬率
    D. 原始投资额

7. 如果其他因素不变,一旦折现率提高,则下列指标中数值将会变小的有( )。

    A. 现值指数
    B. 净现值
    C. 内含报酬率
    D. 投资回收期

8. 在单一方案决策过程中,与净现值评价结论完全一致的评价指标有( )。

    A. 现值指数　 B. 等额年金　 C. 投资回收期　 D. 内含报酬率

9. 债券内在价值计算公式中包含的因素是( )。

    A. 债券市场价格
    B. 债券面值
    C. 债券期限
    D. 债券票面利率

10. 在债券票面利率大于市场利率的情形下,基于债券估价基本模型,若不考虑其他因素的影响,下列说法正确的有( )。

    A. 付款频率提高,债券价值下降
    B. 票面利率上升,债券价值上升
    C. 市场利率上升,债券价值下降
    D. 债券期限延长,债券价值下降

三、判断题

1. 在项目投资决策中,净现金流量是指运营期内每年现金流入量与同年现金流出量之间的差额所形成的序列指标。( )

2. 项目计算期是指投资项目从投资建设开始到最终清理结束整个过程的全部时间,包括建设期和运营期。( )

3. 投资回收期的优点是能够直观地反映原始投资的返本期限,便于理解,计算简便,可以直接利用回收期之前的现金流量信息。( )

4. 净现值考虑了资金时间价值,能够反映各种投资方案的净收益,但是不能揭示各种投资方案本身可能达到的实际收益率。( )

5. 当折现率为 10% 时,甲项目的净现值为正值,则该项目的内含报酬率必定低于 10%。 （　　）

6. 已知某投资项目的项目计算期为 10 年,资金于建设起点一次投入,当年完工并投产。运营期每年的净现金流量相等,经预计,该项目的投资回收期是 6 年,则按内部收益率确定的年金现值系数是 6。 （　　）

7. 一个完全具备财务可行性的投资项目,其投资回收期必须小于或等于运营期的一半。 （　　）

8. 在对独立项目进行财务可行性评价和投资决策的过程中,当投资回收期或投资利润率的评价结论与净现值等主要指标的评价结论发生矛盾时,应以主要指标的结论为准。 （　　）

9. 由于债券的面值、期限和票面利息通常是固定的,因此债券给持有者所带来的未来收益仅仅为利息收益。 （　　）

10. 不考虑其他因素的影响,如果债券的票面利率大于市场利率,则该债券的期限越长,其价值就越低。 （　　）

四、计算题

1. B 企业拟新建一条生产线项目,建设期为 2 年,运营期为 20 年,全部建设投资分别安排在建设起点、建设期第 2 年年初和建设期末分三次投入,投资额分别为 100 万元、300 万元和 68 万元;全部流动资金投资安排在投产后第一年和第二年末分两次投入,投资额分别为 15 万元和 5 万元。根据项目筹资方案的安排,建设期资本化借款利息为 22 万元。

要求:根据上述资料估算该项目下列各项指标。

(1) 计算该项目的建设投资。

(2) 计算该项目的流动资金投资。

(3) 计算该项目的原始投资。

(4) 计算该项目的项目总投资。

2. 某企业拟进行一项固定资产投资,资本成本率为 6%,该项目的现金流量表(部分)如表 5-11 所示。

表 5-11　现金流量表(部分)　　　　　　　　单位:万元

项目 \ t	投资期		营业期					合计
	0	1	2	3	4	5	6	
现金净流量	−1 000	−1 000	100	1 000	B	1 000	1 000	2 900
累计现金净流量	−1 000	−2 000	−1 900	A	900	1 900	2 900	—
现金净流量现值	−1 000	−943.4	C	839.6	1 425.8	747.3	705	1 863.3
现金净流量现值累计值	−1 000	−1 943.4	−1 854.4	−1 014.8	D	1 158.3	1 863.3	—

要求:

(1) 计算上表中用英文字母表示的数值。

(2) 计算或确定下列指标:

① 原始投资额现值;

② 净现值；

③ 年等额净回收额；

④ 现值指数；

⑤ 投资回收期。

（3）利用年等额净回收额指标评价该项目的财务可行性。

3. 某企业计划开发一个新项目，该项目的寿命期为5年，需投资固定资产120 000元，需垫支营运资金100 000元，5年后可收回固定资产残值为15 000元，用直线法计提折旧。投产后，预计每年的销售收入可达120 000元，相关的直接材料和直接人工等变动成本为64 000元，每年的设备维修费为5 000元。该公司要求的最低投资收益率为10%，适用的所得税税率为25%。

要求：

（1）计算净现值，并利用净现值法对是否开发该项目做出决策。

（2）计算现值指数，并用现值指数法对是否开发该项目进行决策。

（3）计算内含报酬率，并利用内含报酬率法对是否开发该项目做出决策。

（4）根据上面的决策结果，说明对于单一项目的决策，应该选择哪一种指标。

4. 公司溢价发行面值1 000元，票面利率12%，每半年付息一次的不可赎回债券：该债券5年到期，发行价为1 051.19元。若投资购买该债券，计算该债券投资的年实际内部收益率。（已知：$(P/A,5\%,10)=7.721\ 7$，$(P/A,6\%,10)=7.360\ 1$，$(P/F,5\%,10)=0.613\ 9$，$(P/F,6\%,10)=0.558\ 4$。）

5. 甲企业计划利用一笔资金长期投资购买股票。现有M公司股票、N公司股票、L公司股票可供选择，甲企业只准备投资一家公司股票。已知M公司股票现行市价为每股3.5元，上年每股股利为0.15元，预计以后每年以6%的增长率增长。N公司股票现行市价为每股7元，上年每股股利为0.6元，股利分配政策将一贯坚持固定股利政策。L公司股票现行市价为4元，上年每股股利为0.2元，预计该公司未来3年股利第1年增长14%，第2年增长14%，第3年增长5%，第4年及以后将保持每年2%的固定增长率水平。若三只股票的β系数均为2，目前无风险收益率为4%，市场上所有股票的平均收益率为7%。

要求：

（1）计算甲企业所要求的投资必要收益率，并利用股票估价模型，分别计算M、N、L公司股票价值。

（2）帮助甲企业作出股票投资决策。

五、案例分析题

某公司是一个历史悠久的钢铁生产企业，生产规模较大，产品产销两旺，公司发展前景非常乐观。2020年元旦过后的第一个工作日，公司经理召开第一次会议，动员全体职工积极行动起来，充分挖掘内部潜力，大搞技术革命，并号召大家献计献策，为完成全年生产任务努力工作。

在会上，经理介绍了当年的销售形势，认为形势大好，对公司非常有利。根据市场调查资料测算，市场需求的趋势使公司每年的销售量有所增加，预计当年钢铁销售量可达480 000吨，比上年增加20%；如果公司能在较短时间增加固定资产投入，尽快形成生产能力，能为公司创造可观的经济效益。

同时，公司经理根据市场需求量，结合自身实际，又作了进一步分析。他说，虽然市场对我们有利，但也必须清楚自身的实际生产能力，量力而行。如果确实可行，就应该马上行动。公司现在的具体情况如下。

（1）现有生产设备 10 台，其中冷轧机 4 台，热轧机 6 台。每台设备的台班产量均为 40 吨，每天开工三班，全年计划设备检修 15 天。

（2）如果按市场订单组织生产，计划年度冷轧机应生产钢材 280 000 吨，热轧机应生产钢材 200 000 吨。

（3）公司通过内部挖潜，充分利用原有旧设备，还可修复一台冷轧机，大约需要修理费用 58 000 元。

（4）现有市场价格是每台热轧机 230 850 元，每台冷轧机 180 500 元。

（5）公司劳动力充足。

（6）如果公司需要新增生产能力，其投资所需资金，公司能够通过合理的渠道加以解决。

最后，公司经理说，情况就是这样，大家商量商量，如果以销定产的计划可行，就请有关部门制订计划，测算一下新增设备的投资额。

要求：

（1）根据该公司 2020 年计划生产任务和现有生产设备，分析、计算生产能力是否充足。

（2）根据生产设备余缺情况，测算新增投资设备额。

（3）根据案例资料，综合测算该公司新增生产能力的投资额。

第六章

营运资金管理

学 习 目 标

- 了解营运资金的概念及营运资金管理的基本要求。
- 了解最佳货币资金持有量的成本分析模式及货币资金的日常管理。
- 了解应收账款的作用、成本及日常管理。
- 了解存货概念、存货成本及存货控制的 ABC 控制法、适时制库存控制系统。

本 章 基 本 框 架

营运资金管理 {

营运资金管理概述 { 营运资金的概念和特点
营运资金的管理原则
营运资金战略

现金管理 { 持有现金的动机
目标现金余额的确定
现金管理模式
现金收支管理

应收账款管理 { 应收账款的功能
应收账款的成本
信用政策
应收账款的监控
应收账款的日常管理

存货管理 { 存货的功能
存货的持有成本
最优存货量的确定
存货的控制系统

流动负债管理 { 短期借款
短期融资券
商业信用
流动负债的利弊

引 导 案 例

某公司各部门目前都有一些怨言。

采购部门的人抱怨：财务部门特别抠门，每次采购资金都不能足额及时提供，导致不能进行大批量采购，供应商给的数量折扣很难享受到，而且每次还得和供应商谈能不能给点赊购。再看看别的企业采购人员，每次采购的数量不仅多，还是付现款，供应商可看重他们了。

仓储部门抱怨：生产这么多产品，已经库存近半年了，每个月的管理费用太多了。

销售部门抱怨：生产部门总是让人担心，每次交货都是快到合同期。一旦哪次没有及时完成生产，订单就得"泡汤"，还会造成客户不信任。

生产部门抱怨：仓库每次都不能及时发料。

财务部门抱怨：销售总是回款太慢，有些应收账款，都逾期快半年了，销售部门也不管，反正我们是没有时间和人去收。

思考：

（1）针对公司以上各部门存在的抱怨，请分析公司日常营运管理存在哪些问题。

（2）如果你作为公司财务经理，你会向公司提供什么样的管理建议？

 小贴士

大学生要树立良好的理财观念及树立诚信为本的契约精神。

第一节　营运资金管理概述

一、营运资金的概念和特点

营运资金的
概念和特点

（一）营运资金的概念

营运资金是指流动资产减去流动负债后的余额。营运资金的管理既包括流动资产的管理，也包括流动负债的管理。

1. 流动资产

流动资产是指可以在1年以内或超过1年的一个营业周期内变现或运用的资产，流动资产具有占用时间短、周转快、易变现等特点。企业拥有较多的流动资产，可在一定程度上降低财务风险。流动资产按不同的标准可进行不同的分类，常见分类方式如下。

（1）按占用形态不同，分为现金、交易性金融资产、应收及预付款项和存货等。

（2）按在生产经营过程中所处的环节不同，分为生产领域中的流动资产、流通领域中的流动资产以及其他领域的流动资产。

2. 流动负债

流动负债是指需要在1年或者超过1年的一个营业周期内偿还的债务。流动负债又称短期负债，具有成本低、偿还期短的特点。流动负债按不同标准可作不同分类，最常见的分类方式如下。

（1）以应付金额是否确定为标准，可以分为应付金额确定的流动负债和应付金额不确定的流动负债。应付金额确定的流动负债是指那些根据合同或法律规定到期必须偿付并有确定金额的流动负债。应付金额不确定的流动负债是指那些要根据企业生产经营状况，到一定时期或具备一定条件才能确定的流动负债，或应付金额需要估计的流动负债。

（2）以流动负债的形成情况为标准，可以分为自然性流动负债和人为性流动负债。自然性流动负债是指不需要正式安排，由于结算程序或有关法律法规的规定等原因而自然形成的流动负债；人为性流动负债是指根据企业对短期资金的需求情况，通过人为安排所形成的流动负债。

（3）以是否支付利息为标准，可以分为有息流动负债和无息流动负债。

（二）营运资金的特点

为了有效地管理企业的营运资金，必须研究营运资金的特点，以便有针对性地进行管理。营运资金一般具有如下特点。

（1）营运资金的来源具有灵活多样性。与筹集长期资金的方式相比，企业筹集营运资金的方式较为灵活多样，通常有银行短期借款、短期融资券、商业信用、应交税金、应交利润、应付工资、应付费用、预收货款、票据贴现等多种内外部融资方式。

（2）营运资金的数量具有波动性。流动资产的数量会随企业内外条件的变化而变化，时高时低，波动很大。季节性企业如此，非季节性企业也如此。随着流动资产数量的变动，流动负债的数量也会相应发生变动。

（3）营运资金的周转具有短期性。企业占用在流动资产上的资金，通常会在1年或者一个营业周期内收回。根据这一特点，营运资金可以用商业信用、银行短期借款等短期筹资方式来加以解决。

（4）营运资金的实物形态具有变动性和易变现性。企业营运资金的实物形态是经常变化的，一般按照现金、材料、在产品、产成品、应收账款、现金的顺序转化。为此，在进行流动资产管理时，必须在各项流动资产上合理配置资金数额，做到结构合理，以促进资金周转顺利进行。此外，短期投资、应收账款、存货等流动资产一般具有较强的变现能力，如果遇到意外情况，企业出现资金周转不灵、现金短缺时，便可迅速变卖这些资产，以获取现金。这对财务上应付临时性资金需求具有重要意义。

二、营运资金的管理原则

企业的营运资金在全部资金中占有相当大的比重，而且周转期短，形态易变，是企业财务管理工作的一项重要内容。实证研究也表明，财务经理的大量时间都用于营运资金的管理。企业进行营运资金管理，应遵循以下原则。

（一）保证合理的资金需求

企业应认真分析生产经营状况，合理确定营运资金的需要数量。企业营运资金的需求数量与企业生产经营活动有直接关系。一般情况下，当企业产销两旺时，流动资产会不断增加，流动负债也会相应增加；而当企业产销量不断减少时，流动资产和流动负债也会相应减少。营运资金的管理必须把满足正常合理的资金需求作为首要任务。

（二）提高资金使用效率

加速资金周转是提高资金使用效率的主要手段之一。提高营运资金使用效率的关键就是采取得力措施，缩短营业周期，加速变现过程，加快营运资金周转。因此，企业要千方百计加速存货、应收账款等流动资产的周转，以便用有限的资金，服务于更大的产业规模，为企业取得更好的经济效益提供条件。

（三）节约资金使用成本

在营运资金管理中，必须正确处理保证生产经营需要和节约资金使用成本二者之间的关系。要在保证生产经营需要的前提下，遵守勤俭节约的原则，尽力降低资金使用成本。一方面，要挖掘资金潜力，盘活全部资金，精打细算地使用资金；另一方面，积极拓展融资渠道，合理配置资源，筹措低成本资金，服务于生产经营。

（四）保持足够的短期偿债能力

偿债能力的高低是企业财务风险高低的标志之一。合理安排流动资产与流动负债的比例关系，保持流动资产结构与流动负债结构的适配性，保证企业有足够的短期偿债能力是营运资金管理的重要原则之一。流动资产、流动负债以及二者之间的关系能较好地反映企业的短期偿债能力。流动负债是在短期内需要偿还的债务，而流动资产则是在短期内可以转化为现金的资产。因此，如果一个企业的流动资产比较多，流动负债比较少，说明企业的短期偿债能力较强；反之，则说明短期偿债能力较弱。但如果企业的流动资产太多，流动负债太少，也不是正常现象，这可能是因流动资产闲置或流动负债利用不足所致。

三、营运资金战略

企业必须建立一个框架用来评估营运资金管理中的风险与收益的平衡，包括营运资金的投资和融资战略，这些战略反映企业的需要以及对风险承担的态度。实际上，一个财务管理者必须作两个决策：一是需要拥有多少营运资金；二是如何为营运资金融资。在实践中，这些决策一般同时进行，而且它们相互影响。

（一）流动资产的投资战略

由于销售水平、成本、生产时间、存货补给时订货到交货的时间、顾客服务水平、首款和支付期限等方面存在不确定性，因此，流动资产的投资决策至关重要。对于不同的产业和企业规模，流动资产与销售额比率的变动范围非常大。

企业不确定性和风险忍受的程度决定了其在流动资产账户上的投资水平。流动资产账户通常随着销售额的变化而立即变化，但风险则与销售的稳定性和可预测性相关。销售额越不稳定，越不可预测，则投资于流动资产上的资金就应越多，以保证有足够的存货满足顾客的需要。

稳定性和可预测性的相互作用非常重要。即使销售额是不稳定的，但可以预测，如属于季节性变化，那么将没有显著的风险。然而，如果销售额不稳定而且难以预测，如石油和天然气开采业以及许多建筑业企业，就会存在显著的风险，从而必须保证一个高的流动资产水平，维持较高的流动资产与销售收入比率。如果销售额既稳定又可预测，则只需维持较低的流动资产投资水平。

一个企业必须选择与其业务需要和管理风格相符合的流动资产投资战略。如果企业管理政策趋于保守,就会选择较高的流动资产水平,保证更高的流动性(安全性),但盈利能力也更低;然而,如果管理者偏向于为了产生更高的盈利能力而承担风险,那么它将以一个低水平的流动资产与销售收入比率来运营。下面就紧缩的或较低流动性的投资战略与宽松的或更高流动性的投资战略进行介绍。

1. 紧缩的流动资产投资战略

在紧缩的流动资产投资战略下,企业维持低水平的流动资产与销售收入比率。利用适时制(just in time,JIT)存货管理技术,原材料等存货投资将尽可能紧缩。另外,尚未结清的应收账款和现金余额将保持在最低水平。

紧缩的流动资产投资战略可能伴随着更高风险,这些风险可能源于更紧的信用和存货管理,或源于缺乏现金用于偿还应付账款。此外,紧缩的信用政策可能减少企业销售收入,而紧缩的产品存货政策则不利于顾客进行商品选择,从而影响企业销售。

只要不可预见的事件没有损坏企业的流动性而导致严重的问题发生,紧缩的流动资产投资战略就会提高企业效益。

2. 宽松的流动资产投资战略

在宽松的流动资产投资战略下,企业通常会维持高水平的流动资产与销售收入比率。也就是,企业将保持高水平的现金、高水平的应收账款(通常来自于宽松的信用政策)和高水平的存货(通常源于补给原材料或不愿意因为产成品存货不足而失去销售)。对流动资产的高投资可能导致较低的投资收益率,但由于较高的流动性,企业的营运风险较小。

3. 流动资产投资战略的选择

一个企业该选择何种流动资产投资战略取决于该企业对风险和收益的权衡。通常,银行和其他借款人对企业流动性水平非常重视,因为流动性包含了这些债权人对信贷扩张和借款利率的决策。他们还考虑应收账款和存货的质量,尤其是当这些资产被用来当作一项贷款的抵押品时。

许多企业,由于上市和短期借贷较为困难,通常采用紧缩的投资战略。此外,一个企业的流动资产战略可能还受产业因素的影响。在销售边际毛利较高的产业,如果从额外销售中获得的利润超过额外应收账款所增加的成本,宽松的信用政策可能为企业带来更为可观的收益。

流动资产投资战略的另一个影响因素是那些影响企业政策的决策者。财务管理人员较之运营或销售经理,通常具有不同的流动资产管理观点。运营经理通常喜欢高水平的原材料存货或部分产成品,以便满足生产所需。相似地,销售经理也喜欢高水平的产成品存货以便满足顾客的需要,而且喜欢宽松的信用政策以便刺激销售。相反,财务管理人员喜欢使存货和应收账款最小化,以便使流动资产融资的成本最小化。

(二) 流动资产的融资战略

一个企业对流动资产的需求数量,一般会随着产品销售的变化而变化。例如,产品销售季节性很强的企业,当销售处于旺季时,流动资产的需求一般会更旺盛,可能是平时的几倍;当销售处于淡季时,流动资产需求一般会减弱,可能是平时的几分之一;即使当销售处于最低水平时,也存在对流动资产最基本的需求。在企业经营状况不发生大的变化的情况下,流动资产的最基本的需求具有一定的刚性和相对稳定性，我们可以将其界定为流动资产的永久性水平。当销售发生季节性变化时，流动资产将会在永久性水平的基础上增加或减少。因此，流动资产可以被分解为两部分：永久性部分和波动性部分。检验各项流动资产变动与销售之间的相关关系，将有助于较准确地估计流动资产的永久性和波动性部分，便于做出应对流动资产需求的融资政策。

从以上分析可以看出，流动资产的永久性水平具有相对稳定性，是一种长期的资金需求，需要通过长期负债融资或权益性资金解决；而波动性部分的融资则相对灵活，最经济的办法是通过低成本的短期融资解决其资金需求，如1年期以内的短期借款或发行短期融资券等融资方式。

融资决策主要取决于管理者的风险导向，此外还受到利率在短期、中期、长期负债之间的差异的影响。财务人员必须知道如下两种融资方式的融资成本哪个更为昂贵：一是连续地从银行或货币市场借款；二是通过获得一个固定期限贷款或通过资本市场获得资金，从而将融资成本锁定在中期或长期的利率上。

收益曲线显示了具有不同特定日期的到期日的同一证券（如美国国债）在到期日的收益率，如图6-1所示。许多时候，收益曲线是向上倾斜的（如短期利率低于长期利率）。然而，收益曲线也可能向下倾斜。财务人员应该收集必要的信息来进行决策。这包括估计收益曲线的未来形状，具有不同到期日的贷款利率的走势，企业获得信贷的未来途径等。

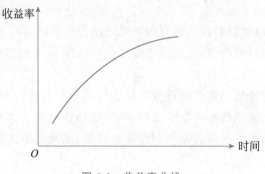

图 6-1　收益率曲线

融资决策分析方法可以划分为期限匹配融资战略、保守融资战略和激进融资战略。这些政策分析方法如图6-2所示。图中的顶端方框将流动资产分为永久性和波动性两类，剩下的方框描述了短期和长期融资的这三种策略的混合。任何一种方法在特定的时间都可能是合适的，这取决于收益曲线的形状、利率的移动、未来利率的预测，尤其是管理者的风险承受力。

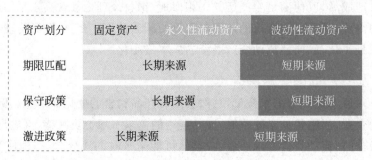

图 6-2　可供选择的流动资产融资政策

1.期限匹配融资战略

在期限匹配融资战略中,永久性流动资产和固定资产以长期融资方式(负债或权益)来融通,波动性流动资产用短期来源融通。这意味着,在给定的时间,企业的融资数量反映了当时的波动性流动资产的数量。当波动性资产扩张时,信贷额度也会增加,以便支持企业的扩张;当资产收缩时,它们的投资将会释放出资金,这些资金将会用于弥补信贷额度的下降。

2.保守融资战略

在保守融资战略中,长期融资支持固定资产、永久性流动资产和某部分波动性流动资产。公司通常以长期融资来源来为波动性流动资产的平均水平融资,短期融资仅用于融通剩余的波动性流动资产。这种战略通常最小限度地使用短期融资。因为这种战略在需要时将会使用成本更高的长期负债,所以往往比其他途径具有较高的融资成本。

对短期融资的相对较低的依赖导致了较高的流动性比率,但由于总利息费用更高,这种战略也会导致利润更低。然而,如果长期负债以固定利率为基础,而短期融资方式以浮动或可变利率为基础,则利率风险可能降低。

3.激进融资战略

在激进融资战略中,企业以长期负债和权益为所有的固定资产融资,仅对一部分永久性流动资产使用长期融资方式融资。短期融资方式支持剩下的永久性流动资产和所有的临时性流动资产。这种战略比其他战略使用更多的短期融资。

短期融资方式通常比长期融资方式具有更低的成本,因为收益曲线在许多时候是向上倾斜的。然而,过多地使用短期融资方式会导致较低的流动比率和更高的流动性风险。

由于经济衰退、企业竞争环境的变化以及其他因素,企业必须面对业绩惨淡的经营年度。当销售下跌时,存货将不会那么快转换成现金,这将导致现金短缺。曾经及时支付的顾客可能会延迟支付,这会进一步加剧现金短缺。企业可能会发现它对应付账款的支付已经超过信用期限。由于销售下降以及利润下跌对固定营业费用的影响,会计利润将降低。

在这种环境下,企业需要与银行重新安排短期融资协议,但此时企业对于银行来说似乎很危险。银行可能会向企业索要更高的利率,但它的分析师可能会指出企业无法支付这么高的利息,从而导致企业在关键时刻筹集不到急需的资金。

企业依靠大量的短期负债来解决资金困境,这会导致企业每年都必须更新短期负债协议进而产生更多的风险。然而,融资协议中,有许多变异的协议可以弱化这种风险。例如,多年期(通常3~5年)滚动信贷协议,这种协议允许企业以短期为基础进行借款。这种类型的借款协议不像传统的短期借款那样会降低流动比率。企业还可以利用衍生融资产品来对紧缩投资政策的风险进行套期保值。

第二节 现金管理

现金的含义有广义、狭义之分。广义的现金是指在生产经营过程中以货币形态存在的资金,包括库存现金、银行存款和其他货币资金等。狭义的现金仅指库存现金。这里所讲的现金是指广义的现金。

保持合理的现金水平是企业现金管理的重要内容。现金是变现能力最强的资产,可以用来满足生产经营开支的各种需要,也是还本付息和履行纳税义务的保证。拥有足够的现金对于降低企业的风险，增强企业资产的流动性和债务的可清偿性有着重要的意义。但库存现金是唯一的不创造价值的资产，对其持有量不是越多越好。即使是银行存款，其利率也非常低。因此，现金存量过多，它所提供的流动性边际效益便会随之下降，从而使企业的收益水平下降。

除了应付日常的业务活动之外，企业还需要拥有足够的现金偿还贷款、把握商机以及防止不时之需。企业必须建立一套管理现金的方法，持有合理的现金数额，使其在时间上继起，在空间上并存。企业必须编制现金预算，以衡量企业在某段时间内的现金流入量与流出量，以便在保证企业经营活动所需现金的同时，尽量减少企业的现金数量，提高资金收益率。

> **💡 小贴士**
>
> 为改善现金管理，促进商品生产和流通，加强对社会经济活动的监督，国家制定《现金管理暂行条例》，凡在银行和其他金融机构（以下简称开户银行）开立账户的机关、团体、部队、企业、事业单位和其他单位，必须依照本条例的规定收支和使用现金，接受开户银行的监督。

一、持有现金的动机

持有现金是出于以下三种需求。

（一）交易性需求

现金持有的动机

企业的交易性需求是企业为了维持日常周转及正常商业活动所需持有的现金额。企业每日都在发生许多支出和收入，这些支出和收入在数额上不相等、时间上不匹配使企业需要持有一定现金来调节，以使生产经营活动能持续进行。

在许多情况下，企业向客户提供的商业信用条件和它从供应商那里获得的信用条件不同，使企业必须持有现金。如供应商提供的信用条件是30天付款，而企业迫于竞争压力，则向顾客提供45天的信用期，这样，企业必须筹集够15天的营运资金来维持企业运转。

另外，企业业务的季节性，要求企业逐渐增加存货以等待季节性的销售高潮。这时，一般会发生季节性的现金支出，企业现金余额下降，随后又随着销售高潮到来，存货减少，而现金又逐渐恢复到原来水平。

（二）预防性需求

预防性需求是指企业需要维持充足现金，以应对突发事件。这种突发事件可能是政治环境变化，也可能是企业的某大客户违约导致企业突发性偿付等。尽管财务主管试图利用各种手段来较准确地估算企业需要的现金数，但这些突发事件会使原本很好的财务计划失去效果。因此，企业为了应对突发事件，有必要维持比日常正常运转所需金额更多的现金。

为应付意料不到的现金需要，企业掌握的现金额取决于三方面：企业愿冒缺少现金风险的程度；企业预测现金收支可靠的程度；企业临时融资的能力。希望尽可能减少风险的企业倾向于保留大量的现金余额，以应对其交易性需求和大部分预防性需求。另外，企业会与银行维持良好关系，以备现金短缺之需。

（三）投机性需求

投机性需求是企业为了抓住突然出现的获利机会而持有的现金,这种机会大都是一闪即逝的,如证券价格的突然下跌,企业若没有用于投机的现金,就会错过这一机会。

除了上述三种基本的现金需求以外,还有许多企业是将现金作为补偿性余额来持有的。补偿性余额是企业同意保持的账户余额,它是企业对银行所提供借款或其他服务的一种补偿。

二、目标现金余额的确定

（一）成本模型

成本模型强调的是持有现金是有成本的,最优的现金持有量是使得现金持有成本最小化的持有量。模型考虑的现金持有成本包括如下项目。

1.机会成本

现金的机会成本,是指企业因持有一定现金余额丧失的再投资收益。再投资收益是企业不能同时用该现金进行有价证券投资所产生的机会成本,这种成本在数额上等于资金成本。例如,某企业的资本成本为10%,年均持有现金50万元,则该企业每年的现金机会成本为5万元(50×10%)。放弃的再投资收益即机会成本属于变动成本,它与现金持有量的多少密切相关,即现金持有量越大,机会成本越大,反之就越小。

2.管理成本

现金的管理成本,是指企业因持有一定数量的现金而发生的管理费,如管理者工资、安全措施费用等。一般认为这是一种固定成本,这种固定成本在一定范围内和现金持有量之间没有明显的比例关系。

3.短缺成本

现金短缺成本是指在现金持有量不足,又无法及时通过有价证券变现加以补充,而给企业造成的损失,包括直接损失与间接损失。现金的短缺成本随现金持有量的增加而下降,随现金持有量的减少而上升,即与现金持有量负相关。

成本分析模式是根据现金有关成本,分析预测其总成本最低时现金持有量的一种方法。其计算公式为

$$最佳现金持有量＝\min(管理成本＋机会成本＋短缺成本) \tag{6-1}$$

式中,管理成本属于固定成本;机会成本是正相关成本;短缺成本是负相关成本。因此,成本分析模式是要找到机会成本、管理成本和短缺成本所组成的总成本曲线中最低点所对应的现金持有量,把它作为最佳现金持有量。如图6-3所示。

在实际工作中运用成本分析模式确定最佳现金持有量的具体步骤如下:①根据不同现金持有量测算并确定有关成本数值;②按照不同现金持有量及其有关成本资料编制最佳现金持有量测算表;③在测算表中找出总成本最低时的现金持有量,即最佳现金持有量。

由成本分析模型可知,如果减少现金持有量,则增加短缺成本;如果增加现金持有量,则增加机会成本。改进上述关系的一种方法是:当拥有多余现金时,将现金转换为有价证券;当现金不足时,将有价证券转换成现金。但现金和有价证券之间的转换,也需要成本,称为转换成本。转换成本是指企业用现金购入有价证券以及用有价证券换取现金时付出的交易费用,即现金同有价证券之间相互转换的成本,如买卖佣金、手续费、证券过户费、印花税、实

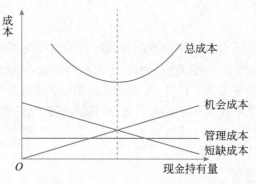

图 6-3　成本模式分析

物交割费等。转换成本可以分为两类：一是与委托金额相关的费用；二是与委托金额无关，只与转换次数有关的费用，如委托手续费、过户费等。证券转换成本与现金持有量即有价证券变现额的多少，必然对有价证券的变现次数产生影响，即现金持有量越少，进行证券变现的次数越多，相应的转换成本就越大。

（二）随机模型（米勒-奥尔模型）

在实际工作中，企业现金流量往往具有很大的不确定性。米勒和奥尔设计了一个在现金流入、流出不稳定情况下确定现金最优持有量的模型。他们假定每日现金净流量的分布接近正态分布，每日现金流量可能低于也可能高于期望值，其变化是随机的。由于现金流量波动是随机的，只能对现金持有量确定一个控制区域，定出上限和下限。当企业现金余额在上限和下限之间波动时，则将部分现金转换为有价证券；当现金余额下降到下限时，则卖出部分证券。

图 6-4 显示了随机模型，该模型有两条控制线和一条回归线。最低控制线 L 取决于模型之外的因素，其数额是由现金管理部经理在综合考虑短缺现金的风险程度、公司借款能力、公司日常周转所需资金、银行要求的补偿性余额等因素的基础上确定的。

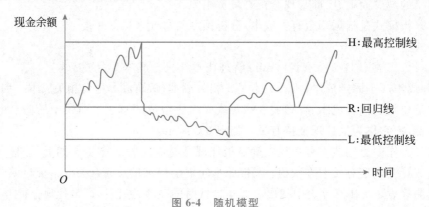

图 6-4　随机模型

回归线 R 可按下列公式计算：

$$R = \left(\frac{3b \times \delta^2}{4i} \right)^{\frac{1}{3}} + L \tag{6-2}$$

式中，b 为证券转换为现金或现金转换为证券的成本；δ 为公司每日现金流变动的标准差；

i 为以日为基础计算的现金机会成本。

最高控制线 H 的计算公式为

$$H = 3R - 2L \tag{6-3}$$

【例 6-1】　设某公司现金部经理决定 L 值应为 10 000 元,估计公司现金流量标准差 δ 为 1 000 元,持有现金的年机会成本为 15%,换算为 i 值是 0.000 39,b=150 元。根据该模型,可求得

$$R = \left(\frac{3 \times 150 \times 1\ 000^2}{4 \times 0.000\ 39} \right)^{1/3} + 10\ 000 = 16\ 607(元)$$

$$H = 3 \times 16\ 607 - 2 \times 10\ 000 = 29\ 821(元)$$

该公司目标现金余额为 16 607 元。如现金持有额达到 29 821 元,则买进 13 214 元的证券;若现金持有额降至 10 000 元,则卖出 6 607 元的证券。

运用随机模型求货币资金最佳持有量符合随机思想,即企业现金支出是随机的,收入是无法预知的,所以,适用于所有企业现金最佳持有量的测算。另外,随机模型建立在企业的现金未来需求总量和收支不可预测的前提下,因此,计算出来的现金持有量比较保守。

三、现金管理模式

(一) 收支两条线的管理模式

"收支两条线"原本是政府为了加强财政管理和整顿财政秩序对财政资金采取的一种管理模式。当前,企业特别是大型集团企业,也纷纷采用"收支两条线"资金管理模式。

1. 企业实行收支两条线管理模式的目的

企业作为追求价值最大化的营利组织,实施"收支两条线"主要出于两个目的:第一,对企业范围内的现金进行集中管理,减少现金持有成本,加速资金周转,提高资金使用效率;第二,以实施收支两条线为切入点,通过高效的价值化管理来提高企业效益。

2. 收支两条线资金管理模式的构建

构建企业"收支两条线"资金管理模式,可从规范资金的流向、流量和流程三个方面入手。

(1) 资金的流向方面。企业"收支两条线"要求各部分或分支机构在内部银行或当地银行设立两个账户(收入户和支出户),并规定所有收入的现金都必须进入收入户(外地分支机构的收入户资金还必须及时、足额地回笼到总部),收入户资金由企业资金管理部门(内部银行或财务结算中心)统一管理,而所有的货币性支出都必须从支出户里支付,支出户里的资金只能根据一定的程序由收入户划拨而来,严禁现金坐支。

(2) 资金的流量方面。在收入环节要确保所有收入的资金都进入收入户,不允许有私设的账外小金库。另外,还要加快资金的结算速度,尽量压缩资金在结算环节的沉淀量;在调节环节通过动态的现金流量预算和资金收支计划实现对资金的精确调度;在支出环节,根据"以支定收"和"最低限额资金占用"的原则从收入户按照支出预算安排将资金定期划拨到支出户,支出户平均资金占用额应压缩到最低限度。有效的资金流量管理将有助于确保及时、足额地收入资金,合理控制各项费用支出和有效调剂内部资金。

(3) 资金的流程方面。资金流程是指与资金流动有关的程序和规定。它是收支两条线内部控制体系的重要组成部分,主要包括关于账户管理、货币资金安全性等规定;收入资金管理

与控制；支出资金管理与控制；资金内部结算与信贷管理与控制；收支两条线的组织保障等。

需要说明的是，收支两条线作为一种企业的内部资金管理模式，与企业的性质、战略、管理文化和组织结构都有很大的关系。因此，企业在构建收支两条线管理模式时，一定要注意与自己的实际相结合，以管理有效性为导向。

（二）集团企业资金集中管理模式

1. 资金集中管理模式的概念

资金集中管理也称司库制度，是指集团企业借助商业银行网上银行功能及其他信息技术手段，将分散在集团各所属企业的资金集中到总部，由总部统一调度、统一管理和统一运用。其在各个集团的具体运用可能会有所差异，但一般都包括以下主要内容：资金集中、内部结算、融资管理、外汇管理、支付管理等。其中资金集中是基础，其他各方面均建立在此基础之上。目前，资金集中管理模式逐渐被我国企业集团所采用。

2. 集团企业资金集中管理的模式

资金集中管理模式的选择实质上是集团管理是集权还是分权管理体制的体现，也就是在企业集团内部所属各子企业或分部是否有货币资金使用的决策权、经营权，这是由行业特点和本集团资金运行规律决定的。现行的资金集中管理模式大致上可以分为以下几种。

（1）统收统支模式。在该模式下，企业的一切资金收入都集中在集团总部的财务部门，各分支机构或子企业不单独设立账号，一切现金支出都通过集团总部财务部门付出，现金收支的批准权高度集中。统收统支模式有利于企业集团实现全面收支平衡，提高资金的周转效率，减少资金沉淀，监控现金收支，降低资金成本。但是该模式可能会不利于调动成员企业开源节流的积极性，影响成员企业经营的灵活性，以至降低整个集团经营活动和财务活动的效率。

（2）拨付备用金模式。拨付备用金模式是指集团按照一定的期限统拨给所有所属分支机构或子企业备其使用的一定数额的现金。等各分支机构或子企业发生现金支出后，持有关凭证到集团财务部门报销以补足备用金。

（3）结算中心模式。结算中心通常是由企业集团内部设立的，办理内部各成员现金收付和往来结算业务的专门机构。结算中心通常设立于财务部门内，是一个独立运行的职能机构。

（4）内部银行模式。内部银行是将社会银行的基本职能与管理方式引入企业内部管理机制而建立起来的一种内部资金管理机构，主要职责是进行企业或集团内部日常的往来结算和资金调拨、运筹。

（5）财务公司模式。财务公司是一种经营部分银行业务的非银行金融机构。其主要职责是开展集团内部资金集中结算，同时为集团成员企业提供包括存贷款、融资租赁、担保、信用鉴证、债券承销、财务顾问等在内的全方位金融服务。

四、现金收支管理

（一）现金周转期

为了确定企业的现金周转期，需要了解营运资金的循环过程：首先，企业要购买原材料，但并不是购买原材料的当天就马上付款，这一延迟的时间段就是应付账款周转期。企业对原材料进行加工最终转变为产成品并将之卖出，这一时间段被称为应收账款周转期。而现金周转期，就是指介于公司支付现金与收到现金之间的时间段，也就是存货周转期与应收账款周转期之和减去应付账款周转期。具体循环过程如图 6-5 所示。

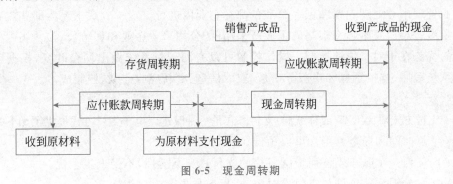

图 6-5 现金周转期

用公式表示如下

$$现金周转期＝存货周转期＋应收账款周转期－应付账款周转期 \qquad (6-4)$$

式中，

$$存货周转期＝\frac{平均存货}{每天的销货成本}$$

$$应收账款周转期＝\frac{平均应收账款}{每天的销货收入}$$

$$应付账款周转期＝\frac{平均应付账款}{每天的购货成本}$$

所以要减少现金周转期，可以从以下方面着手：加快制造与销售产成品来减少存货周转期；加速应收账款的回收来减少应收账款周转期；减缓支付应付账款来延长应付账款周转期。

（二）收款管理

1. 收账的流动时间

一个高效率的收款系统能够使收款成本和收款浮动期达到最小，同时能够保证与客户汇款及其他现金流入来源相关的信息的质量。收款系统成本包括浮动期成本，管理收款系统的相关费用（如银行手续费）及第三方处理费用或清算相关费用。在获得资金之前，收款在途项目使企业无法利用这些资金，也会产生机会成本。信息的质量包括收款方得到的付款人的姓名、付款的内容和付款时间。信息要求及时、准确地到达收款人一方，以便收款人及时处理资金，作出发货的安排。

收款浮动期是指从支付开始到企业收到资金的时间间隔。收款浮动期主要是纸基支付工具导致的，有以下三种类型。

（1）邮寄浮动期。从付款人寄出支票到收款人或收款人的处理系统收到支票的时间间隔。

（2）处理浮动期。处理浮动期是指支票的接受方处理支票和将支票存入银行以收回现金所花的时间。

（3）结算浮动期。结算浮动期是指通过银行系统进行支票结算所需的时间。

2. 邮寄的处理

纸基支付收款系统主要有两大类：一类是柜台存入体系；另一类是邮政支付系统。

这里主要讨论企业通过邮政收到顾客或其他商业伙伴支票的支付系统。一家企业可能采用内部清算处理中心或者一个锁箱来接收和处理邮政支付。具体采用哪种方式取决于两个因素：支付的笔数和金额。

企业处理中心处理支票和做存单准备都在企业内进行。这一方式主要为那些收到的付款金额相对较小而发生频率很高的企业所采用（如公用事业企业和保险公司）。场内处理中心最大的优势在于对操作的控制。操作控制可以有助于对系统做出调整改变、根据公司需要定制系统程序、监控掌握客户服务质量、获取信息、更新应收账款、控制成本。

3. 收款方式的改善

电子支付方式对比纸基（或称纸质）支付方式是一种改进。电子支付方式提供了如下好处。

（1）结算时间和资金可用性可以预计。

（2）向任何一个账户或任何金融机构的支付具有灵活性，不受人工干扰。

（3）客户的汇款信息可与支付同时传送，更容易更新应收账款。

（4）客户的汇款从纸基方式转向电子方式，减少或消除了收款浮动期，降低了收款成本，收款过程更容易控制，并且提高了预测精度。

（三）付款管理

现金支出管理的主要任务是尽可能延缓现金的支出时间。当然，这种延缓必须是合理合法的。

1. 使用现金浮游量

现金浮游量是指由于企业提高收款效率和延长付款时间所产生的企业账户上的现金余额和银行账户上的企业存款余额之间的差额。

2. 推迟应付款的支付

推迟应付款的支付是指企业在不影响自己的信誉的前提下，充分运用供货方所提供的信用优惠，尽可能地推迟应付款的支付期。

3. 汇票代替支票

汇票分为商业承兑汇票和银行承兑汇票，与支票不同的是，承兑汇票并不是见票即付。这一方式的优点是推迟了企业调入资金支付汇票的实际所需时间，这样企业就只需在银行中保持较少的现金余额。它的缺点是某些供应商可能并不喜欢用汇票付款，银行也不喜欢处理汇票，它们通常需要耗费更多的人力。同支票相比，银行会收取较高的手续费。

4. 改进员工工资支付模式

企业可以为支付工资专门设立一个工资账户，通过银行向职工支付工资。为了最大限度地减少工资账户的存款余额，企业要合理预测开出支付工资的支票到职工去银行兑现的具体时间。

5. 透支

企业开出支票的金额大于活期存款余额。它实际上是银行向企业提供的信用。透支的限额由银行和企业共同商定。

6. 争取现金流出与现金流入同步

企业应尽量使现金流出与流入同步，这样，就可以降低交易性现金余额，同时可以减少有价证券转换为现金的次数，提高现金的利用效率，节约转换成本。

7. 使用零余额账户

即企业与银行合作，保持一个主账户和一系列子账户，企业只在主账户保持一定的安全储备,而在一系列子账户不需要保持安全储备。当从某个子账户签发的支票需要现金时,所需要的资金立即从主账户划拨过来,从而使更多的资金可以用作他用。

企业若能有效控制现金支出,同样可带来大量的现金结余。控制现金支出的目标是在不损害企业信誉的条件下,尽可能推迟现金的支出。

第三节 应收账款管理

一、应收账款的功能

企业通过提供商业信用,采取赊销、分期付款等方式可以扩大销售,增强竞争力,获得利润。应收账款作为企业为扩大销售和盈利的一项投资,也会发生一定的成本。所以企业需要在应收账款所增加的盈利和所增加的成本之间作出权衡。应收账款管理就是分析赊销的条件,使赊销带来的盈利增加大于应收账款投资产生的成本增加,最终使企业现金收入增加,企业价值上升。

应收账款的功能指其在生产经营中的作用,主要有以下两方面。

(一) 增加销售功能

在激烈的市场竞争中,通过提供赊销可有效地促进销售。因为企业提供赊销不仅向顾客提供了商品,也在一定时间内向顾客提供了购买该商品的资金,顾客将从赊销中得到好处。所以赊销会带来企业销售收入和利润的增加。

(二) 减少存货功能

企业持有一定产成品存货时,会相应地占用资金,形成仓储费用、管理费用等,产生成本;而赊销则可避免这些成本的产生。所以当企业的产成品存货较多时,一般会采用优惠的信用条件进行赊销,将存货转化为应收账款,节约支出。

二、应收账款的成本

应收账款作为企业为增加销售和盈利进行的投资,必然会发生一定的成本。应收账款的成本主要有以下三种。

应收账款的成本

(一) 应收账款的机会成本

应收账款会占用企业一定量的资金,而企业若不把这部分资金投放于应收账款,便可以用于其他投资并可能获得收益,如投资债券获得利息收入。这种因投放于应收账款而放弃其他投资所带来的收益,即为应收账款的机会成本。

(二) 应收账款的管理成本

应收账款的管理成本主要是指在进行应收账款管理时所增加的费用,主要包括调查顾客信用状况的费用、收集各种信息的费用、账簿的记录费用、收账费用等。

(三) 应收账款的坏账成本

在赊销交易中,债务人由于种种原因无力偿还债务,债权人就有可能无法收回应收账款而发生损失,这种损失就是坏账成本。可以说,企业发生坏账成本是不可避免的,而此项成本一般与应收账款发生的数量成正比。

 小贴士

结合应收账款管理,培育和践行社会主义核心价值观——诚信。

三、信用政策

为了确保企业能一致性地运用信用和保证公平性,企业必须保持恰当的信用政策,必须明确地规定信用标准、信用条件、信用期间和折扣条件。

（一）信用标准

信用认可标准代表企业愿意承担的最大的付款风险的金额。如果企业执行的信用标准过于严格,可能会降低对符合可接受信用风险标准客户的赊销额,因此会限制企业的销售机会;如果企业执行的信用标准过于宽松,可能会对不符合可接受信用风险标准的客户提供赊销,因此会增加随后还款的风险并增加坏账费用。

1.信息来源

当企业建立分析信用请求的方法时,必须考虑信息的类型、数量和成本。信息既可以从企业内部收集,也可以从企业外部收集。无论信用信息从哪儿收集,都必须将成本与预期的收益进行对比。企业内部产生的最重要的信用信息来源是信用申请人执行信用申请（协议）的情况和企业自己保存的有关信用申请人还款历史的记录。

企业可以使用各种外部信息来源来帮助其确定申请人的信誉。申请人的财务报表是该种信息主要来源之一。无论是经过审计的还是没有经过审计的财务报表,因为可以将这些财务报表及其相关比率与行业平均数进行对比,因此它们都提供了有关信用申请人的重要信息。

获得申请人付款状况的第二个信息来源是一些商业参考资料或申请人过去获得赊销的供货商。另外,银行或其他贷款机构（如商业贷款机构或租赁公司）可以提供申请人财务状况和可使用信息额度方面的标准化信息。最后,一些地方性和全国性的信用评级机构也可以收集、评价和报告有关申请人信用状况的历史信息。这些信用报告包括诸如以下内容的信息:还款历史、财务信息、最高信用额度、可获得的最长信用期限和所有未了结的债务诉讼。由于还款状况的信息是以自愿为基础提供给评级机构的,因此评级机构所使用的样本量可能较小并且(或)不能准确反映企业还款历史的整体状况。

2.5C信用评价系统

信用评价取决于可以获得的信息类型、信用评价的成本与收益。传统的信用评价主要考虑以下五个因素。

（1）品质(character)。品质是指个人申请人或企业申请人管理者的诚实和正直表现。品质反映了个人或企业在过去的还款中所体现的还款意图和愿望。

（2）能力(capacity)。能力反映的是企业或个人在其债务到期时可以用于偿债的当前和未来的财务资源。可以使用流动比率和现金流预测等方法评价申请人的还款能力。

（3）资本(capital)。资本是指如果企业或个人当前的现金流不足以还债,他们在短期和长期内可供使用的财务资源。

（4）抵押（collateral）。抵押是指当企业或个人不能满足还款条款时，可以用作债务担保的资产或其他担保物。

（5）条件（condition）。条件是指影响顾客还款能力和还款意愿的经济环境，对申请人的这些条件进行评价以决定是否给其提供信用。

3. 信用的定量分析

进行商业信用的定量分析可以从考察信用申请人的财务报表开始。通常使用比率分析法评价顾客的财务状况。常用的指标有流动性和营运资本比率（如流动比率、速动比率以及现金对负债总额比率）、债务管理和支付比率（利息保障倍数、长期债务对资本比率、带息债务对资产总额比率，以及负债总额对资产总额比率）和盈利能力指标（销售回报率、总资产回报率和净资产收益率）。

将这些指标和信用评级机构及其他协会发布的行业标准进行比较可以洞察申请人的信用状况。定量信用评价法常被像百货店这样的大型零售信用提供商使用。信用评分包括以下四个步骤。

（1）根据信用申请人的月收入、尚未偿还的债务和过去受雇佣的情况将申请人划分为标准的客户和高风险的客户。

（2）对符合某一类型申请人的特征值进行加权平均以确定信誉值。

（3）确定明确的同意或拒绝给予信用的门槛值。

（4）对落在同意给予信用的门槛值或拒绝给予信用的门槛值之间的申请人进行进一步分析。

这些定量分析方法符合成本—效益原则，并且也符合消费者信用方面的法律规定。判断分析是一种规范的统计分析方法，可以有效确定并区分按约付款或违约付款顾客的因素。

（二）信用条件

信用条件是销货企业要求赊购客户支付货款的条件，由信用期限和现金折扣两个要素组成。规定信用条件包括设计销售合同或协议来明确规定在什么情形下可以给予信用。企业必须建立信息系统或购买软件对应收账款进行监控以保证信用条款的执行，并且查明顾客还款方式在总体和个体方面可能发生的变化。

1. 约束信用政策的因素

有许多因素影响企业的信用政策。在许多行业，信用条件和政策已经成为标准化的惯例，因此某一家企业很难采取与其竞争对手不同的信用条件。企业还必须考虑提供商业信用对现有贷款契约的影响。因为应收账款的变化可能会影响流动比率，可能会导致违反贷款契约中有关流动比率的约定。

2. 对流动性的影响

公司的信用条件、销售额和收账方式决定了其应收账款的水平。应收账款的占用必须要有相应的资金来源，因此企业对客户提供信用的能力与其自身的借款能力相关。不适当地管理应收账款可能会导致顾客延期付款而导致流动性问题。然而，当应收账款用于抵押贷款或作为债务担保工具或出售时，应收账款也可以成为流动性的来源。

3. 提供信用的收益和成本

因为提供信用可以增加销售额，所以商业信用可能会增加企业的收益。赊销的另一个潜在的收益来源是从分期收款销售安排中获得利息收益。利息可能是一块很大的利润来源，尤其是零售型企业通过自己私有品牌的信用卡或分期收款合同向顾客提供直接融资时更是如此。

另外，提供信用也有成本。应收账款的主要成本是持有成本。一般来说，企业根据短期借款的边际成本或加权平均成本（weighted average cost of capital，WACC）确定应收账款的持有成本。运营和维持企业信用部门的成本也是非常高的，其成本包括人员成本、数据处理成本和还款处理成本、信用评估成本和从第三方购买信用信息的成本。

（三）信用期间

监管逾期账款和催收坏账的成本影响企业的利润。根据相关会计准则的规定，不能收回的应收账款应该确认为坏账损失。多数企业根据过去的收款情况来估计坏账损失的数额并建立"坏账准备"账户，同时将坏账费用记入当期损益。信用政策的一个重要方面就是确定坏账费用和注销坏账费用的时间和金额。

催收逾期账款的成本可能很高。企业可以通过购买各种类型的补偿坏账损失的保险来降低坏账的影响。在评价赊销潜在的盈利能力时，必须对保险费进行成本－效益分析。

信用期间是企业允许顾客从购货到付款之间的时间，或者说是企业给予顾客的付款期间。例如，若某企业允许顾客在购货后的 50 天内付款，则信用期为 50 天，信用期过短，不足以吸引顾客，在竞争中会使销售额下降；信用期过长，对销售额增加固然有利，但只顾及销售增长而盲目放宽信用期，所得到的收益有时会被增长的费用抵消，甚至造成利润减少。因此，企业必须慎重研究，确定出恰当的信用期。

信用期的确定，主要是分析改变现行信用期对收入和成本的影响。延长信用期，会使销售额增加，产生有利影响；与此同时，应收账款、收账费用和坏账损失增加，会产生不利影响。当前者大于后者时，可以延长信用期，否则不宜延长。如果缩短信用期，情况与此相反。

【例 6-2】 A 公司目前采用 30 天按发票金额（即无现金折扣）付款的信用政策，拟将信用期间放宽至 60 天，仍按发票金额付款。假设该风险投资的最低报酬率为 15％，其他有关数据如表 6-1 所示。

表 6-1　信用期决策数据

项　　目	信用期间（30 天）	信用期间（60 天）
"全年"销售量/件	100 000	120 000
"全年"销售额（单价 5 元）	500 000	600 000
"全年"销售成本/元		
变动成本（每件 4 元）	400 000	480 000
固定成本/元	50 000	50 000
毛利/元	50 000	70 000
可能发生的收账费用/元	3 000	4 000
可能发生的坏账损失/元	5 000	9 000

注："全年"字样要特别注意，千万不能理解为"30 天内销售 100 000 件"及"60 天内销售 120 000 件"，正确的理解应为在 30 天信用期和 60 天信用期两种销售政策下，年销售量分别为 100 000 件和 120 000 件。

在分析时，先计算放宽信用期得到的收益，然后计算增加的成本，最后根据两者比较的结果做出判断。

1. 收益增加

$$收益的增加＝销售量的增加×单位边际贡献$$
$$＝(120\,000-100\,000)×(5-4)=20\,000(元)$$

2. 应收账款占用资金应计利息增加的计算

$$应收账款平均余额＝日销售额×信用期间或平均收现期$$

【注意】　若顾客主动遵守信用,没有延期付款的则为信用期,如果顾客拖延付款,则为平均收现期。

$$应收账款占用资金＝应收账款平均余额×变动成本率$$
$$应收账款占用资金的"应计利息"$$
$$＝应收账款占用资金×资本成本$$
$$＝应收账款平均余额×变动成本率×资本成本$$
$$＝日销售额×信用期间或平均收现期×变动成本率×资本成本$$
$$＝\frac{全年销售额×变动成本率}{360}×信用期间或平均收现期×资本成本$$
$$＝\frac{全年销售变动成本}{360}×信用期间或平均收现期×资本成本$$

$$\begin{array}{l}改变信用期间导致的\\应计利息增加\end{array}＝60\,天信用期应计利息-30\,天信用期应计利息$$

$$＝\frac{600\,000}{360}×60×\frac{480\,000}{600\,000}×15\%-\frac{500\,000}{360}×30×\frac{400\,000}{500\,000}×15\%$$
$$＝7\,000(元)$$

3. 收账费用和坏账费用损失增加

$$收账费用增加＝4\,000-3\,000=1\,000(元)$$
$$坏账损失增加＝9\,000-5\,000=4\,000(元)$$

4. 改变信用期的税前损益

$$改变信用期间的税前损益＝收益增加-成本费用增加$$
$$＝20\,000-7\,000-1\,000-4\,000=8\,000(元)$$

由于收益的增加大于成本增加,故应采用 60 天信用期。

上述信用期分析的方法比较简略,可以满足一般制定信用政策的需要。如有必要,也可以进行更细致的分析,如进一步考虑:销售增加引起存货增加而占用的资金。

【例 6-3】　承接例 6-2 的数据,假设上述 30 天信用期变为 60 天后,因销售量增加,年平均存货水平从 9 000 件上升到 20 000 件,每件存货按变动成本 4 元计算,其他情况依旧。

由于增添了新的存货增加因素,需要在原来分析的基础上,再考虑存货增加而多占资金所带来的影响,重新计算放宽信用期的损益。

$$存货增加而多占用资金的应计利息＝(20\,000-9\,000)×4×15\%=6\,600(元)$$
$$改变信用期间的税前损益＝收益增加-成本费用增加$$
$$＝20\,000-7\,000-1\,000-4\,000-6\,600=1\,400(元)$$

因为仍然可以获得税前收益,所以尽管会增加平均存货,还是应该采用 60 天的信用期。

更进一步地细致分析,还应考虑存货增加引起的应付账款的增加。这种负债的增加会节约企业的营运资金,减少营运资金的"应计利息"。因此,信用期变动的分析,一方面要考虑对利润表的影响(包括收入、成本和费用);另一方面要考虑对资产负债表的影响(包括应收账款、存货、应付账款),并且要将对资金占用的影响用"资本成本"转化为"应计利息",以便进行统一的得失比较。

此外,还有一个值得注意的细节,就是"应收账款占用资金"应当按"应收账款平均余额乘以变动成本率"计算确定。

(四）折扣条件

如果公司给顾客提供现金折扣,那么顾客在折扣期付款少付的金额产生的"成本"将影响公司收益。当顾客利用了公司提供的折扣,而折扣又没有促使销售额增长时,公司的净收益则会下降。当然上述收入方面的损失可能会全部或部分地由应收账款持有成本的下降所补偿。宽松的信用政策可能会提高销售收入,但是也会使应收账款的服务成本、收账成本和坏账损失增加。

现金折扣是企业对顾客在商品价格上的扣减。向顾客提供这种价格上的优惠,主要目的在于吸引顾客为享受优惠而提前付款,缩短企业的平均收款期。另外,现金折扣也能招揽一些视折扣为减价出售的顾客前来购货,借此扩大销售量。

折扣的表示常用如 5/10、3/20、N/30 这样的符号。这三个符号的含义分别为:5/10 表示10 天内付款,可享受 5% 的价格优惠,即只需支付原价的 95%,如原价为 10 000 元,只需支付9 500 元;3/20 表示 20 天内付款,可享受 3% 的价格优惠,即只需支付原价的 97%,若原价为10 000 元,则只需支付 9 700 元;N/30 表示付款的最后期限为 30 天,此时付款无优惠。

企业采用什么程度的现金折扣,要与信用期间结合考虑。比如,要求顾客最迟不超过 30天付款,若希望顾客 20 天、10 天付款,能给予多大折扣? 或者给予 5%、3% 的折扣,能吸引顾客在多少天内付款? 不论是信用期间还是现金折扣,都可能给企业带来收益,但也会增加成本。现金折扣带给企业的好处前面已经讲过,它使企业增加的成本,则指的是价格折扣损失。当企业给予顾客某种现金折扣时,应当考虑折扣所能带来的收益与成本孰高孰低,权衡利弊。

因为现金折扣是与信用期间结合使用的,所以确定折扣程度的方法与程序实际上与前述确定信用期间的方法与程序一致,只不过要把所提供的延期付款时间和折扣综合起来,计算各方案的延期与折扣能取得多大的收益增量,再计算各方案带来的成本变化,最终确定最佳方案。

【例 6-4】 沿用上述例 6-2 信用期决策的数据,假设该公司在放宽信用期的同时,为了吸引顾客尽早付款,提出了 0.8/30,N/60 的现金折扣条件,估计会有一半的顾客(按 60 天信用期所能实现的销售量计算)将享受现金折扣优惠。

1. 收益的增加

$$收益的增加 = 销售量的增加 \times 单位边际贡献$$
$$= (120\,000 - 100\,000) \times (5 - 4) = 20\,000(元)$$

2. 应收账款占用资金的应计利息增加

$$30 \text{天信用期应计利息} = \frac{500\,000}{360} \times 30 \times \frac{400\,000}{500\,000} \times 15\% = 5\,000(元)$$

提供现金折扣的应计利息

$$= \frac{600\,000 \times 50\%}{360} \times 60 \times \frac{480\,000 \times 50\%}{600\,000 \times 50\%} \times 15\% + \frac{600\,000 \times 50\%}{360} \times 30 \times$$

$$\frac{480\,000\times50\%}{600\,000\times50\%}\times15\%$$

$$=6\,000+3\,000=9\,000(元)$$

应收账款占用资金的应计利息增加$=9\,000-5\,000=4\,000$(元)

3. 收账费用和坏账损失增加

$$收账费用增加=4\,000-3\,000=1\,000(元)$$
$$坏账损失增加=9\,000-5\,000=4\,000(元)$$

4. 估计现金折扣成本的变化

$$\begin{array}{c}现金折扣\\成本增加\end{array}=\begin{array}{c}新的销\\售水平\end{array}\times\begin{array}{c}新的现金\\折扣率\end{array}\times\begin{array}{c}享受现金折扣\\的顾客比例\end{array}-\begin{array}{c}旧的销\\售水平\end{array}\times\begin{array}{c}旧的现金\\折扣率\end{array}\times\begin{array}{c}享受现金折扣\\的顾客比例\end{array}$$

$$=600\,000\times0.8\%\times50\%-500\,000\times0\times0=2\,400(元)$$

5. 提供现金折扣后的税前损益

收益增加—成本费用增加$=20\,000-(4\,000+1\,000+4\,000+2\,400)=8\,600$(元)

由于可获得税前收益,故应当放宽信用期,提供现金折扣。

四、应收账款的监控

实施信用政策时,企业应当监督和控制每一笔应收账款和应收账款总额。例如,可以运用应收账款周转天数衡量企业需要收回应收账款的时间,可以通过账龄分析表追踪每一笔应收账款,可以采用 ABC 分析法(activity based classification)来确定重点监控的对象等。

监督每一笔应收账款的理由如下。

(1) 在开票或收款过程中可能会发生错误或延迟。

(2) 有些客户可能故意拖欠到企业采取追款行动才付款。

(3) 客户财务状况的变化可能会改变其按时付款的能力,并且需要缩减该客户未来的赊销额度。

企业也必须对应收账款的总体水平加以监督,因为应收账款的增加会影响企业的流动性,还可能导致额外融资的需要。此外,应收账款总体水平的显著变化可能表明业务方面发生了改变,这可能影响公司的融资需要和现金水平。企业管理部门需要分析这些变化以确定其起因并采取纠正措施。可能引起重大变化的事件包括销售量的变化、季节性、信用标准政策的修改、经济状况的波动以及竞争对手采取的促销等行动。最后,对应收账款总额进行分析还有助于预测未来现金流入的金额和时间。

(一) 应收账款周转天数

应收账款周转天数或平均收账期是衡量应收账款管理状况的一种方法。应收账款周转天数的计算方法为:将期末在外的应收账款除以该期间的平均日赊销额。应收账款周转天数提供了一个简单的指标,将企业当前的应收账款周转天数与规定的信用期限、历史趋势以及行业正常水平进行比较可以反映企业整体的收款效率。然而,应收账款周转天数可能会被销售量的变动趋势和销售的剧烈波动以及季节性销售所破坏。

【例 6-5】 假设某年 3 月底的应收账款为 285 000 元,信用条件为在 60 天按全额付清货款,过去三个月的赊销情况如下:

1 月份：90 000.00 元；

2 月份：105 000.00 元；

3 月份：115 000.00 元。

应收账款周转天数的计算：

$$平均日销售额 = \frac{90\,000 + 105\,000 + 115\,000}{90} = 3\,444.44(元)$$

$$应收账款周转天数 = \frac{期末应收账款}{平均日销售额} = \frac{285\,000}{3\,444.44} \approx 82.74(天)$$

平均逾期天数的计算：

平均逾期天数 = 应收账款周转天数 − 平均信用期天数 = 82.74 − 60 = 22.74(天)

注：本例提供了一个计算 90 天期应收账款周转天数的基本方法。在没有考虑该期间销售方式的情况下所计算出的平均每日销售额为 3 444.44 元。

(二) 账龄分析表

账龄分析表将应收账款划分为未到信用期的应收账款和以 30 天为间隔的逾期应收账款，这是衡量应收账款管理状况的另外一种方法。企业既可以按照应收账款总额进行账龄分析，也可以按照顾客进行账龄分析。账龄分析法可以确定逾期应收账款，随着逾期时间的增加，应收账款收回的可能性变小。假定信用期限为 30 天，表 6-2 中的账龄分析反映出30%的应收账款为逾期收款。

表 6-2　账龄分析表

账龄/天	应收账款金额/元	占应收账款总额的百分比/%
0～30	1 750 000	70
31～60	375 000	15
61～90	250 000	10
91 以上	125 000	5
合计	2 500 000	100

账龄分析表比计算应收账款周转天数更能揭示应收账款变化趋势，因为账龄分析表给出了应收账款分布的模式，而不仅仅是一个平均数。应收账款周转天数有可能与信用期限相一致，但是有一些账户可能拖欠很严重。因此应收账款周转天数不能明确地表现出账款拖欠情况。当各个月之间的销售额变化很大时，账龄分析表和应收账款周转天数都可能发出类似的错误信号。

(三) 应收账款账户余额的模式

账龄分析表可以用于建立应收账款余额的模式，这是重要的现金流预测工具。应收账款余额的模式反映一定期间(如一个月)的赊销额在发生赊销的当月月末及随后的各月仍未偿还的百分比。企业收款的历史决定了其正常的应收账款余额的模式。企业管理部门通过将当前的模式和过去的模式进行对比来评价应收账款余额模式的变化。企业还可以运用应收账款账户余额的模式来进行应收账款金额水平的计划，衡量应收账款的收账效率以及预测未来的现金流。

【例 6-6】　表 6-3 说明 1 月份的销售在 3 月末应收账款为 50 000 元。

表 6-3　各月份销售及收款情况　　　　　　金额单位:元

1 月份销售			250 000.00
1 月份收款(销售额的 5%)	0.05×250 000	=	12 500.00
2 月份收款(销售额的 40%)	0.40×250 000	=	100 000.00
3 月份收款(销售额的 35%)	0.35×250 000	=	87 500.00
收款合计			200 000.00
1 月份的销售仍未收回的应收账款	250 000−200 000		50 000.00

计算未收回应收账款的另一个方法是将销售三个月后未收回销售额的百分比(20%)乘以销售额 250 000 元,即

$$0.2×250\ 000=50\ 000(元)$$

然而,在实现世界中,有一定比例的应收账款会逾期或者会发生坏账。对应收账款账户余额的模式稍作调整可以反映这些项目。

【例 6-7】　为了简便体现,假设没有坏账费用,收款模式如表 6-4 所示。

(1) 销售的当月收回销售额的 5%。

(2) 销售后的第一个月收回销售额的 40%。

(3) 销售后的第二个月收回销售额的 35%。

(4) 销售后的第三个月收回销售额的 20%。

表 6-4　各月份应收账款账户余额模式

月份	销售额/元	月销售中于 3 月底未收回的金额/元	月销售中于 3 月底仍未收回的百分比/%
1 月	250 000	50 000	20
2 月	300 000	165 000	55
3 月	400 000	380 000	95
4 月	500 000		

3 月末应收账款余额合计为

50 000+165 000+380 000=595 000(元)

$$4 月份现金流入估计=\begin{matrix}4 月份销售\\额的 5\%\end{matrix}+\begin{matrix}3 月份销售\\额的 40\%\end{matrix}+\begin{matrix}2 月份销售\\额的 35\%\end{matrix}+\begin{matrix}1 月份销售\\额的 20\%\end{matrix}$$

$$\begin{matrix}估计的 4 月份\\现金流入\end{matrix}=(0.05×500\ 000)+(0.40×400\ 000)+(0.35×300\ 000)+(0.20×250\ 000)$$

$$=340\ 000(元)$$

(四) ABC 分析法

ABC 分析法是现代经济管理中广泛应用的一种"抓重点、照顾一般"的管理方法,又称重点管理法。它将企业的所有欠款客户按其金额的多少进行分类排队,然后分别采用不同的收账策略的一种方法。它一方面能加快应收账款收回,另一方面能将收账费用与预期收益联系起来。

例如，某企业应收账款逾期金额为 260 万元，为了及时收回逾期货款，企业采用 ABC 分析法来加强应收账款回收的监控。具体数据如表 6-5 所示。

表 6-5　欠款客户 ABC 分类法（共 50 家客户）

顾客	逾期金额/万元	逾期期限	逾期金额所占比重/%	类别
A	85	4 个月	32.69	A
B	46	6 个月	17.69	
C	34	3 个月	13.08	
小计	165		63.46	
D	24	2 个月	9.23	B
E	19	3 个月	7.31	
F	15.5	2 个月	5.96	
G	11.5	55 天	4.42	
H	10	40 天	3.85	
小计	80		30.77	
I	6	30 天	2.31	C
J	4	28 天	1.54	
…	…	……	…	
小计	15		5.77	
合计	260		100	

先按所有客户应收账款逾期金额分类排队，并计算出逾期金额所占比重。从表 6-5 中可以看出，应收账款逾期金额在 25 万元以上的有 3 家，占客户总数的 6%，逾期总额为 165 万元，占应收账款逾期金额总额的 63.46%，将其划入 A 类，这类客户作为催款的重点对象。应收账款逾期金额在 10 万～25 万元的客户有 5 家，占客户总数的 10%，其逾期金额占应收账款逾期金额总数的 30.77%，将其划入 B 类。欠款在 10 万元以下的客户有 42 家，占客户总数的 84%，但其逾期金额仅占应收账款逾期金额总额的 5.77%，将其划入 C 类。

对这三类不同的客户，应采取不同的收款策略。例如，对 A 类客户，可以发出措辞较为严厉的信件催收，或派专人催收，或委托收款代理机构处理，甚至可通过法律解决；对 B 类客户则可以多发几封信函催收，或打电话催收；对 C 类客户只需要发出通知其付款的信函即可。

五、应收账款的日常管理

应收账款的管理难度比较大，在确定合理的信用政策之后，还要做好应收账款的日常管理工作，包括对客户的信用调查和分析评价、应收账款的催收工作等。

（一）调查客户信用

信用调查是指收集和整理反映客户信用状况的有关资料的工作。信用调查是企业应收账款日常管理的基础，是正确评价客户信用的前提条件。企业对客户进行信用调查主要通过两种方法。

1.直接调查

直接调查是指调查人员通过与被调查单位进行直接接触,通过当面采访、询问、观看等方式获取信用资料的一种方法。直接调查可以保证收集资料的准确性和及时性,但也有一定的局限,往往获得的是感性资料,若不能得到被调查单位的合作,则会使调查工作难以开展。

2.间接调查

间接调查是以被调查单位以及其他单位保存的有关原始记录和核算资料为基础,通过加工整理获得被调查单位信用资料的一种方法。这些资料主要来自以下几个方面。

(1)财务报表。通过财务报表分析,可以基本掌握一个企业的财务状况和信用状况。

(2)信用评估机构。专门的信用评估部门的评估方法先进,评估调查细致,评估程序合理,所以可信度较高。

(3)银行。银行是信用资料的一个重要来源,许多银行都设有信用部,为其顾客服务,并负责对其顾客信用状况进行记录、评估。但银行的资料一般仅愿意在内部及同行进行交流,而不愿向其他单位提供。

(4)其他途径。如财税部门、工商管理部门、消费者协会等机构都可能提供相关的信用状况资料。

(二)评估客户信用

收集好信用资料以后,就需要对这些资料进行分析、评价。企业一般采用"5C"系统来评价,并对客户信用进行等级划分。在信用等级方面,目前主要有两种:一种是三类九等,即将企业的信用状况分为 AAA、AA、A、BBB、BB、B、CCC、CC、C 九等,其中 AAA 为信用最优等级,C 为信用最低等级。另一种是三级制,即分为 AAA、AA、A 三个信用等级。

(三)收款的日常管理

应收账款发生后,企业应采取各种措施,尽量争取按期收回款项,否则会因拖欠时间过长而发生坏账,使企业蒙受损失。因此,企业必须在对收账的收益与成本进行比较分析的基础上,制定切实可行的收账政策。通常企业可以采取寄发账单、电话催收、派人上门催收、法律诉讼等方式催收应收账款,然而催收账款要发生费用,某些催款方式的费用还会很高。一般说来,收账的花费越大,收账措施越有力,可收回的账款应越多,坏账损失也就越小。因此制定收账政策,又要在收账费用和所减少的坏账损失之间作出权衡。制定有效、得当的收账政策很大程度上靠有关人员的经验;从财务管理的角度讲,也有一些数量化的方法可以参照。根据应收账款总成本最小化的原则,可以通过比较各收账方案成本的大小对其加以选择。

(四)应收账款保理

保理是保付代理的简称,是指保理商与债权人签订协议,转让其对应收账款的部分或全部权利与义务,并收取一定费用的过程。

保理又称托收保付,是指卖方(供应商或出口商)与保理商之间存在的一种契约关系;根据契约,卖方将其现在或将来的基于其与买方(债务人)订立的货物销售(服务)合同所产生的应收账款转让给保理商,由保理商提供下列服务中的至少两项:贸易融资、销售分户账管理、应收账款的催收、信用风险控制与坏账担保。可见，保理是一项综合性的金融服务方式，其同单纯的融资或收账管理有本质区别。

应收账款保理是企业将赊销形成的未到期应收账款在满足一定条件的情况下，转让给保理商，以获得银行的流动资金支持，加快资金的周转。保理可以分为有追索权保理（非买断型）和无追索权保理（买断型）、明保理和暗保理、折扣保理和到期保理。

有追索权保理是指供应商将债权转让给保理商，供应商向保理商融通资金后，如果购货商拒绝付款或无力付款，保理商有权向供应商要求偿还预付的现金，如购货商破产或无力支付，只要有关款项到期未能收回，保理商都有权向供应商进行追索，因而保理商具有全部"追索权"，这种保理方式在我国采用较多。无追索权保理是指保理商将销售合同完全买断，并承担全部的收款风险。

明保理是指保理商和供应商需要将销售合同被转让的情况通知购货商，并签订保理商、供应商、购货商之间的三方合同。暗保理是指供应商为了避免让客户知道自己因流动资金不足而转让应收账款，并不将债权转让情况通知客户，货款到期时仍由销售商出面催款，再向银行偿还借款。

折扣保理又称为融资保理，即在销售合同到期前，保理商将剩余未收款部分先预付给销售商，一般不超过全部合同额的 90%。到期保理是指保理商并不提供预付账款融资，而是在赊销到期时才支付，届时不管货款是否收到，保理商都必须向销售商支付货款。

应收账款保理对于企业而言，其理财作用主要体现以下几个方面。

（1）融资功能。应收账款保理，其实质也是一种利用未到期应收账款这种流动资产作为抵押从而获得银行短期借款的一种融资方式。对于那些规模小、销售业务少的公司，向银行贷款将会受到很大的限制，而自身的原始积累又不能支撑企业的高速发展，通过保理业务进行融资可能是企业较为明智的选择。

（2）减轻企业应收账款的管理负担。推行保理业务是市场分工思想的运用，面对市场的激烈竞争，企业可以把应收账款转让于专门的保理商进行管理，使企业从应收账款的管理之中解脱出来，由专业的保理公司对销售企业的应收账款进行管理，他们具备专业技术人员和业务运行机制，会详细地对销售客户的信用状况进行调查，建立一套有效的收款政策，及时收回账款，使企业减轻财务管理负担，提高财务管理效率。

（3）减少坏账损失、降低经营风险。企业只要有应收账款就有发生坏账的可能性，以往应收账款的风险都是由企业单独承担，而采用应收账款保理后，一方面可以提供信用风险控制与坏账担保，帮助企业降低其客户违约的风险；另一方面可以借助专业的保理商去催收账款，能够在很大程度上降低坏账发生的可能性，有效地控制坏账风险。

（4）改善企业的财务结构。应收账款保理业务是将企业的应收账款与货币资金进行置换。企业通过出售应收账款，将流动性稍弱的应收账款置换为具有高度流动性的货币资金，增强了企业资产的流动性，提高了企业的债务清偿能力和盈利能力。

改革开放以后，我国开始试行保理服务业务，然而从整体上看，应收账款保理业务的发展在我国仍处于起步阶段，目前只有少数银行（如中国银行、交通银行、光大银行及中信银行等商业银行）公开对外宣称提供保理业务。随着市场的需要，竞争的加剧，保理业务在国内将会得到更好的发展。

【例 6-8】　W 公司主要生产和销售中央空调、手机芯片和等离子电视机。2018 年全年实现的销售收入为 14.44 亿元,由于货款回收出现严重问题,公司资金周转陷入困境。公司 2018 年有关应收账款具体情况如表 6-6 所示。

表 6-6　W 公司 2018 年应收账款账龄分析表　　　　金额单位:亿元

应收账款	中央空调	手机芯片	等离子电视机	合计
年初应收账款总额	2.93	2.09	3.52	8.54
年末应收账款:				
(1) 6 个月以内	1.46	0.80	0.58	2.84
(2) 6 至 12 个月	1.26	1.56	1.04	3.86
(3) 1 至 2 年	0.20	0.24	3.26	3.70
(4) 2 至 3 年	0.08	0.12	0.63	0.83
(5) 3 年以上	0.06	0.08	0.09	0.23
年末应收账款总额	3.06	2.80	5.60	11.46

上述应收账款中,中央空调的欠款单位主要是机关和大型事业单位;手机芯片的欠款单位均是国内知名手机生产厂家;等离子电视机的主要欠款单位是美国 Y 公司。

2019 年 W 公司销售收入预算为 18 亿元,公司为了摆脱资金周转困境,采用借款等措施后,仍有 6 亿元资金缺口。W 公司决定对应收账款采取以下措施。

第一项措施:较大幅度地提高现金折扣率,在其他条件不变的情况下,预计可使应收账款周转率由 2018 年的 1.44 提高至 2019 年的 1.74,从而加快回收应收账款。

第二项措施:成立专门催收机构,加大应收账款催收力度,预计可提前收回资金 0.4 亿元。

第三项措施:将 6 至 12 个月应收账款转售给有关银行,提前获得周转所需货币资金。据分析,W 公司销售中央空调和手机芯片发生的 6 至 12 个月应收账款可平均以九二折转售银行(且可无追索权);销售等离子电视机发生的 6 至 12 个月应收账款可平均以九零折转售银行(但必须附追索权)。

第四项措施:2018 年以前,W 公司给予 Y 公司一年期的信用政策;2019 年,Y 公司要求将信用期限延长两年。考虑到 Y 公司信誉好,且 W 公司资金紧张时应收账款可转售银行(但必须附追索权),为了扩大外销,W 公司接受了 Y 公司的条件。

根据上述资料,可以计算分析如下。

(1) 2019 年末应收账款:$(18 \div 1.74) \times 2 - 11.46 = 9.23$(亿元)。

采取第一项措施 2019 年增收的资金数额:$11.46 - 9.23 = 2.23$(亿元)。

(2) 采取第三项措施 2019 年增收的资金数额:$(1.26 + 1.56) \times 0.92 + 1.04 \times 0.9 = 3.53$(亿元)。

(3) 采取一至三项措施预计 2019 年增收的资金总额:$2.23 + 0.4 + 3.53 = 6.16$(亿元)。

(4) W 公司 2019 年所争取的各项措施评价如下。

① 大幅度提高现金折扣,虽然可以提高公司货款回收速度,但也可能导致企业盈利水平降低甚至使企业陷入亏损。因此公司应当在仔细分析计算后,适当提高现金折扣水平。

② 成立专门机构催款,必须充分考虑成本效益原则,防止得不偿失。

③ 公司选择收账期在 1 年以内、销售中央空调和手机芯片的应收账款出售给有关银行，提前获得企业周转所需货币资金，应考虑折扣水平的高低；同时注意防范所附追索权带来的风险。

④ 销售等离子电视机的账款，虽可转售银行，但由于必须附追索权，风险仍然无法控制或转移，因此，应尽量避免延长信用期限方式进行销售。

第四节　存货管理

一、存货的功能

存货的功能

存货是指企业在生产经营过程中为销售或者耗用而储备的物资，包括材料、燃料、低值易耗品、在产品、半成品、产成品、协作件、商品等。存货管理水平的高低直接影响着企业的生产经营能否顺利进行，并最终影响企业的收益、风险等状况。因此，存货管理是财务管理的一项重要内容。

存货管理的目标，就是要尽力在各种存货成本与存货效益之间作出权衡，在充分发挥存货功能的基础上，降低存货成本，实现两者的最佳组合。存货的功能是指存货在企业生产经营过程中起到的作用。具体包括以下几个方面。

（一）保证生产正常进行

生产过程中需要的原材料和在产品，是生产的物质保证，为保障生产的正常进行，必须储备一定量的原材料，否则可能会造成生产中断、停工待料的现象。

（二）有利于销售

一定数量的存货储备能够增加企业在生产和销售方面的机动性和适应市场变化的能力。当企业市场需求量增加时，若产品储备不足就有可能失去销售良机，所以保持一定量的存货是有利于市场销售的。

（三）便于维持均衡生产，降低产品成本

有些企业产品属于季节性产品或者需求波动较大的产品，此时若根据需求状况组织生产，则可能有时生产能力得不到充分利用，有时又超负荷生产，这会造成产品成本的上升。

（四）降低存货取得成本

一般情况下，当企业进行采购时，进货总成本与采购物资的单价和采购次数有密切关系。而许多供应商为鼓励客户多购买其产品，往往在客户采购量达到一定数量时，给予价格折扣，所以企业通过大批量集中进货，既可以享受价格折扣，降低购置成本，也应减少订货次数，降低了订货成本，使总的进货成本降低。

（五）防止意外事件的发生

企业在采购、运输、生产和销售过程中，都可能发生意料之外的事故，保持必要的存货保险储备，可以避免和减少意外事件造成的损失。

二、存货的持有成本

与持有成本有关的成本包括以下三种。

（一）取得成本

取得成本是指为取得某种存货而支出的成本，通常用 TC_a 来表示。其又分为订货成本和购置成本。

1. 订货成本

订货成本是指取得订单的成本，如办公费、差旅费、邮资、电报电话费、运输费等支出。订货成本中有一部分与订货次数无关，如常设采购机构的基本开支等，称为固定的订货成本，用 F_1 表示；另一部分与订货次数有关，如差旅费、邮资等，称为订货的变动成本。每次订货的变动成本用 K 表示；订货次数等于存货年需要量 D 与每次进货量 Q 之商。订货成本的计算公式为

$$订货成本 = F_1 + \frac{D}{Q}K \tag{6-5}$$

2. 购置成本

购置成本是指为购买存货本身所支出的成本，即存货本身的价值，经常用数量与单价的乘积来确定。年需要量用 D 表示，单价用 U 表示，于是购置成本为 DU。

订货成本加上购置成本，就等于存货的取得成本。其公式可表达为

取得成本＝订货成本＋购置成本＝订货固定成本＋订货变动成本＋购置成本

$$TC_a = F_1 + \frac{D}{Q}K + DU \tag{6-6}$$

（二）储存成本

储存成本指为保持存货而发生的成本，包括存货占用资金所应计的利息、仓库费用、保险费用、存货破损和变质损失等，通常用 TC_a 来表示。

储存成本也分为固定成本和变动成本。固定成本与存货数量的多少无关，如仓库折旧、仓库职工的固定工资等，常用 F_2 表示。变动成本与存货的数量有关，如存货资金的应计利息、存货的破损和变质损失、存货的保险费用等，单位储存变动成本用 K_c 来表示。用公式表达的储存成本为

储存成本＝储存固定成本＋储存变动成本

$$TC_c = F_2 + K_c\frac{Q}{2} \tag{6-7}$$

（三）缺货成本

缺货成本指由于存货供应中断而造成的损失，包括材料供应中断造成的停工损失、产成品库存缺货造成的拖欠发货损失和丧失销售机会的损失及造成的商誉损失等；如果生产企业以紧急采购代用材料解决库存材料中断之急，那么缺货成本表现为紧急额外购入成本。缺货成本用 TC_s 表示。

如果以 TIC 来表示储备存货的总成本，则计算公式为

$$TIC = TC_a + TC_c + TC_s = F_1 + \frac{D}{Q}K + DU + F_2 + K_c\frac{Q}{2} + TC_s \tag{6-8}$$

企业存货的最优化，就是使企业存货总成本即上式 TIC 值最小。

三、最优存货量的确定

（一）经济订货模型

经济订货模型是建立在一系列严格假设基础上的。这些假设包括存货总需求量是已知常数；订货提前期是常数；货物是一次性入库；单位货物成本为常数，无批量折扣；库存持有成本与库存水平呈线性关系；货物是一种独立需求的物品，不受其他货物影响。

【例 6-9】 假设某公司每年所需的原材料为 104 000 件，即每周平均消耗 2 000 件。如果我们每次订购 10 000 件，则可够公司 5 周的原材料需要。5 周后，原材料存货降至零，同时一批新的订货又将入库。这种关系可参考图 6-6（a）。现设公司决定改变每次订货量为5 000 件。这样，每次订货只能供公司两周半生产所需，订货的次数较前者增加了一倍，但平均库存水平只有前者一半，可参考图 6-6（b）。

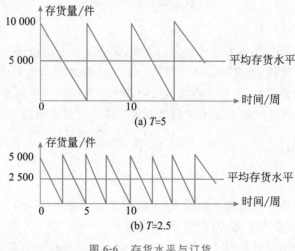

图 6-6 存货水平与订货

本例中，存货的相关成本表现为订货成本和持有成本。订货成本与订货次数呈正比关系，而持有成本与存货平均水平呈正比关系。设公司每次订货费用为 20 元，存货年持有费率为每件 0.8 元。则与订货批量有关的存货年总成本 TIC 为

$$TIC = 20 \times \frac{104\,000}{Q} + \frac{Q}{2} \times 0.8$$

式中，Q 为每次订货批量。

我们的目的是要使公司 TIC 最小化。由此例，可抽象出经济订货模型。存货的总成本为

$$TIC = K \times \frac{D}{Q} + \frac{Q}{2} \times K_c \tag{6-9}$$

式中，TIC 为与订货批量有关的每期存货的总成本；D 为每期对存货的总需求；Q 为每次订货批量；K 为每次订货费用；K_c 为每期单位存货年持有费率。

使 TIC 最小的批量 Q 即为经济订货批量 EOQ。利用数学知识，可推导出：

$$EOQ = \sqrt{\frac{2KD}{K_c}}, \quad TIC = \sqrt{2KDK_c} \tag{6-10}$$

从该公式,可算出公司的经济订货批量和最小存货成本:

$$EOQ = \sqrt{\frac{2 \times 104\,000 \times 20}{0.8}} = 2\,280.35(件)$$

$$TIC = \sqrt{2 \times 20 \times 0.8 \times 104\,000} = 1\,824.28(元/件)$$

订货批量与存货成本、订货费用、持有成本的关系如图 6-7 所示。

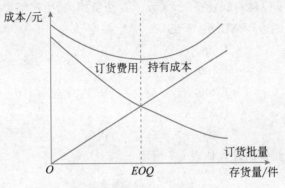

图 6-7 存货总成本与订货批量的关系

有很多方法来扩展经济订货模型,以使其适用范围更广。事实上,许多存货模型研究都是立足于经济订货模型,但扩展了其假设。

(二) 保险储备

前面讨论的经济订货量是以供需稳定为前提的。但实际情况并非完全如此,企业对存货的需求量可能发生变化,交货时间也可能会延误。在交货期内,如果发生需求量增大或交货时间延误,就会发生缺货。为防止由此造成的损失,企业应有一定的保险储备。图 6-8 显示了在具有保险储备时的存货水平。图 6-8 中,在再订货点,企业按 *EOQ* 订货。在交货期内,如果对存货的需求量很大,或交货时间由于某种原因被延误,企业可能发生缺货。为防止存货中断,再订货点应等于交货期内的预计需求与保险储备之和。即

$$再订货点 = 预计交货期内的需求 + 保险储备$$

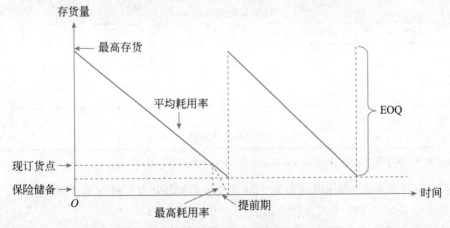

图 6-8 不确定需求和保险储备下的存货水平

企业应保持多少保险储备才合适？这取决于存货中断的概率和存货中断的损失。较高的保险储备可降低缺货损失，但也增加了存货的持有成本。因此，最佳的保险储备应该是使缺货损失和保险储备的持有成本之和达到最低。

【例 6-10】 某公司计划年度耗用某材料 100 000 千克，材料单价 50 元，经济订货量 25 000 千克，全年订货 4 次(100 000/25 000)，订货点为 1 200 千克。单位材料年持有成本为材料单价的 25%，单位材料缺货损失 24 元。在交货期内，生产需要量及其概率如下：

生产需要量/千克	概率
1 000	0.1
1 100	0.2
1 200	0.4
1 300	0.2
1 400	0.1

该公司最佳保险储备的计算如表 6-7 所示。

表 6-7 保险储备分析 　　　　　　　金额单位：元

保险储备量	缺货量	缺货概率	缺货损失	保险储备的持有成本	总成本
0	0	0.1	0		
	0	0.2	0		
	0	0.4	0		
	100	0.2	4×100×0.2×24＝1 920		
	200	0.1	4×200×0.1×24＝1 920 缺货损失期望值 1 920	0	3 840
100	0	0.1	0		
	0	0.2	0		
	0	0.4	0		
	0	0.2	0		
	100	0.1	4×100×0.1×24＝960 缺货损失期望值 960	100×50×0.25＝1 250	2 210
200	0	0.1	0		
	0	0.2	0		
	0	0.4	0		
	0	0.2	0		
	0	0.1	0 缺货损失期望值 0	200×50×0.25＝2 500	2 500

注：缺货损失＝每年订货次数×缺货数量×缺货概率×单位缺货损失。

从表 6-7 可以看出，当保险储备为 100 千克时，缺货损失与持有成本之和最低。因此，该企业保险储备量为 100 千克比较合适。

上例说明了考虑交货期间生产需求量时的最佳保险储备量的确定方法。至于因延误供货引起的缺货可以通过估计延误时间和平均每日耗用量来计算增加的保险储备量。

　　库存管理不仅需要各种模型帮助确定适当的库存水平,还需要建立相应的库存控制系统。库存控制系统可以简单,也可以很复杂。传统的库存控制系统有定量控制系统和定时控制系统两种,定量控制系统是指当存货下降到一定存货水平时即发出订货单,订货数量是固定的和事先决定的。定时控制系统是每隔一固定时期,无论现有存货水平多少,即发出订货申请,这两种系统都较简单和易于理解,但不够精确。现在许多大型公司都已采用了计算机库存控制系统。当库存数据输入计算机后,计算机即对这批货物开始跟踪。此后,每当有该货物取出时,计算机就及时作出记录并修正库存余额。当库存下降到订货点时,计算机自动发出订单,并在收到订货时记下所有的库存量。计算机系统能对大量种类的库存进行有效管理,这也是大型企业愿意采用这种系统的原因之一。对于大型企业,其存货种类数以十万计,要使用人力及传统方法来对如此众多的库存进行有效管理,及时调整存货水平,避免出现缺货或浪费现象简直是不可能的,但计算机系统对此能作出迅速有效的反应。

四、存货的控制系统

　　伴随着业务流程重组的兴起以及计算机行业的发展,库存管理系统也得到了很大的发展。从 MRP(Materials Requirements Planning,物料资源规划)发展到 MRP-II(manufacturing resource planning,制造资源规划)、再到 ERP(enterprise resource planning,企业资源规划),以及后来的柔性制造和供应链管理,甚至是外包(outsourcing)等管理方法的快速发展,都大大促进了企业库存管理方法的发展。这些新的生产方式把信息技术革命进步融为一体,提高了企业的整体运作效率。以下将对两个典型的库存控制系统进行介绍。

(一) ABC 控制系统

　　ABC 控制法就是把企业种类繁多的存货,依据其重要程度、价值大小或者资金占用等标准分为三大类:A 类高价值库存,品种数量约占整个库存的 $10\%\sim15\%$,但价值约占全部库存的 $50\%\sim70\%$;B 类中等价值库存,品种数量约占全部库存的 $20\%\sim25\%$,价值约占全部库存的 $15\%\sim20\%$;C 类低价值库存,品种数量多,约占整个库存的 $60\%\sim70\%$,价值约占全部库存的 $10\%\sim35\%$。针对不同类别的库存分别采用不同的管理方法,A 类库存应作为管理的重点,实行重点控制、严格管理;而对 B 类和 C 类库存的重视程度则可依次降低,采取一般管理。

(二) 适时制库存控制系统

　　适时制库存控制系统,又称零库存管理、看板管理系统。它最早是由丰田公司提出并将其应用于实践,是指制造企业事先与供应商和客户协调好,只有当制造企业在生产过程中需要原料或零件时,供应商才会将原料或零件送来;而每当产品生产出来就被客户拉走。这样,制造企业的库存持有水平就可以大大下降。显然,适时制库存控制系统需要的是稳定而标准的生产程序以及与供应商的诚信,否则,任何一环出现差错将导致整个生产线的停止。目前,已有越来越多的公司利用适时制库存控制系统减少甚至消除对库存的需求——即实行零库存管理,如沃尔玛、丰田、海尔等。适时制库存控制系统被进一步地发展应用于企业整个生产管理过程中——集开发、生产、库存和分销于一体,大大提高了企业运营管理效率。

第五节　流动负债管理

流动负债主要有三种来源：短期借款、短期融资券、商业信用，不同来源具有不同的获取速度、灵活性、成本和风险。

一、短期借款

短期借款计息方法

企业的借款通常按其流动性或偿还时间的长短，划分为短期借款和长期借款。短期借款是指企业向银行或其他金融机构借入的期限在 1 年（含 1 年）以下的各种借款。短期借款通常规定以下内容。

（一）信贷额度

信贷额度即贷款限额，是借款企业与银行在协议中规定的借款最高限额，信贷额度的有效期限通常为 1 年。一般情况下，在信贷额度内，企业可以随时按需要支用借款。但是，银行并不承担必须贷款的义务。如果企业信誉恶化，即使在信贷限额内，企业也可能得不到借款。此时，银行不会承担法律责任。

（二）周转信贷协定

周转信贷协定是银行具有法律义务地承诺提供不超过某一最高限额的贷款协定。在协定的有效期内，只要企业借款总额未超过最高限额，银行必须满足企业任何时候提出的借款要求。企业要享用周转信贷协定，通常要对贷款限额的未使用部分付给银行一笔承诺费用。

【例 6-11】 某企业与银行商定的周转信贷额度为 5 000 万元，年度内实际使用了 2 800 万元，承诺费率为 0.5%，企业应向银行支付的承诺费为

$$信贷承诺费 = (5\ 000 - 2\ 800) \times 0.5\% = 11(万元)$$

（三）补偿性余额

补偿性余额是银行要求借款企业在银行中保持按贷款限额或实际借用额一定比例计算的最低存款余额。对银行来说，补偿性余额有助于降低贷款风险，补偿其可能遭受的风险；对借款企业来说，补偿性余额则提高了借款的实际利率，加重了企业的负担。

【例 6-12】 某企业向银行借款 800 万元，利率为 6%，银行要求保留 10% 的补偿性余额，则企业实际可动用的贷款为 720 万元，该贷款的实际利率为

$$借款实际利率 = \frac{800 \times 6\%}{720} = \frac{6\%}{1-10\%} = 6.67\%$$

（四）贴现法计息

银行借款利息的支付方式一般为利随本清法，又称收款法，即在借款到期时向银行支付利息。但有时银行要求采用贴现法，即银行向企业发放贷款时，先从本金中扣除利息，而到期时借款企业再偿还全部本金。采用这种方法，企业可利用的贷款额只有本金扣除利息后的差额部分，从而提高了贷款的实际利率。

【例 6-13】 某企业从银行取得借款 200 万元，期限 1 年，利率 6%，利息 12 万元。按贴现法付息，企业实际可动用的贷款为 188 万元，该借款的实际利率为

$$借款实际利率 = \frac{200 \times 6\%}{188} = \frac{6\%}{1-6\%} = 6.38\%$$

二、短期融资券

(一) 短期融资券及其分类

短期融资券(以下简称融资券),是由企业依法发行的无担保短期本票。在我国,短期融资券是指企业依照《短期融资券管理办法》的条件和程序在银行间债券市场发行和交易的、约定在期限不超过 1 年内还本付息的有价证券。中国人民银行对融资券的发行、交易、登记、托管、结算、兑付进行监督管理。短期融资券按不同标准可作不同分类。

(1) 按发行人分类,短期融资券分为金融企业的融资券和非金融企业的融资券。在我国,目前发行和交易的是非金融企业的融资券。

(2) 按发行方式分类,短期融资券分为经纪人承销的融资券和直接销售的融资券。非金融企业发行融资券一般采用间接承销方式进行,金融企业发行融资券一般采用直接发行方式进行。

(二) 短期融资券的发行条件

(1) 发行人为非金融企业,发行企业均应经过在中国境内工商注册且具备债券评级能力的评级机构的信用评级,并将评级结果向银行间债券市场公示。

(2) 发行和交易的对象是银行间债券市场的机构投资者,不向社会公众发行和交易。

(3) 融资券的发行由符合条件的金融机构承销,企业不得自行销售融资券,发行融资券募集的资金用于本企业的生产经营。

(4) 对企业发行的融资券实行余额管理,待偿还融资券余额不超过企业净资产的40%。

(5) 融资券采用实名记账方式在中央国债登记结算有限公司(简称中央结算公司)登记托管,中央结算公司负责提供有关服务。

(6) 融资券在债权债务登记日的次一工作日,即可以在全国银行间债券市场的机构投资人之间流通转让。

(三) 短期融资券的发行程序

(1) 公司作出发行短期融资券的决策。

(2) 办理发行短期融资券的信用评级。

(3) 向有关审批机构(中国人民银行)提出发行申请。

(4) 审批机构对企业提出的申请进行审查和批准。

(5) 正式发行短期融资券,取得资金。

(四) 发行短期融资券筹资的特点

(1) 短期融资券的筹资成本较低。相对于发行公司债券筹资而言,发行短期融资券的筹资成本较低。

(2) 短期融资券筹资数额比较大。相对于银行借款筹资而言,短期融资券一次性的筹资数额比较大。

（3）发行短期融资券的条件比较严格。必须是具备一定信用等级的实力强的企业，才能发行短期融资券筹资。

三、商业信用

商业信用是指企业在商品或劳务交易中，以延期付款或预收货款方式进行购销活动而形成的借贷关系，是企业之间的直接信用行为，也是企业短期资金的重要来源。商业信用产生于企业生产经营的商品、劳务交易之中，是一种"自动性筹资"。

（一）商业信用的形式

1.应付账款

应付账款是供应商给企业提供的一个商业信用。由于购买者往往在到货一段时间后才付款，商业信用就成为企业短期资金来源。如企业规定对所有账单均见票后若干日付款，商业信用就成为随生产周转而变化的一项内在的资金来源。当企业扩大生产规模，其进货和应付账款相应增长，商业信用就提供了增产需要的部分资金。

商业信用条件常包括以下两种：①有信用期，但无现金折扣。如"$N/30$"表示 30 天内按发票金额全数支付。②有信用期和现金折扣，如"$2/10,N/30$"表示 10 天内付款享受现金折扣 2%，若买方放弃折扣，30 天内必须付清款项。

供应商在信用条件中规定有现金折扣，目的主要在于加速资金回收。企业在决定是否享受现金折扣时，应仔细考虑。通常，放弃现金折扣的成本是高昂的。

（1）放弃现金折扣的信用成本。倘若买方企业购买货物后在卖方规定的折扣期内付款，可以获得免费信用，这种情况下企业没有因为取得延期付款信用而付出代价。例如，某应付账款规定付款信用条件为"$2/10,N/30$"，是指买方在 10 天内付款，可获得 2% 的付款折扣，若在 10~30 天内付款，则无折扣；允许买方付款期限最长为 30 天。

【例 6-14】 某企业按"$2/10,N/30$"的付款条件购入货物 60 万元。如果企业在 10 天以后付款，便放弃了现金折扣 1.2 万元（60 万元×2%），信用额为 58.8 万元（60 万元－1.2 万元）。放弃现金折扣的信用成本为

$$放弃折扣的信用成本率 = \frac{折扣\%}{1-折扣\%} \times \frac{360 天}{付款期-折扣期} = \frac{2\%}{1-2\%} \times \frac{360}{30-10} = 36.73\%$$

计算表明，放弃现金折扣的信用成本率与折扣百分比大小、折扣期长短和付款期长短有关，与货款额和折扣额没有关系。如果企业在放弃折扣的情况下，推迟付款的时间越长，其信用成本便会越小，但展期信用的结果是企业信誉恶化导致信用度的严重下降，日后可能招致更加苛刻的信用条件。

（2）放弃现金折扣的信用决策。企业放弃应付账款现金折扣的原因，可能是企业资金暂时的缺乏，也可能是基于将应付的账款用于临时性短期投资，以获得更高的投资收益。如果企业将应付账款额用于短期投资，所获得的投资报酬率高于放弃折扣的信用成本率，则应当放弃现金折扣。

【例 6-15】 公司采购一批材料，供应商报价为 1 万元，付款条件为 3/10、2.5/30、1.8/50、$N/90$。目前企业用于支付账款的资金需要在 90 天时才能周转回来，在 90 天内付款，只能通过银行借款解决。如果银行利率为 12%，确定公司材料采购款的付款时间和价格。

根据放弃折扣的信用成本率计算公式,10 天付款方案,放弃折扣的信用成本率为 13.92%;30 天付款方案,放弃折扣的信用成本率为 15.38%;50 天付款方案,放弃折扣的信用成本率为 16.50%。由于各种方案放弃折扣的信用成本率均高于借款利息率,因此初步结论是要取得现金折扣,借入银行借款以偿还货款。

10 天付款方案,得折扣 300 元,用资 9 700 元,借款 80 天,利息 258.67 元,净收益 41.33 元。

30 天付款方案,得折扣 250 元,用资 9 750 元,借款 60 天,利息 195 元,净收益 55 元。

50 天付款方案,得折扣 180 元,用资 9 820 元,借款 40 天,利息 130.93 元,净收益 49.07 元。

总结:第 30 天付款是最佳方案,其净收益最大。

2. 应计未付款

应计未付款是企业在生产经营和利润分配过程中已经计提但尚未以货币支付的款项,主要包括应付工资、应缴税金、应付利润或应付股利等。以应付工资为例,企业通常以半月或月为单位支付工资,在应付工资已计但未付的这段时间,就会形成应计未付款。它相当于职工给企业的一个信用。应缴税金、应付利润或应付股利也有类似的性质。应计未付款随着企业规模的扩大而增加,企业使用这些自然形成的资金无须付出任何代价。但企业不是总能控制这些款项,因为其支付是有一定时间的,企业不能总拖欠这些款项。所以,企业尽管可以充分利用应计未付款,但并不能控制这些账目的支出。

3. 预收货款

预收货款是指销货单位按照合同和协议规定,在发出货物之前向购货单位预先收取部分或全部货款的信用行为。购买单位对于紧俏商品往往乐于采用这种方式购货;销货方对于生产周期长,造价较高的商品,往往采用预收货款方式销货,以缓和本企业资金占用过多的矛盾。

(二) 商业信用筹资的优缺点

1. 商业信用筹资的优点

(1) 商业信用容易获得。商业信用的载体是商品购销行为,企业总有一批既有供需关系又有相互信用基础的客户,所以对大多数企业而言,应付账款和预售账款是自然的、持续的信贷形式。商业信用的提供方一般不会对企业的经营状况和风险作严格的考量,企业无须办理像银行借款那样复杂的手续便可取得商业信用,有利于应对企业生产经营之急需。

(2) 企业有较大的机动权。企业能够根据需要,选择决定筹资的金额大小和期限长短,同样要比银行借款等其他方式灵活得多。甚至如果在期限内不能付款或交货时,一般还可以通过与客户的协商,请求延长时限。

(3) 企业一般不用提供担保。通常,商业信用筹资不需要第三方担保,也不会要求筹资企业用资产进行担保。这样,在出现逾期付款或交货的情况时,可以避免像银行借款那样面临的抵押资产被处置的风险,企业的生产经营能力在相当长的一段时间内不会受到限制。

2. 商业信用筹资的缺点

(1) 商业信用筹资成本高。尽管商业信用的筹资成本是一种机会成本,但由于商业信用筹资属于临时性筹资,其筹资成本比银行信用要高。

（2）容易恶化企业的信用水平。商业信用的期限短，还款压力大，对企业现金流量管理的要求很高。如果长期和经常性地拖欠账款，会造成企业的信誉恶化。

（3）受外部环境影响较大。商业信用筹资受外部环境影响较大，稳定性较差，即使不考虑机会成本，也是不能无限利用的。一是受商品市场的影响，如当求大于供时卖方可能停止提供信用。二是受资金市场的影响，当市场资金供应紧张或有更好的投资方向时，商业信用筹资就可能遇到障碍。

四、流动负债的利弊

（一）流动负债的经营优势

理解流动负债（期限在1年或1年以内）和长期负债（期限在1年以上）的优势和劣势相当重要。除了成本和风险的不同，为流动资产融资时使用短期和长期负债之间还存在经营上的不同。

流动负债的主要经营优势包括容易获得，具有灵活性，能有效地为季节性信贷需要进行融资。这创造了需要融资和获得融资之间的同步性。另外，短期借款一般比长期借款具有更少的约束性条款。如果仅在一个短期内需要资金，以短期为基础进行借款可以使企业维持未来借款决策的灵活性。如果一个企业签订了长期借款协议，该协议规定了约束性条款、大量的预付成本和（或）信贷合约的初始费用，那么流动负债就不具有那种灵活性。

流动负债的一个主要使用方面是为季节性行业的流动资产进行融资。为了满足增长的需要，一个季节性企业必须增加存货和（或）应收账款。流动负债是为流动资产中的临时性的、季节性增长进行融资的主要工具。

（二）流动负债的经营劣势

流动负债的经营劣势是需要持续地重新谈判或滚动安排负债。贷款人由于企业财务状况的变化，或整体经济环境的变化，可能在到期日不愿滚动贷款，或重新设定信贷额度。而且，提供信贷额度的贷款人一般要求，用于为短期营运资金缺口而筹集的贷款，必须每年支付至少1~3个月的全额款项，这1~3个月被称为结清期。贷款人之所以这么做，是为了确认企业是否在长期负债是合适的融资来源时仍然使用流动负债。许多企业的实践说明，使用短期贷款来为永久性流动资产融资是一件危险的事情。

------------------ ◈ **本 章 小 结** ◈ ------------------

营运资金的特点：来源具有灵活多样性；数量具有波动性；周转具有短期性；实物形态具有变动性和易变现性。

营运资金的管理原则：保证合理的资金需求；提高资金使用效率；节约资金使用成本；保持足够的短期偿债能力。

企业持有一定数量的现金主要是基于交易性需求、预防性需求和投机性需求。而目标现金余额的确定主要有成本模型和随机模型。

应收账款的管理目标是求得利润。应收账款的功能是增加销售、减少存货。应收账款的成本包括机会成本、管理成本、坏账成本。发生应收账款的主要原因：商业竞争、销售和收款的时间差。应收账款日常管理的主要措施：应收账款周转天数分析；应收账款账龄分析；应收账款账户余额分析；ABC 分析法。

存货的持有成本包括取得成本、储存成本和缺货成本。而存货管理的重点在于最优存货量的确定。最优存货量的确定有经济订货模型和保险储备。

流动负债主要有三种来源：短期借款、商业信用和应付账款。流动负债容易获得、具有灵活性，能有效地为季节性信贷需要进行融资，但是需要持续地重新谈判或滚动地安排负债。

◀ 复习与思考题 ▶

1. 流动资产的特点有哪些？
2. 分别说明现金、应收账款和存货的相关成本有哪些。
3. 如何运用存货模式确定最佳现金持有量？
4. 试述信用政策。
5. 如何确定经济进货批量？

◀ 练 习 题 ▶

一、单项选择题

1. 下列选项中，不属于营运资金特点的是（　　）。
   A. 来源具有灵活多样性　　　　　B. 数量具有波动性
   C. 实物形态具有一致性和易变现性　　D. 周转具有短期性

2. 以流动负债的形成情况为标准，可以分成自然性流动负债和人为性流动负债，则下列各项中属于自然性流动负债的是（　　）。
   A. 银行短期借款　　　　　B. 一年内到期的应付债券
   C. 应付账款　　　　　D. 长期借款

3. 采用宽松的流动资产投资策略的特点是（　　）。
   A. 较低水平的流动资产与销售收入比率
   B. 较高的风险
   C. 较高的投资收益
   D. 较高水平的流动资产与销售收入比率

4. 甲公司资产总额为 700 万元，其中永久性流动资产为 220 万元，波动性流动资产为 140 万元，该公司长期资金来源金额为 520 万元，不考虑其他情形，则该公司的融资策略是（　　）。
   A. 保守融资策略　　　　　B. 激进融资策略
   C. 期限匹配融资策略　　　　　D. 风险匹配融资策略

5. 甲企业主要生产销售服装，采购布料时，供应商提供信用期间为 30 天，而出售服装时，提供给购买商信用期间为 45 天，由于信用期间不同，所以甲企业需要保持一定的现金持有量用于采购布料，所以这里是（　　）。

　　A. 收益性需求　　　　B. 交易性需求　　　　C. 预防性需求　　　　D. 投机性需求

6. 某公司持有有价证券的平均年利率为 4%，公司的现金最低持有量为 2 000 元，现金余额的回归线为 9 000 元。如果公司现有现金 22 000 元，根据现金持有量随机模型，此时应当投资于有价证券的金额是（　　）元。

　　A. 0　　　　　　　　B. 6 500　　　　　　　C. 13 000　　　　　　D. 20 000

7. 关于成本分析模式中的计算公式，说法正确的是（　　）。

　　A. 最佳现金持有量下的现金相关成本＝min（管理成本＋机会成本）

　　B. 最佳现金持有量下的现金相关成本＝min（机会成本＋短缺成本）

　　C. 最佳现金持有量下的现金相关成本＝min（管理成本＋机会成本＋交易成本）

　　D. 最佳现金持有量下的现金相关成本＝min（管理成本＋机会成本＋短缺成本）

8. 下列关于资金集中管理模式的说法中，正确的是（　　）。

　　A. 统收统支模式一般适用于具有较多责任中心的企事业单位

　　B. 拨付备用金模式通常适用于那些经营规模比较小的企业

　　C. 内部银行模式通常适用于企业规模比较小的企业

　　D. 结算中心通常设立于财务部门内，不能独立运行

9. 企业资金不足，导致存货平均数量减少，在不考虑其他因素的影响下，现金周转期（　　）。

　　A. 变小　　　　　　B. 变大　　　　　　　C. 不变　　　　　　　D. 无法判断

10. 甲企业的存货周转期为 150 天，应收账款周转期为 90 天，应付账款周转期为 120 天，则该企业的经营周期是（　　）天。

　　A. 180　　　　　　B. 210　　　　　　　C. 240　　　　　　　D. 120

11. 某公司信用条件为"3/10,1/20,N/50"，预计有 30% 的客户选择 3% 的现金折扣优惠，40% 的客户选择 1% 的现金折扣优惠，其余在信用期付款，则该公司的平均收现期为（　　）天。

　　A. 20　　　　　　　B. 22　　　　　　　　C. 24　　　　　　　　D. 26

12. 应收账款是企业为增加销售和盈利进行的投资，会产生一些成本，则企业在进行应收账款管理时，所增加的费用是（　　）。

　　A. 应收账款的机会成本　　　　　　　B. 应收账款的管理成本

　　C. 应收账款的坏账成本　　　　　　　D. 应收账款的短缺成本

13. 甲企业预计 2018 年销售净额为 1 440 万元，边际贡献率为 40%，资本成本率为 10%，平均收现期为 60 天，假设一年按 360 天计算，则应收账款占用资金的应计利息是（　　）万元。

　　A. 9.6　　　　　　　B. 14.4　　　　　　　C. 21.6　　　　　　　D. 27

14. 下列对信用期间的描述正确的是（　　）。

　　A. 缩短信用期间，有利于销售收入的扩大

　　B. 信用期间越短，企业坏账风险越大

C. 信用期间越长,表明客户享受的信用条件越优越

D. 信用期间越短,应收账款的机会成本越高

15. 下列关于信用标准的说法不正确的是( )。

    A. 信用标准是企业同意向顾客提供商业信用而提出的基本要求

    B. 信用标准主要是规定企业只能对信誉很好、坏账损失率很低的顾客给予赊销

    C. 如果企业的信用标准较严格,则会减少坏账损失,减少应收账款的机会成本

    D. 如果信用标准较宽,虽然会增加销售,但会相应增加坏账损失和应收账款的机会成本

16. 应收账款的监控管理方法中,属于"抓重点、照顾一般"的管理方法是( )。

    A. 应收账款周转天数　　　　　　　B. 账龄分析表

    C. 应收账款账户余额的模式　　　　D. ABC 分析法

17. 在应收账款保理业务中,保理商和供应商将应收账款被转让的情况通知购货商,并签订三方合同,同时,保理商将销售合同完全买断,并承担全部的收款风险,则这种保理是( )。

    A. 明保理,且是有追索权的保理　　B. 明保理,且是无追索权的保理

    C. 暗保理,且是无追索权的保理　　D. 暗保理,且是有追索权的保理

18. 以下各项与存货有关的成本费用中,不影响经济订货批量的是( )。

    A. 常设采购机构的基本开支　　　　B. 采购员的差旅费

    C. 存货占用资金应计利息　　　　　D. 存货的保险费

19. 某公司订货日至到货日的时间为 4 天,每日存货需用量为 25 件,公司确定的保险储备为 800 件,则再订货点是( )件。

    A. 800　　　　　B. 900　　　　　C. 700　　　　　D. 825

20. 下列属于对存货进行 ABC 类划分的标准是( )。

    A. 重量标准　　　B. 数量标准　　　C. 金额标准　　　D. 数量和金额标准

21. 某企业取得 2017 年为期一年的周转信贷额为 1 000 万元,承诺费率为 0.5%。2017 年 1 月 1 日从银行借入 600 万元,9 月 1 日又借入 300 万元,如果年利率为 7%,则企业 2017 年度末向银行支付的利息和承诺费共为( )万元。

    A. 48.5　　　　　B. 50.5　　　　　C. 64.5　　　　　D. 66.8

22. 甲企业需要 540 万元的资金进行周转,决定从银行借款,银行的年利率为 5%,银行要求保留 10% 的补偿性余额,则该借款的实际年利率是( )。

    A. 5%　　　　　　B. 5.56%　　　　C. 9%　　　　　　D. 10%

23. 下列各项中,属于短期融资券筹资的特点的是( )。

    A. 筹资风险比较小　　　　　　　　B. 筹资弹性比较大

    C. 筹资条件比较严格　　　　　　　D. 筹资条件比较宽松

24. 下列变动不会引起放弃现金折扣的信用成本率变动的是( )。

    A. 现金折扣率降低　　　　　　　　B. 折扣期延长

    C. 信用期延长　　　　　　　　　　D. 折扣期与信用期等量延长

25. 下列各项中,不属于商业信用筹资方式的是( )。

    A. 应付账款筹资　　　　　　　　　B. 应付票据筹资

    C. 应计未付款筹资　　　　　　　　D. 发行短期融资券

二、多项选择题

1. 以流动负债的形成情况为标准，流动负债可以分为（　　）。
   - A. 应付金额确定的流动负债
   - B. 应付金额不确定的流动负债
   - C. 自然性流动负债
   - D. 人为性流动负债

2. 企业在进行营运资金管理时，应遵循的原则有（　　）。
   - A. 满足合理的资金需求
   - B. 提高资金使用效率
   - C. 节约资金使用成本
   - D. 保持足够的长期偿债能力

3. 在流动资产的投资策略中，下列各项正确的有（　　）。
   - A. 若采用紧缩的流动资产投资策略，则企业会维持低水平的流动资产与销售收入比率
   - B. 若采用紧缩的流动资产投资策略，则企业会维持高水平的流动资产与销售收入比率
   - C. 若采用宽松的流动资产投资策略，则企业会维持低水平的流动资产与销售收入比率
   - D. 若采用宽松的流动资产投资策略，则企业会维持高水平的流动资产与销售收入比率

4. 下列各项中，属于企业持有现金动机的有（　　）。
   - A. 收益性需求
   - B. 交易性需求
   - C. 预防性需求
   - D. 投机性需求

5. 在随机模型中，下列因素上升会使现金回归线上升的有（　　）。
   - A. 现金与证券之间的转换成本 b
   - B. 每日现金流量变动标准差 δ
   - C. 每日现金机会成本 I
   - D. 最低控制线 L

6. 某企业现金收支状况比较稳定，预计全年（按 360 天计算）需要现金 400 万元，现金与有价证券的转换成本为每次 400 元，有价证券的年利率为 8%，则下列说法正确的有（　　）。
   - A. 最佳现金持有量为 200 000 元
   - B. 最低现金管理相关总成本为 16 000 元
   - C. 最佳现金持有量下，持有现金的机会成本＝转换成本＝8 000 元
   - D. 有价证券交易间隔期为 18 天

7. 集团企业资金集中管理模式主要包括（　　）。
   - A. 拨付备用金模式
   - B. 结算中心模式
   - C. 统分结合管理模式
   - D. 财务公司模式

8. 下列公式正确的有（　　）。
   - A. 存货周转期＝平均存货/每天的销货收入
   - B. 应收账款周转期＝平均应收账款/每天的销货收入
   - C. 经营周期＝存货周转期＋应收账款周转期
   - D. 现金周转期＝经营周期＋应付账款周转期

9. 下列管理措施中，可以增加现金周转期的有（　　）。
   - A. 提前偿还应付账款
   - B. 增加存货平均余额
   - C. 加速应收账款的收回
   - D. 延期偿还短期融资券

10. 下列各项中，属于现金支出管理措施的有（　　）。
    - A. 提高信用标准
    - B. 使用零余额账户
    - C. 使用现金浮游量
    - D. 改进员工工资支付模式

11. 信用政策包括(   )。

    A. 信用标准   B. 信用条件   C. 收账政策   D. 商业折扣

12. 有关应收账款信用期限的表述,正确的有(   )。

    A. 信用期限越短,企业坏账风险越大

    B. 信用期限越长,企业平均收现期越长

    C. 放宽信用期限,有利于销售收入的扩大

    D. 信用期限越长,表明客户享受的信用条件越优

13. 现金折扣是在顾客提前付款时给予的优惠,"2/10,N/30"含义是(   )。

    A. 如果在发票开出 10 天内付款,可以享受 2% 的折扣

    B. 如果在发票开出 10 天内付款,可以享受 20% 的折扣

    C. 如果不想取得折扣,这笔货款必须在 30 天内付清

    D. 如果不想取得折扣,这笔货款必须在 20 天内付清,利率另议

14. 在一定时期内,应收账款周转次数多表明(   )。

    A. 收账速度快   B. 信用管理政策宽松

    C. 应收账款流动性强   D. 应收账款管理效率高

15. 在应收账款保理业务中,从风险角度看,有追索权的保理相对于无追索权的保理,下列说法中,正确的有(   )。

    A. 有追索权的保理对供应商有利

    B. 有追索权的保理对供应商不利

    C. 有追索权的保理对保理商有利

    D. 有追索权的保理对保理商不利

16. 下列选项中,属于变动的订货成本的有(   )。

    A. 差旅费   B. 采购机构的管理费

    C. 邮资   D. 存货占用资金应计利息

17. 下列各项中,一般属于存货固定储存成本的有(   )。

    A. 仓库折旧费   B. 仓库职工的固定工资

    C. 存货的保险费用   D. 存货资金应计利息

18. 甲企业每年所需的零部件为 4 900 件,该企业每次的订货费用为 25 元,每件零部件的变动储存成本为 2 元。下列各项中,正确的有(   )。

    A. 经济订货批量为 350 件   B. 经济订货批量为 700 件

    C. 相关存货总成本为 350 元   D. 相关存货总成本为 700 元

19. 短期借款一般会附带的信用条件有(   )。

    A. 信贷额度   B. 周转信贷协定

    C. 补偿性余额   D. 借款抵押

20. 现有银行借款利率不变的情况下,按照该公司目前的信用条件,采购方不会享受现金折扣,为了使更多的采购方可以享受现金折扣,可以采用的方法有(   )。

    A. 提高现金折扣   B. 缩短信用期间

    C. 延长折扣期   D. 缩短折扣期

三、判断题

1. 企业拥有较多的流动资产，可在一定程度上降低风险，提高收益。　　（　　）

2. 节约资金使用成本就是尽力降低资金使用的成本，越低越好。　　（　　）

3. 甲企业在营运资金管理中，想要降低流动资产的持有成本、提高企业的收益水平，则该企业应采取宽松的流动资产投资策略。　　（　　）

4. 为了预防季节性的销售而持有的现金是预防性需求。　　（　　）

5. 在利用成本模型和随机模型确定最佳现金持有量时，都考虑了管理成本。　　（　　）

6. 结算中心通常办理内部各成员现金收付和往来结算业务，所以不是一个职能机构。（　　）

7. 在使用零余额账户管理模式下，企业在一系列子账户上不需要保持安全储备。　　（　　）

8. 企业花费的收账费用越多，坏账损失就会越少，并且平均收账期也会越短。　　（　　）

9. 在 ABC 分析法中，催款的重点对象是 C 类客户。　　（　　）

10. 应收账款保理，其实质是一种利用未到期应收账款这种流动资产作为抵押从而获得银行长期借款的一种融资方式。　　（　　）

11. 在企业生产经营过程中，存货管理目标只是保证生产正常进行。　　（　　）

12. 最佳的保险储备应该是使缺货损失达到最低的保险储备量。　　（　　）

13. 收款法付息、贴现法付息和加息法付息均会使短期借款的实际利率大于名义利率。　　（　　）

14. 商业信用筹资需要筹资企业用资产进行抵押，不需要第三方担保。　　（　　）

15. 一般情况下，短期借款比长期借款具有更少的约束性条款。　　（　　）

四、计算分析题

1. 已知：某公司现金收支平衡，预计全年（按 360 天计算）现金需要量为 360 000 元，现金与有价证券的转换成本为每次 600 元，有价证券年利率为 12%。（提示：运用存货模型计算。）

要求：

(1) 计算最佳现金持有量。

(2) 计算最佳现金持有量下的全年现金管理相关总成本、全年现金转换成本和全年现金持有机会成本。

(3) 计算最佳现金持有量下的全年有价证券交易次数和有价证券交易间隔期。

2. 甲企业只生产和销售一种产品，与经营有关的购销业务均采用赊账方式，2017 年营业收入为 2 400 万元，营业成本为 1 200 万元，每天的购货成本为 3 万元，一年按 360 天计算。在 2017 年年末应收账款为 480 万元，应付账款为 90 万元，应付票据为 120 万元，存货为 120 万元。（提示：存货、应收账款和应付账款的平均余额均以期末数据代替。）

要求：

(1) 计算存货周转期。

(2) 计算应收账款周转期。

(3) 计算应付账款周转期。

(4) 计算现金周转期。

3. 甲公司只生产和销售 A 产品，在目前的信用政策下，A 产品的年销售量为 10 万件，销售单价为 15 元，单位变动成本为 11 元，收账费用和坏账损失均为 5 000 元；为了提高销售量，该企业决定在下一年度将信用期间放宽，假设下一年 A 产品单价和成本性态保持不变,预计销售量将提高到 12 万件,收账费用将提高到 8 000 元,坏账损失将提高到 10 000 元,应收账款年平均占有资金将增加 6 万元,假设风险投资的最低报酬率为 15%。

要求:

(1) 计算因改变信用政策而预计增加的盈利。

(2) 计算因改变信用政策而预计增加的应收账款机会成本。

(3) 计算因改变信用政策而预计增加的相关成本。

(4) 计算因改变信用政策而增加的税前损益。

4. 某企业每年需耗用 A 材料 60 000 件,单位材料年变动存储成本 30 元,平均每次进货费用为 90 元,A 材料全年平均单价为 150 元。假定不存在数量折扣,不会出现陆续到货和缺货的现象。

要求:

(1) 计算 A 材料的经济订货批量。

(2) 计算 A 材料年度最佳订货批数。

(3) 计算 A 材料的相关订货成本。

(4) 计算 A 材料的相关存储成本。

(5) 计算 A 材料经济订货批量平均占用资金。

5. A 公司拟采购一批辅助生产设备,价值 25 万元,供应商规定的付款条件如下(一年按 360 天计算):

(1) 立即付款,付 243 750 元;

(2) 第 20 天付款,付 245 000 元;

(3) 第 50 天付款,付 247 500 元;

(4) 第 80 天付款,付全额。

要求:

(1) 假设银行短期贷款利率为 10%,计算下列相关数据。

① 计算放弃现金折扣的信用成本率。

② 计算各个时点付款的净收益。

③ 分析确定对该公司最有利的付款日期。

(2) 假设目前有一短期投资报酬为 20%,确定对该公司最有利的付款日期。

五、综合题

某企业只生产销售一种产品,每年赊销额为 240 万元,该企业产品变动成本率为 60%,资本成本率为 25%。企业现有 A、B 两种收账政策可供选用。有关资料如表 6-8 所示。

表 6-8 A、B 两种收账政策

项　　目	A 政策	B 政策
平均收账期/天	60	45
坏账损失率/%	4	3
应收账款平均余额/万元		
收账成本:		
应收账款占用资金应计利息/万元		

续表

项　　目	A 政策	B 政策
坏账损失/万元		
年收账费用/万元	1.8	7
收账成本合计		

要求：

（1）计算并填列表中的空白部分（一年按 360 天计算）。

（2）对上述收账政策进行决策。

（3）若企业倾向于选择 B 政策，判断在其他条件不变的情况下，B 政策的收账费用上限。

六、案例分析题

富达自行车有限公司财务经理为了尽量减少企业闲置的现金数量，提高资金收益率，考虑确定最佳现金持有量，财务科对四种不同现金持有量的成本做了测算，具体数据见表 6-9。

表 6-9　现金持有方案　　　　　　　　　　　　　　　　　　单位：元

方　案	A	B	C	D
现金持有量	25 000	50 000	75 000	100 000
管理成本	20 000	20 000	20 000	20 000
短缺成本	10 000	6 000	2 000	0

财务经理根据上述数据，结合企业的资本收益率 12%，利用成本分析模式，确定出企业最佳现金持有余额。

要求：

1. 不同现金持有量的机会成本是什么？

2. 财务经理为什么确定 75 000 元为企业最佳现金持有余额？

提示：如表 6-10 所示。C 方案的相关总成本最低，即公司持有 75 000 元现金时，各方面的总代价最低。

表 6-10　最佳现金持有量测算表　　　　　　　　　　　　　单位：元

方案及现金持有量	管理成本	机会成本	短缺成本	相关总成本
A(25 000)	20 000	3 000	10 000	33 000
B(50 000)	20 000	6 000	6 000	32 000
C(75 000)	20 000	9 000	2 000	31 000
D(100 000)	20 000	12 000	0	32 000

第七章

收益与分配管理

学习目标

- 认识企业收益管理的意义及原则；
- 了解利润分配的顺序及股利理论；
- 理解股票分割和股票回购的动机；
- 掌握股利支付的程序和方式；
- 掌握股利分配政策及其应用。

本章基本框架

收益与分配管理
- 企业收益管理
  - 企业收益管理的意义
  - 收益分配的原则
- 利润分配概述
  - 利润分配的概念
  - 利润分配的顺序
- 股利理论及股利分配政策
  - 股利理论
  - 股利分配政策
  - 利润分配制约因素
- 股利支付的程序和方式
  - 股利支付程序
  - 股利支付的方式
- 股票分割与股票回购
  - 股票分割
  - 股票回购

引导案例

股利分配问题

某酒股份有限公司（简称某酒）成立于 1999 年，自 2001 年上市以来，某酒股价一路飙升：由发行价 31.39 元发展到复权价 1 000 多元，30 多倍的增长使某酒一直稳居第一高价股的宝座；同样，从现金股利分红的绝对值来看，该酒也毫不逊色于其他股票。具体资料如表 7-1 所示。

表 7-1　某酒某 5 年股利分配情况

分红年度	每 10 股送红股数/股	每 10 股派息数/元（含税）	每 10 股转增数/股	分红总额/元（含税）
2014	1	43.74	0	4 995 099 252.00
2013	1	43.74	0	4 540 999 320.00
2012	0	64.19	0	6 664 077 420.00
2011	0	39.97	0	4 149 605 460.23
2010	1	23.00	0	2 170 740 000.00

资料来源：深证证券交易所公告。

思考：

（1）股利分配的形式有哪几种？贵州茅台采用的是怎样的形式？

（2）股利分配政策通常有哪几种类型？你认为案例中贵州茅台采用的是哪种股利分配政策？

（3）你认为哪些因素促使贵州茅台的股利分配方案成为"最牛现金分红股"？

第一节　企业收益管理

企业收益管理是对企业收益与分配的主要活动及其形成的财务关系的组织与调节，是企业将一定时期内所创造的经营成果合理地在企业内外部各利益相关者之间进行有效分配的过程，即收益分配管理。

一、企业收益管理的意义

企业收益管理作为现代企业财务管理的重要内容之一，对于维护企业与各相关利益主体的财务管理、提升企业价值具有重要意义。具体而言，企业收益管理的意义表现在以下三个方面。

（一）收益分配集中体现了企业所有者、经营者与职工之间的利益关系

企业所有者是企业权益资金的提供者，按照谁出资、谁受益的原则，其应得的投资收益须通过企业的收益分配来实现，而获得投资收益的多少取决于企业盈利状况及利润分配政策。通过收益分配，投资者能实现预期的收益，提高企业的信誉程度，有利于增强企业未来融通资金的能力。企业的债权人在向企业投入资金的同时也承担了一定的风险，企业的收益分配应体现出对债权人利益的充分保护。除了按时支付到期本金、利息外，企业在进行收益分配时也要考虑债权人未偿付本金的保障程度，否则将在一定程度上削弱企业的偿债能力，从而降低企业的财务弹性。职工是价值的创造者，是企业收入和利润的源泉。通过薪资的支付以及各种福利的提供，可以提高职工的工作热情，为企业创造更多价值。因此，为了正确、合理地处理好

企业各方利益相关者的需求,就必须对企业所实现的收益进行合理分配。

(二) 收益分配是企业再生产的条件以及优化资本结构的重要措施

企业在生产经营过程中所投入的各类资金,随着生产经营活动的进行不断地发生消耗和转移,形成成本费用,最终构成商品价值的一部分。销售收入的取得,为企业成本费用的补偿提供了前提,为企业简单再生产的正常进行创造了条件。通过收益分配,企业能形成一部分自行安排的资金,可以增强企业生产经营的财力,有利于企业适应市场需要扩大再生产。

此外,留存收益是企业重要的权益资金来源,收益分配影响企业的积累,从而影响权益与负债的比例,即资本结构。企业价值最大化的目标要求企业的资本结构最优,因而收益分配便成了优化资本结构、降低资本成本的重要措施。

(三) 收益分配是国家建设资金的重要来源之一

在企业正常的生产经营活动中,职工不仅为自己创造了价值,还为社会创造了一定的价值,即利润。利润代表企业的新创财富,是企业收入的重要构成部分。除了满足企业自身的生产经营性积累外,通过收益分配,国家财政也能够集中一部分企业利润,由国家有计划地分配使用,实现国家政治职能和经济职能,发展能源、交通和原材料基础工业,为社会经济的发展创造良好条件。

二、收益分配的原则

收益分配作为一项重要的财务活动,应当遵循以下原则。

(一) 依法分配原则

企业的收益分配必须依法进行。为了规范企业的收益分配行为,维护各利益相关者的合法权益,国家颁布了相关法规。这些法规规定了企业收益分配的基本要求、一般程序和重要比例,企业应当认真执行,不得违反。

(二) 分配与积累并重原则

企业的收益分配必须坚持积累与分配并重的原则。企业通过经营活动赚取收益,既要保证企业简单再生产的持续进行,又要不断积累企业扩大再生产的财力基础。恰当处理分配与积累之间的关系,留存一部分净收益以供未来分配之需,能够增强企业抵抗风险的能力,同时,也可以提高企业经营的稳定性与安全性。

(三) 兼顾各方利益原则

企业的收益分配必须兼顾各方面的利益。企业是经济社会的基本单元,企业的收益分配涉及国家、企业股东、债权人、职工等多方面的利益。正确处理它们之间的关系,协调其矛盾,对企业的生存、发展是至关重要的。企业在进行收益分配时,应当统筹兼顾,维护各利益相关者的合法权益。

(四) 投资与收益对等原则

企业进行收益分配应当体现"谁投资谁受益"、收益大小与投资比例相对等的原则。这是正确处理投资者利益关系的关键。企业在向投资者分配收益时,应本着平等一致的原则,按照投资者投资额的比例进行分配,不允许任何一方随意多分多占,以从根本上实现收益分配中的公开、公平和公正,保护投资者的利益。

第二节　利润分配概述

一、利润分配的概念

企业的收益分配有广义和狭义两种概念。广义的收益分配是指对企业的收入和净利润进行分配,包含两个层次的内容:第一层次是对企业收入的分配;第二层次是对企业净利润的分配。狭义的收益分配则仅仅是指对企业净利润的分配。本章所指收益分配采用狭义的收益分配概念,即对企业净利润的分配,简称利润分配。

二、利润分配的顺序

根据我国公司法及相关法律制度的规定,公司净利润的分配应按照下列顺序进行。

1. 弥补以前年度亏损

企业在提取法定公积金之前,应先用当年利润弥补亏损。企业年度亏损可以用以下年度的税前利润弥补,下一年度不足以弥补的,可以在 5 年之内用税前利润连续弥补,连续5 年未弥补的亏损则用税后利润弥补。其中,税后利润弥补亏损可以用当年实现的净利润,也可以用盈余公积转入。

2. 提取法定盈余公积金

根据公司法的规定,法定盈余公积金的提取比例为当年税后利润(弥补亏损后)的10%。当年法定盈余公积的累积额已达注册资本的 50%时,可以不再提取。法定盈余公积金提取后,根据企业的需要,可用于弥补亏损或转增资本,但企业用盈余公积金转增资本后,法定盈余公积金的余额不得低于转增前公司注册资本的 25%。提取法定盈余公积金的目的是增加企业内部积累,以利于企业扩大再生产。

3. 提取任意盈余公积金

根据公司法的规定,公司从税后利润中提取法定公积金后,经股东会或股东大会决议,还可以从税后利润中提取任意盈余公积。这是为了满足企业经营管理的需要,控制向投资者分配利润的水平,以及调整各年度利润分配的波动。

4. 向股东(投资者)分配股利(利润)

根据公司法的规定,公司弥补亏损和提取公积金后所余税后利润,可以向股东(投资者)分配股利(利润)。其中,有限责任公司股东按照实缴的出资比例分取红利,全体股东约定不按照出资比例分取红利的除外;股份有限公司按照股东持有的股份比例分配,但股份有限公司章程规定不按照持股比例分配的除外。

第三节　股利理论及股利分配政策

一、股利理论

股利理论及
股利分配政策

股利分配的核心问题是如何权衡公司股利支付决策与未来长期增长之间的关系,以实现公司价值最大化的财务管理目标。围绕着公司股利政策是否影响公司价值这一问题,主要有两类不同的股利理论:股利无关论和股利相关论。

(一)股利无关论

股利无关论认为,在一定的假设条件限制下,股利政策不会对公司的价值或股票的价格产生任何影响,投资者不关心公司股利的分配。公司市场价值的高低,是由公司所选择的投资决策的获利能力和风险组合所决定,而与公司的利润分配政策无关。

由于公司对股东的分红只是盈利减去投资之后的差额部分,且分红只能采取派现或股票回购等方式,因此,一旦投资政策已定,那么,在完全的资本市场上,股利政策的改变就仅仅意味着收益在现金股利与资本利得之间分配上的变化。如果投资者按理性行事的话,这种改变不会影响公司的市场价值以及股东的财富。该理论是建立在完全资本市场理论之上的,假定条件包括以下四方面:第一,市场具有强式效率;第二,不存在任何公司或个人所得税;第三,不存在任何筹资费用;第四,公司的投资决策与股利决策彼此独立。

(二)股利相关理论

与股利无关理论相反,股利相关理论认为,企业的股利政策会影响股票价格和公司价值。主要观点有以下几种。

1."手中鸟"理论

该理论认为,用留存收益再投资给投资者带来的收益具有较大的不确定性,并且投资的风险随着时间的推移会进一步加大,因此,厌恶风险的投资者会偏好确定的股利收益,而不愿将收益留存在公司内部,去承担未来的投资风险。该理论认为公司的股利政策与公司的股票价格是密切相关的,即当公司支付较高的股利时,公司的股票价格会随之上升,公司价值将得到提高。

2.信号传递理论

该理论认为,在信息不对称的情况下,公司可以通过股利政策向市场传递有关公司未来获利能力的信息,从而会影响公司的股价。一般来讲,预期未来获利能力强的公司,往往愿意通过相对较高的股利支付水平吸引更多的投资者。对于市场上的投资者来讲,股利政策的差异或许是反映公司预期获利能力的有价值的信号。如果公司连续保持较为稳定的股利支付水平,那么投资者会对公司未来的盈利能力与现金流量抱有乐观的预期。如果公司的股利支付水平突然发生变动,那么股票市价也会对这种变动作出反应。

3.所得税差异理论

该理论认为,由于普遍存在的税率和纳税时间的差异,资本利得收入比股利收入更有助于实现收益最大化目标,公司应当采用低股利政策。一般来说,对资本利得收入征收的税率低于对股利收入征收的税率;再者,即使两者没有税率上的差异,由于投资者对资本利得收入的纳税时间选择更具有弹性,投资者仍可以享受延迟纳税带来的收益差异。

4.代理理论

该理论认为,股利政策有助于减缓管理者与股东之间的代理冲突,即股利政策是协调股东与管理者之间代理关系的一种约束机制。该理论认为,股利的支付能够有效地降低代理成本。首先,股利的支付减少了管理者对自由现金流量的支配权,这在一定程度上可以抑制公司管理者的过度投资或在职消费行为,从而保护外部投资者的利益;其次,较多的现金股利发放,减少了内部融资,导致公司进入资本市场寻求外部融资,从而公司将接受资本市场上更多的、更严格的监督,这样便通过资本市场的监督减少了代理成本。因此,高水平的股利政策降低了企业的代理成本,但同时增加了外部融资成本,理想的股利政策应当使两种成本之和最小。

二、股利分配政策

股利分配政策是指在法律允许的范围内,企业是否发放股利、发放多少股利以及何时发放股利的方针及对策。

股利分配政策的最终目标是使公司价值最大化。股利往往可以向市场传递一些信息,股利的发放多寡、是否稳定、是否增长等,往往是大多数投资者推测公司经营状况、发展前景的依据。因此,股利分配政策关系到公司在市场上、在投资者中间的形象,成功的股利政策有利于提高公司的市场价值。

股利分配政策由企业在不违反国家有关法律、法规的前提下,根据本企业具体情况制定。股利政策既要保持相对稳定,又要符合公司财务目标和发展目标。在实际工作中,通常有以下几种股利政策可供选择。

(一) 剩余股利政策

剩余股利政策是指公司在有良好的投资机会时,根据目标资本结构,测算出投资所需的权益资本额,先从盈余中留用,然后将剩余的盈余作为股利来分配,即净利润首先满足公司的资金需求,如果还有剩余,就派发股利;如果没有,则不派发股利。剩余股利政策的理论依据是 MM(modigliani and miller)股利无关理论。根据 MM 无关理论,在完全理想状态下的资本市场中,公司的股利政策与普通股每股市价无关,故而股利政策只需随着公司投资、融资方案的制定而自然确定。因此,采用剩余股利政策时,公司要遵循如下四个步骤。

(1) 设定目标资本结构,在此资本结构下,公司的加权平均资本将达到最低水平。

(2) 确定公司的最佳资本预算,并根据公司的目标资本结构预计资金需求中所需增加的权益资本数额。

(3) 最大限度地使用留存收益来满足资金需求中所需增加的权益资本数额。

(4) 留存收益在满足公司权益资本增加需求后,若还有剩余再用来发放股利。

【例 7-1】 某公司 2018 年税后净利润为 1 000 万元,2019 年的投资计划需要资金 1 200 万元,公司的目标资本结构为权益资本占 60%,债务资本占 40%。

按照目标资本结构的要求,公司投资方案所需的权益资本数额为 1 200×60%＝720(万元)。

公司当年全部可用于分派的盈利为 1 000 万元,除了满足上述投资方案所需的权益资本数额外,还有剩余可用于发放股利。2018 年,公司可以发放的股利额为 1 000－720＝280(万元)。

假设该公司当年流通在外的普通股为 1 000 万股,那么,每股股利为 280÷1 000＝0.28(元/股)。

剩余股利政策的优点:留存收益优先保证再投资的需要,有助于降低再投资的资金成本,保持最佳的资本结构,实现企业价值的长期最大化。

剩余股利政策的缺点:若完全遵照执行剩余股利政策,股利发放额就会每年随着投资机会和盈利水平的波动而波动。在盈利水平不变的前提下,股利发放额与投资机会的多寡呈反方向变动;而在投资机会维持不变的情况下,股利发放额将与公司盈利呈同方向波动。剩余股利政策不利于投资者安排收入与支出,也不利于公司树立良好的形象,一般适用于公司初创阶段。

(二) 固定或稳定增长的股利政策

固定或稳定增长的股利政策是指公司将每年派发的股利额固定在某一特定水平或是在此基础上维持某一固定比率逐年稳定增长。公司只有在确信未来不会发生逆转时才会宣布实施固定或稳定增长的股利政策。在这一政策下,应首先确定股利分配额,而且该分配额一般不随资金需求的波动而波动。

1. 固定或稳定增长股利政策的优点

(1) 由于股利政策本身的信息含量,稳定的股利向市场传递着公司正常发展的信息,有利于树立公司的良好形象,增强投资者对公司的信心,稳定股票的价格。

(2) 稳定的股利额有助于投资者安排股利收入和支出,有利于吸引那些打算进行长期投资并对股利有很高依赖性的股东。

(3) 稳定的股利政策可能会不符合剩余股利理论,但考虑到股票市场会受多种因素影响(包括股东的心理状态和其他要求),为了将股利维持在稳定的水平上,即使推迟某些投资方案或暂时偏离目标资本结构,也可能比降低股利或股利增长率更为有利。

2. 固定或稳定增长股利政策的缺点

股利的支付与企业的盈利相脱节,即不论公司盈利多少,均要支付固定的或按固定比率增长的股利,这可能会导致企业资金紧缺,财务状况恶化。此外,在企业无利可分的情况下,若依然实施固定或稳定增长的股利政策,也是违反《中华人民共和国公司法》的行为。

因此,采用固定或稳定增长的股利政策,要求公司对未来的盈利和支付能力能作出准确的判断。一般来说,公司确定的固定股利额不宜太高,以免陷入无力支付的被动局面。固定或稳定增长的股利政策通常适用于经营比较稳定或正处于成长期的企业,且很难被长期采用。

(三) 固定股利支付率政策

固定股利支付率政策是指公司将每年净利润的某一固定百分比作为股利分派给股东。这一百分比通常称为股利支付率,股利支付率一经确定,一般不得随意变更。在这一股利政策下,只要公司的税后利润一经计算确定,所派发的股利也就相应确定了。固定股利支付率越高,公司留存的净利润越少。

1.固定股利支付率的优点

（1）采用固定股利支付率政策，股利与公司盈余紧密地配合，体现了"多盈多分、少盈少分、无盈不分"的股利分配原则。

（2）由于公司的获利能力在年度间是经常变动的，因此，每年的股利也应当随着公司收益的变动而变动。采用固定股利支付率政策，公司每年按固定的比例从税后利润中支付现金股利，从企业的支付能力的角度看，这是一种稳定的股利政策。

2.固定股利支付率的缺点

（1）大多数公司每年的收益很难保持稳定不变，导致年度间的股利额波动较大，由于股利的信号传递作用，波动的股利很容易给投资者带来经营状况不稳定、投资风险较大的不良印象，成为公司的不利因素。

（2）容易使公司面临较大的财务压力。这是因为公司实现的盈利多，并不能代表公司有足够的现金流用来支付较多的股利额。

（3）合适的固定股利支付率的确定难度比较大。

由于公司每年面临的投资机会、筹资渠道都不同，而这些都可以影响到公司的股利分派，所以，一成不变地奉行固定股利支付率政策的公司在实际中并不多见，固定股利支付率政策只是比较适用于那些处于稳定发展且财务状况也较稳定的公司。

【例 7-2】 某公司长期以来用固定股利支付率政策进行股利分配，确定的股利支付率为 30%。2018 年税后净利润为 1 500 万元，如果仍然继续执行固定股利支付率政策，公司本年度将要支付的股利为 1 500×30%＝450（万元）。

但公司下一年度有较大的投资需求，因此，准备本年度采用剩余股利政策。如果公司下一年度的投资预算为 2 000 万元，目标资本结构为权益资本占 60%。按照目标资本结构的要求，公司投资方案所需的权益资本额为 2 000×60%＝1 200（万元）。

公司 2018 年度可以发放的股利为 1 500－1 200＝300（万元）。

（四）低正常股利加额外股利政策

低正常股利加额外股利政策，是指公司事先设定一个较低的正常股利额，每年除了按正常股利额向股东发放股利外，还在公司盈余较多、资金较为充裕的年份向股东发放额外股利。但是，额外股利并不固定，不意味着公司永久地提高了股利支付率。可以用以下公式表示：

$$Y＝a＋bX \tag{7-1}$$

式中，Y 为每股股利；X 为每股收益；a 为低正常股利；b 为股利支付比率。

1.低正常股利加额外股利政策的优点

（1）赋予公司较大的灵活性，使公司在股利发放上留有余地，并具有较大的财务弹性。公司可根据每年的具体情况，选择不同的股利发放水平，以稳定和提高股价，进而实现公司价值的最大化。

（2）使那些依靠股利度日的股东每年至少可以得到虽然较低但比较稳定的股利收入，从而吸引住这部分股东。

2.低正常股利加额外股利政策的缺点

（1）由于年份之间公司盈利的波动使得额外股利不断变化，造成分派的股利不同，容易给投资者收益不稳定的感觉。

（2）当公司在较长时间持续发放额外股利后，可能会被股东误认为"正常股利"，一旦取消，传递出的信号可能会使股东认为这是公司财务状况恶化的表现，进而导致股价下跌。

相对来说，对那些盈利随着经济周期而波动较大的公司或者盈利与现金流量很不稳定时，低正常股利加额外股利政策也许是一种不错的选择。

三、利润分配制约因素

企业的利润分配涉及企业相关各方的切身利益，受众多不确定因素的影响，在确定分配政策时，应当考虑各种相关因素的影响，主要包括法律、公司、股东及其他因素。

（一）法律因素

为了保护债权人和股东的利益，法律规定就公司的利润分配作出如下规定。

1. 资本保全约束

规定公司不能用资本（包括实收资本或股本和资本公积）发放股利，目的在于维持企业资本的完整性，保护企业完整的产权基础，保障债权人的利益。

2. 资本积累约束

规定公司必须按照一定的比例和基数提取各种公积金，股利只能从企业的可供分配利润中支付。此处可供分配利润包含公司当期的净利润按照规定提取各种公积金后的余额和以前累积的未分配利润。另外，在进行利润分配时，一般应当贯彻"无利不分"的原则，即当企业出现年度亏损时，一般不进行利润分配。

3. 超额累积利润约束

由于资本利得与股利收入的税率不一致，如果公司为了避税而使得盈余的保留大大超过了公司目前及未来的投资需要时，将被加征额外的税款。

4. 偿债能力约束

要求公司考虑现金股利分配对偿债能力的影响，确定在分配后仍能保持较强的偿债能力，以维持公司的信誉和借贷能力，从而保证公司的正常资金周转。

（二）公司因素

公司基于短期经营和长期发展的考虑，在确定利润分配政策时，需要关注以下因素。

1. 现金流量

由于会计规范的要求和核算方法的选择，公司盈余与现金流量并非完全同步，净收益的增加不一定意味着可供分配的现金流量的增加。公司在进行利润分配时，要保证正常的经营活动对现金的需求，以维持资金的正常周转，使生产经营得以有序进行。

2. 资产的流动性

企业现金股利的支付会减少其现金持有量，降低资产的流动性，而保持一定的资产流动性是企业正常运转的必备条件。

3. 盈余的稳定性

一般来讲，公司的盈余越稳定，其股利支付水平也就越高。

4.投资机会

如果公司的投资机会多，对资金的需求量大，那么它就很可能会考虑采用低股利支付水平的分配政策；相反，如果公司的投资机会少，对资金的需求量小，那么它就很可能倾向于采用较高的股利支付水平。此外，如果公司将留存收益用于再投资所得报酬低于股东个人单独将股利收入投资于其他投资机会所得的报酬时，公司就不应多留存收益，而应多发股利，这样有利于股东价值的最大化。

5.筹资因素

如果公司具有较强的筹资能力，随时能筹集到所需资金，那么它会具有较强的股利支付能力。另外，留存收益是企业内部筹资的一种重要方式，它同发行新股或举债相比，不需花费筹资费用，同时增加了公司权益资本的比重，降低了财务风险，便于低成本取得债务资本。

6.其他因素

由于股利的信号传递作用，公司不宜经常改变其利润分配政策，应保持一定的连续性和稳定性。此外，利润分配政策还会受到其他公司的影响，比如不同发展阶段、不同行业的公司股利支付比例会有差异，这就要求公司在进行政策选择时要考虑发展阶段以及所处行业状况。

（三）股东因素

股东在控制权、收入和税赋方面的考虑也会对公司的利润分配政策产生影响。

1.控制权

现有股东往往将股利政策作为维持其控制地位的工具。企业支付较高的股利导致留存收益的减少，当企业为有利可图的投资机会筹集所需资金时，发行新股的可能性增大，新股东的加入必然稀释公司的控制权。所以，股东会倾向于较低的股利支付水平，以便从内部的留存收益中取得所需资金。

2.稳定的收入

如果股东以现金股利维持生活，他们往往要求企业能够支付稳定的股利，而反对过多的留存。

3.避税

由于股利收入的税率要高于资本利得的税率，一些高股利收入的股东处于避税的考虑而往往倾向于较低的股利支付水平。

（四）其他因素

1.债务契约

一般来说，股利支付水平越高，留存收益越少，企业的破产风险越大，就越有可能损害到债权人的利益。因此，为了保证自己的利益不受侵害，债权人通常都会在债务契约、租赁合同中加入关于借款企业股利政策的限制条款。

2.通货膨胀

通货膨胀会带来货币购买力水平下降，导致固定资产重置资金不足，此时，企业往往不得不考虑留用一定的利润，以弥补由于购买力下降而造成的固定资产重置资金缺口。因此，在通货膨胀时期，企业一般会采取偏紧的利润分配政策。

第四节　股利支付的程序和方式

一、股利支付程序

公司股利的发放必须遵守相关的要求,按照日程安排来进行。一般情况下,先由董事会提出分配预案,然后提交股东大会决议通过才能进行分配。股东大会决议通过分配预案后,要向股东宣布发放股利的方案,并确定股权登记日、除息日和股利发放日。

股利支付的
程序和方式

(1)股利宣告日,即股东大会决议通过并由董事会将股利支付情况予以公告的日期。公告中将宣布每股应支付的股利、股权登记日、除息日以及股利支付日。

(2)股权登记日,即有权领取本期股利的股东资格登记截止日期。凡是在此指定日期收盘之前取得公司股票,成为公司在册股东的投资者都可以作为股东享受公司分派的股利。在这一天之后取得股票的股东则无权领取本次分派的股利。

(3)除息日,即领取股利的权利与股票分离的日期。在除息日之前购买的股票才能领取本次股利,而在除息日当天或是以后购买的股票,则不能领取本次股利。由于失去了"付息"的权利,除息日的股票价格会下跌。

(4)股利发放日,即公司按照公布的分红方案向股权登记日在册的股东实际支付股利的日期。

二、股利支付的方式

股利支付形式可以分为不同的种类,主要有以下四种。

(一)现金股利

现金股利是以现金支付的股利,它是股利支付的最常见的方式。公司选择发放现金股利除了要有足够的留存收益外,还要有足够的现金,而现金充足与否往往会成为公司发放现金股利的主要制约因素。

(二)财产股利

财产股利是以现金以外的其他资产支付的股利,主要是以公司所拥有的其他公司的有价证券,如债券、股票等,作为股利支付给股东。

(三)负债股利

负债股利是以负债方式支付的股利,通常以公司的应付票据支付给股东,有时也以发放公司债券的方式支付股利。

财产股利和负债股利实际上是现金股利的替代,但这两种股利支付形式在我国公司实务中很少使用。

(四)股票权利

股票权利是公司以增发股票的方式所支付的股利,我国实务中通常也称其为"红股"。股票股利对公司来说,并没有现金流出企业,也不会导致公司的财产减少,而只是将公司的留存收益转化为股本和资本公积。但股票权利会增加流通在外的股票数量，同时降低股票的每股价值。它不改变公司股东权益总额，但会改变股东权益的构成。

【例 7-3】 某上市公司在 20×8 年发放股票股利前，其资产负债表上的股东权益账户情况如表 7-2 所示。

表 7-2　股东权益账户情况　　　　　　　　　　　　　　　单位：万元

项　　目	金　　额
普通股(面值 1 元，发行在外 2 000 万股)	2 000
资本公积	3 000
盈余公积	2 000
未分配利润	3 000
股东权益合计	10 000

假设该公司宣布发放 10%的股票股利，现有股东每持有 10 股，即可获赠 1 股普通股。若该股票当时市价为 5 元，那么随着股票股利的发放，需从"未分配利润"项目划转出的资金为

$$2\,000 \times 10\% \times 5 = 1\,000（万元）$$

由于股票面值(1 元)不变，发放 200 万股，"普通股"项目只应增加 200 万元，其余的 800 万元(1 000−200)应作为股票溢价转至"资本公积"项目，而公司的股东权益总额并未发生改变，仍是 10 000 万元，股票股利发放后的资产负债表上的股东权益部分如表 7-3 所示。

表 7-3　股票股利发放后股东权益情况　　　　　　　　　　单位：万元

项　　目	金　　额
普通股(面值 1 元，发行在外 2 000 万股)	2 200
资本公积	3 800
盈余公积	2 000
未分配利润	2 000
股东权益合计	10 000

假设某股东在公司派发股票股利之前持有公司的普通股 10 万股，那么，他所拥有的股权比例为

$$10 万股 \div 2\,000 万股 = 0.5\%$$

派发股利之后，他所拥有的股票数量和股份比例为

$$10 \times (1 + 10\%) = 11（万股）$$

$$11 \div 2\,200 = 0.5\%$$

可见，发放股票股利，不会对公司股东权益总额产生影响，但会引起资金在各股东权益项目间的再分配。而股票股利派发前后每一位股东的持股比例也不会发生变化。需要说明的是，例题中股票股利以市价计算价格的做法，是很多西方国家所通行的，但在我国，股票股利价格则是按照股票面值来计算的。

发放股票股利虽不直接增加股东的财富，也不增加公司的价值，但对股东和公司都有特殊意义。

1. 对股东来讲,股票股利的优点

(1) 派发股票股利后,理论上每股市价会成比例下降,但实务中这并非必然结果。因为市场和投资者普遍认为,发放股票股利往往预示着公司会有较大的发展和成长,这样的信息传递会稳定股价或使股价下降比例减少甚至不降反升,股东便可以获得股票价值相对上升的好处。

(2) 由于股利收入和资本利得税率的差异,如果股东把股票股利出售,还会给他带来资本利得纳税上的好处。

2. 对公司来讲,股票股利的优点

(1) 发放股票股利不需要向股东支付现金,在再投资机会较多的情况下,公司就可以为再投资提供成本较低的资金,从而有助于公司的发展。

(2) 发放股票股利可以降低公司股票的市场价格,既有利于促进股票的交易和流通,又有利于吸引更多的投资者成为公司股东,进而使股权更为分散,有效地防止公司被恶意控制。

(3) 股票股利的发放可以传递公司未来发展前景良好的信息,从而增强投资者的信心,在一定程度上稳定股票价格。

第五节 股票分割与股票回购

一、股票分割

股票分割又称拆股,即将一股股票拆分成多股股票的行为。股票分割一般只会增加发行在外的股票总数,但不会对公司的资本结构产生任何影响。股票分割与股票股利非常相似,都是在不增加股东权益的情况下增加了股份的数量,所不同的是,股票股利虽不会引起股东权益总额的改变,但股东权益的内部结构会发生变化,而股票分割之后,股东权益总额及其内部结构都不会发生任何变化,变化的只是股票面值。股票分割的作用如下。

股票分割与股票回购

(一) 降低股票价格

股票分割会使每股市价降低,买卖该股票所需资金量减少,从而可以促进股票的流通和交易。流通性的提高和股东数量的增加,会在一定程度上加大对公司股票恶意收购的难度。此外,降低股票价格还可以为公司发行新股做准备,因为股价太高会使许多潜在投资者力不从心而不敢轻易对公司股票进行投资。

(二) 向市场和投资者传递"公司发展前景良好"的信号,提高投资者的信心

与股票分割相反,如果公司认为其股票价格过低,不利于其在市场上的声誉和未来的再筹资时,为提高股票的价格,会采取反分割措施。反分割又称股票合并或逆向分割,是指将多股股票合并为一股股票的行为。反分割显然会降低股票的流通性,提高公司股票投资的门槛,它向市场传递的信息通常都是不利的。

【例 7-4】 某上市公司在某年年末资产负债表上的股东权益账户情况如表 7-4 所示。

表 7-4　股东权益账户情况　　　　　　　　　　　单位：万元

项　　目	金　额
普通股（面值 1 元，发行在外 2 000 万股）	10 000
资本公积	10 000
盈余公积	5 000
未分配利润	8 000
股东权益合计	33 000

（1）假设股票市价为 20 元，该公司宣布发放 10% 的股票股利，即现有股东每持有 10 股即可获赠 1 股普通股。发放股票股利后，股东权益有何变化？每股净资产是多少？

（2）假设该公司按照 1∶2 的比例进行股票分割。股票分割后，股东权益有何变化？每股净资产是多少？

根据上述资料，分析计算如下。

（1）发放股票股利后股东权益情况如表 7-5 所示。

表 7-5　发放股票股利后股东权益情况　　　　　　　单位：万元

项　　目	金　额
普通股（面值 1 元，发行在外 2 000 万股）	11 000
资本公积	11 000
盈余公积	5 000
未分配利润	6 000
股东权益合计	33 000

每股净资产为 33 000÷(1 000＋100)＝30(元/股)。

（2）股票分割后股东权益情况如表 7-6 所示。

表 7-6　股票分割后股东权益情况　　　　　　　　单位：万元

项　　目	金　额
普通股（面值 1 元，发行在外 2 000 万股）	10 000
资本公积	10 000
盈余公积	5 000
未分配利润	8 000
股东权益合计	33 000

每股净资产为 33 000÷(1 000×2)＝16.5(元/股)。

二、股票回购

（一）股票回购的含义及方式

股票回购是指上市公司出资将其发行在外的普通股以一定价格购买回来予以注销或作为库存股的一种资本运作方式。公司不得随意收购本公司的股份。只有满足相关法律规定的情形才允许股票回购。

股票回购的方式主要包括公开市场回购、要约回购和协议回购三种。其中,公开市场回购,是指公司在公开交易市场上以当前市价回购股票;要约回购是指公司在特定期间向股东发出的以高于当前市价的某一价格回购既定数量股票的要约;协议回购则是指公司以协议价格直接向一个或几个主要股东回购股票。

(二)股票回购的动机

在证券市场上,股票回购的动机多种多样,主要有以下几点。

1. 现金股利的替代

现金股利政策会对公司产生未来的派现压力,而股票回购不会。当公司有富余资金时,通过回购股东所持股票将现金分配给股东,这样,股东就可以根据自己的需要选择继续持有股票或出售获得现金。

2. 改变公司的资本结构

无论是现金回购还是举债回购股份,都会提高公司的财务杠杆水平,改变公司的资本结构。公司认为权益资本在资本结构中所占比例较大时,为了调整资本结构而进行股票回购,可以在一定程度上降低整体资金成本。

3. 传递公司信息

由于信息不对称和预期差异,证券市场上的公司股票价格可能被低估,而过低的股价将会对公司产生负面影响。一般情况下,投资者会认为股票回购意味着公司认为其股票价值被低估而采取的应对措施。

4. 基于控制权的考虑

控股股东为了保证其控制权,往往采取直接或间接的方式回购股票,从而巩固既有的控制权。另外,股票回购使流通在外的股份数变少,股价上升,从而可以有效地防止敌意收购。

(三)股票回购的影响

股票回购对上市公司的影响主要表现在以下几个方面。

(1)股票回购需要大量资金支付回购成本,容易造成资金紧张,降低资产流动性,影响公司的后续发展。

(2)股票回购无异于股东退股和公司资本的减少,也可能会使公司的发起人更注重创业利润的实现,从而不仅在一定程度上削弱了对债权人利益的保护,而且忽视了公司的长远发展,损害了公司的根本利益。

(3)股票回购容易导致公司操纵股价。公司回购自己的股票容易导致其利用内幕消息进行炒作,加剧公司行为的非规范化,损害投资者的利益。

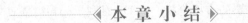

《 本 章 小 结 》

企业收益管理是对企业收益与分配的主要管理活动及其形成的财务关系的组织与调节,即收益分配管理。企业的收益分配有广义和狭义两种概念。本章所指收益分配采用狭义的收益分配概念,即对企业净利润的分配,简称利润分配。

企业通过发放股利来完成其利润分配的过程。股利政策是指在法律允许的范围内,企业是否发放股利、发放股利的数量及何时发放股利的政策。

围绕着公司股利政策是否影响公司价值这一问题,主要有两类不同的股利理论:股利无关论和股利相关论。股利相关论主要观点有"手中鸟"理论、信号传递理论、所得税差异理论及代理理论四种。

股利政策通常涉及剩余股利政策、固定或稳定增长的股利政策、固定股利支付率政策及低正常股利加额外股利政策四种。具体制约因素主要包括法律、公司、股东及其他方面。

股利支付形式主要有现金股利、财产股利、负债股利及股票股利。

出于某些特定的动机,公司还会进行股票分割与股票回购。

《 复习与思考题 》

1. 企业收益分配的程序包括哪几个步骤？企业对利润总额分配的程序是什么？
2. 股利政策通常有哪些？各自的优缺点分别是什么？
3. 影响股利政策制定的相关因素有哪些？
4. 常见的股利支付方式有哪些？
5. 什么是股票回购？股票回购有哪些类型？公司进行股票回购的动机有哪些？

《 练 习 题 》

一、单项选择题

1. 股利的支付可减少管理层可支配的自由现金流量,在一定程度上可抑制管理层的过度投资或在职消费行为。这种观点体现的股利理论是(　　)。

    A. 股利无关理论   B. 信号传递理论

    C. "手中鸟"理论   D. 代理理论

2. 下列项目中不能用于分派股利的是(　　)。

    A. 盈余公积金   B. 股本

    C. 税后利润   D. 上年未分配利润

3. 上市公司按照剩余股利政策发放股利的好处是(　　)。

    A. 有利于公司合理安排资金结构   B. 有利于投资者安排收入与支出

    C. 有利于公司稳定股票的市场价格   D. 有利于公司树立良好的形象

4. 在下列公司中,通常适合采用固定股利政策的是(　　)。

    A. 收益显著增长的公司   B. 收益相对稳定的公司

    C. 财务风险较高的公司   D. 投资机会较多的公司

5. 某公司近年来经营业务不断拓展,目前处于成长阶段,预计现有的生产经营能力能够满足未来 10 年稳定增长的需要,公司希望其股利与公司盈余紧密配合。基于以上条件,最为适宜该公司的股利政策是(　　)。

    A. 剩余股利政策　　　　　　　　　B. 固定股利政策

    C. 固定股利支付率政策　　　　　　D. 低正常股利加额外股利政策

6. 相对于其他股利政策而言,既可以维持股利的稳定性,又有利于优化资本结构的股利政策是(　　)。

    A. 剩余股利政策　　　　　　　　　B. 固定股利政策

    C. 固定股利支付率政策　　　　　　D. 低正常股利加额外股利政策

7. 公司采用固定股利政策发放股利的好处主要表现为(　　)。

    A. 降低资金成本　　　　　　　　　B. 有利于树立公司的良好形象

    C. 提高支付能力　　　　　　　　　D. 实现资本保全

8. 在下列股利分配政策中,能使企业保持理想的资本结构,使综合成本最低,并实现企业价值最大化的是(　　)。

    A. 剩余股利政策　　　　　　　　　B. 固定股利政策

    C. 固定股利支付率政策　　　　　　D. 低正常股利加额外股利政策

9. 在(　　)的股票交易,其交易价格会下降。

    A. 除息日　　　　B. 股权登记日　　　　C. 股利宣告日　　　　D. 股利支付日

10. 下列属于股票回购动机的是(　　)。

    A. 不改变企业资本结构　　　　　　B. 与控制权无关

    C. 降低股价,吸引更多的投资人　　D. 现金股利的替代

11. 如果上市公司以其应付票据作为股利支付给股东,则这种股利的方式称为(　　)。

    A. 现金股利　　　B. 股票股利　　　C. 财产股利　　　D. 负债股利

12. 在确定企业的收益分配政策时,应当考虑相关因素的影响,其中“偿债能力约束”属于(　　)。

    A. 股东因素　　　B. 公司因素　　　C. 法律因素　　　D. 债务契约因素

13. 股票回购对上市公司的影响是(　　)。

    A. 有利于保护债权人利益　　　　　B. 分散控股股东的控制权

    C. 有利于降低公司财务风险　　　　D. 降低资产流动性

14. 下列各项中,可以改变公司资本结构的是(　　)。

    A. 股票回购　　　B. 股票股利　　　C. 股票分割　　　D. 股票合并

15. 下列关于股利分配政策的表述中,正确的是(　　)。

    A. 公司盈余的稳定程度与股利支付水平负相关

    B. 偿债能力弱的公司一般不应采用高现金股利政策

    C. 基于控制权的考虑,股东会倾向于较高的股利支付水平

    D. 债权人不会影响公司的股利分配政策

二、多项选择题

1. 在下列各项中,属于企业进行收益分配应遵循的原则有(　　)。

    A. 依法分配原则　　　　　　　　　B. 兼顾各方利益原则

    C. 分配与积累并重原则　　　　　　D. 投资与收益对等原则

2. 按照资本保全约束的要求,企业发放股利所需资金的来源包括（　　）。

    A. 当期利润　　　　B. 留存收益　　　　C. 资本公积　　　　D. 股本

3. 公司在制定利润分配政策时应考虑的因素有（　　）。

    A. 通货膨胀因素　　　　　　　　　　　B. 股东因素

    C. 法律因素　　　　　　　　　　　　　D. 公司因素

4. 上市公司发放股票股利可能导致的结果有（　　）。

    A. 公司股东权益内部结构发生变化　　B. 公司股东权益总额发生变化

    C. 公司每股利润下降　　　　　　　　D. 公司股份总额发生变化

5. 处于初创阶段的公司,一般不宜采用的股利分配政策有（　　）。

    A. 固定股利政策　　　　　　　　　　　B. 剩余股利政策

    C. 固定股利支付率政策　　　　　　　D. 稳定增长股利政策

6. 在下列各项中,能够增加普通股股票发行在外股数,但不改变公司资本结构的行为的有（　　）。

    A. 股票股利　　　　B. 增发普通股　　　　C. 股票分割　　　　D. 股票回购

7. 股东从保护自身利益的角度出发,在确定股利分配政策时应考虑的因素有（　　）。

    A. 避税　　　　B. 控制权　　　　C. 稳定收入　　　　D. 规避风险

8. 股票分割和股票股利的相同之处有（　　）。

    A. 不改变公司股票数量　　　　　　　B. 不改变资本结构

    C. 不改变股东权益结构　　　　　　　D. 不改变股东权益总额

9. 下列各项中,属于公司回购股票动机的有（　　）。

    A. 改变公司的资本结构　　　　　　　B. 替代现金股利

    C. 巩固控股股东的控制权　　　　　　D. 传递公司股价被高估的信息

10. 下列属于股票回购缺点的有（　　）。

    A. 股票回购易造成公司资金紧缺,资产流动性变差

    B. 股票回购可能使公司的发起人忽视公司长远的发展

    C. 股票回购容易导致公司操纵股价

    D. 股票回购不利于公司实施反收购策略

三、判断题

1. 代理理论认为,高支付率的股利政策有助于降低企业的代理成本,但同时也会增加企业的外部融资成本。　　　　　　　　　　　　　　　　　　　　　（　　）

2. 企业发放股票股利会引起每股利润的下降,从而导致每股市价有可能下跌,因而每位股东所持股票的市场价值总额也将随之下降。　　　　　　　　　　　　（　　）

3. 在固定股利支付率政策下,各年的股利随着收益的波动而波动,容易给投资者带来公司经营状况不稳定的印象。　　　　　　　　　　　　　　　　　　　（　　）

4. 与固定股利政策相比,低正常股利加额外股利政策赋予公司股利发放的灵活性。（　　）

5. 根据"无利不分"原则,当企业出现年度亏损时,一般不进行利润分配。　　（　　）

6. 在其他条件不变的情况下,股票分割会使发行在外的股票总数增加,进而降低公司资产负债率。　　　　　　　　　　　　　　　　　　　　　　　　　　　（　　）

7. 所得税差异理论认为,由于普遍存在的税率的差异及纳税时间的差异,股利收入比资本利得收入更有助于实现收益最大化目标,企业应当采用高股利政策。　　　(　)

8. 与发放现金股利相比,股票回购可以提高每股收益,使股价上升或将股价维持在一个合理的水平上。　　　(　)

9. 股票分割会使公司股票总数增加,但公司股本总额不变。　　　(　)

10. 由于信息不对称和预期差异,投资者会把股票回购当作公司认为其股票价格被高估的信号。　　　(　)

四、计算题

1. 某公司目标资本结构要求权益资本占 55％,2020 年的净利润为 2 500 万元,预计 2021 年投资所需资金为 3 000 万元。

要求:按照剩余股利政策,计算 2020 年可发放的现金股利。

2. 某公司成立于 2020 年 1 月 1 日,2020 年度实现的净利润为 2 000 万元,分配现金股利 1 100 万元,2021 年实现的净利润为 2 500 万元。若公司采用固定股利支付率政策,计算 2021 年分配的现金股利。

3. 某公司发放股利前的股东权益如下:股本 3 000 万元(每股面值 1 元),资本公积 2 000 万元,盈余公积 2 000 万元,未分配利润 5 000 万元。若每 10 股发放 1 股普通股作为股利,股利按市价(每股 10 元)计算,公司发放股票股利后,分别计算该公司的未分配利润、股本、资本公积、盈余公积及股东权益的金额。

4. 甲公司发放股票股利前,投资者张某持有甲公司普通股 20 万股,甲公司的股东权益账户情况如下,股本为 2 000 万元(发行在外的普通股为 2 000 万股,面值 1 元),资本公积为 3 000 万元,盈余公积为 2 000 万元,未分配利润为 3 000 万元。公司每 10 股发放 2 股股票股利,按市值确定的股票股利总额为 2 000 万元。

要求:

(1) 计算股票股利发放后的"未分配利润"项目金额。

(2) 计算股票股利发放后的"股本"项目金额。

(3) 计算股票股利发放后的"资本公积"项目金额。

(4) 计算股票股利发放后张某持有公司股份的比例。

5. 丁公司 2021 年末的资产总额为 60 000 万元,权益资本占资产总额的 60％,当年净利润为 7 200 万元,丁公司认为其股票价格过高,不利于股票流通,于 2021 年末按照 1∶2 的比例进行股票分割,股票分割前丁公司发行在外的普通股股数为 2 000 万股。根据 2022 年的投资计划,丁公司需要追加 9 000 万元,基于公司目标资本结构,要求追加的投资中权益资本占 60％。

要求:

(1) 如果丁公司针对 2021 年度净利润采取固定股利支付率政策分配股利,股利支付率为 40％,计算应支付的股利总和。

(2) 如果丁公司针对 2021 年度净利润采取剩余股利政策分配股利。计算下列指标:①2022 年追加投资所需要的权益资本额;②可发放的股利总额。

五、案例分析题

F 公司为一家稳定成长的上市公司，2021 年度 F 公司实现净利润 8 000 万元。F 公司上市三年来一直执行稳定增长的现金股利政策，年增长率为 5%，吸引了一批稳健的战略性机构的投资。F 公司投资者中个人投资者持股比例占 60%。2020 年度每股派发 0.2 元的现金股利。F 公司 2022 年计划新增一投资项目，需要资金 8 000 万元。F 公司目标资产负债率为 50%。由于 F 公司良好的财务状况和成长能力，公司与多家银行保持着良好的合作关系。F 公司 2021 年 12 月 31 日资产负债表有关数据如表 7-7 所示。

表 7-7　资产负债表有关数据　　　　　　　　　单位：万元

货币资金	12 000
负债	20 000
股本（面值 1 元，发行在外 10 000 万股普通股）	10 000
资本公积	8 000
盈余公积	3 000
未分配利润	9 000
股东权益总额	30 000

2022 年 3 月 15 日 F 公司召开董事会会议，讨论了甲、乙、丙三位董事提出的 2021 年度股利分配方案。

（1）甲董事认为考虑到 F 公司的投资机会，应当停止执行稳定增长的现金股利政策，将净利润全部留存，不分配股利，以满足投资需要。

（2）乙董事认为既然 F 公司有好的投资项目，有较大的现金需求，应当改变之前的股利政策，采用每 10 股送 5 股的股票股利分配政策。

（3）丙董事认为应当维持原来的股利分配政策，因为 F 公司的战略性机构投资者主要是保险公司，它们要求固定的现金回报，且当前资本市场效率较高，不会由于发放股票股利使股价上涨。

要求：

（1）计算维持稳定增长的股利分配政策下 F 公司 2021 年度应当分配的现金股利总额。

（2）分别计算甲、乙、丙三位董事提出的股利分配方案的个人所得税税额。

（3）分别站在 F 公司和投资者的角度，比较分析甲、乙、丙三位董事提出的股利分配方案的利弊，并指出最佳股利分配方案。

财务报表分析与业绩评价

学 习 目 标

- 理解财务分析的概念和分类；
- 了解财务分析基本流程；
- 掌握财务分析基本指标；
- 掌握企业业绩评价方法。

本 章 基 本 框 架

$$
\text{财务报表分析与业绩评价}
\begin{cases}
\text{财务分析概述}
\begin{cases}
\text{财务分析的原理} \\
\text{财务分析的主要依据——财务报表}
\end{cases} \\
\text{财务分析的主要指标}
\begin{cases}
\text{偿债能力分析指标} \\
\text{营运能力分析指标} \\
\text{盈利能力分析指标} \\
\text{发展能力分析指标} \\
\text{财务指标之间的关系}
\end{cases} \\
\text{财务业绩评价}
\begin{cases}
\text{基本理论} \\
\text{财务业绩综合评价的方法}
\end{cases}
\end{cases}
$$

引 导 案 例

深入学习贯彻党的二十大精神，加快推进教育评价改革落实落地

2022 年 11 月 18 日，中央教育工作领导小组秘书组、教育部在京召开深化新时代教育评价改革工作推进会，深入学习贯彻党的二十大精神，贯彻落实习近平总书记关于教育评价改革的重要指示，加快推进《深化新时代教育评价改革总体方案》落实落地。中央教育工作领导小组秘书组组长、教育部党组书记、部长怀进鹏出席会议并讲话，教育部党组成员、副部长孙尧主持会议。

党的二十大报告对教育、科技、人才作出一体部署,赋予教育以新的战略地位和历史使命,并对深化教育领域综合改革、完善教育评价体系提出了新要求。习近平总书记高度重视教育评价改革,作出一系列重要指示,系统回答了新时代教育评价改革的一系列重大理论和实践问题,为深化新时代教育评价改革提供了根本遵循,指明了前进方向。总体方案印发两年多来,教育评价改革取得良好开局和重要阶段性成效。要坚定改革自信,增强改革紧迫感,进一步把思想和行动统一到党中央决策部署上来。

怀进鹏强调,深化新时代教育评价改革,要找准突破口,围绕建设高质量教育体系,以教育评价改革牵引教育领域综合改革,为加快建设教育强国、科技强国、人才强国增添动力和活力。一要以评价改革牵引育人方式改革。健全立德树人落实机制,强化德智体美劳过程性评价,完善综合素质评价体系,深化基础学科人才和卓越工程师评价改革,深化考试招生制度改革,培养担当民族复兴大任的时代新人。二要以评价改革牵引办学模式改革。坚持扎根中国大地办教育,加快健全中国特色高校评价体系,改进职业学校评价,引导不同类型学校办出特色和水平,提高支撑国家战略和服务经济社会发展能力。三要以评价改革牵引管理体制改革。强化教育评价的标准引领,完善教育督导和政府履行教育职责评价,严格控制教育评价活动数量和频次,提高教育治理能力和水平。四要以评价改革牵引保障机制改革。深化人才评价机制改革,进一步强化教育经费使用效益的评价,推进教育评价数字化转型,夯实教育优先发展的基础。

（资料来源:深入学习贯彻党的二十大精神,加快推进教育评价改革落地落实,深化新时代教育评价改革工作推进会召开.[EB/OL].(2022-11-18)[2023-05-25]. http://www. moe. gov. cn/jyb_zzjg/huodong/202211/t20221118_995844. html.）

思考:结合案例从财务的角度如何进行更有效的评价。提出干部考核评价体系建议。

 小贴士

党的二十大报告提出:"完善干部考核评价体系,引导干部树立和践行正确政绩观,推动干部能上能下、能进能出,形成能者上、优者奖、庸者下、劣者汰的良好局面。"

第一节　财务分析概述

一、财务分析的原理

（一）财务分析的种类

所谓财务分析,是指以会计核算和报告资料及其他相关资料为依据,采用一系列专门的分析技术和方法,对企业等经济组织过去和现在的有关筹资活动、投资活动、经营活动的盈利能力、营运能力、偿债能力和增长能力状况(分析对象)等进行分析与评价,为企业的投资者、债权者、经营者及其他关心企业的组织或个人(服务对象)了解企业过去、评价企业现状、预测企业未来(目的),作出正确决策与估价提供准确的信息或依据的经济应用学科。

由于分析主题、分析范围、分析客体、分析方法的不同可以将财务分析分为:按照分析的主体来说,也就是由谁来分析,可以分成内部分析和外部分析。按分析的范围可分全面分析和局部分析。按照分析的客体来说,也就是对什么资料进行分析,可以分成资产负债表分析、收益表分析、现金流量表分析和报表之间的交叉分析。三大报表可以单独进行分析，也可以进行交叉分析。

按照分析的方法可以分成比例分析和趋势分析，比例分析是把不同的指标两个两个放在一起，算出一个比例，这就是比例分析。比如流动资产和流动负债放在一起进行对比，计算出来就是流动比率，这种分析叫比例分析。趋势分析是把同一个指标3～5年的数据，看其发展变化的趋势，比如把五年的流动资产放在一起，看流动资产是按照一个什么增长趋势来增长的，有没有什么异常的波动，这种分析叫趋势分析。

（二）分析的程序

研究财务分析组织与程序是进行财务分析的基础和关键，为展开财务分析工作、掌握财务分析技术指标指明了方向。

企业财务程序分为以下四个阶段。

（1）财务分析信息搜集整理阶段，首先明确财务分析目的，第二步制订财务分析计划，第三步搜集整理财务分析信息。

（2）战略分析与会计分析阶段，这一阶段主要明确企业所处的环境及企业提供会计信息的质量分析。财务分析不能脱离开企业战略进行分析，所以首先对企业进行战略分析，以便更合理地评价企业财务状况；其次财务分析以会计信息为前提，所以财务分析质量的高低直接影响财务分析质量和结论，非常有必要对企业提供的财务信息进行会计分析。

（3）财务分析实施阶段，将企业财务分析分五个方面进行，分别从企业偿债能力、盈利能力、营运能力、发展能力、竞争能力进行分析。

（4）财务分析综合评价阶段，主要对企业进行综合评价与分析，并编制企业财务分析报告。

（三）分析的标准

任何指标都是有标准的，指标的好坏都是相对的，它总是相对于一定的参照系，没有一定的参照标准也就很难说指标好与坏。以开车为例，在城里开到90千米/小时的时候就超速了，但是在高速公路上这是很正常的速度，甚至是比较低的速度。因此，总是要提出标准才能判断这个指标是好还是坏。

财务分析的标准有四类：第一类是经验数据，就是人们在做财务分析时长期以来根据经验形成的数据。第二类是以历史数据为准，历史数据主要是上年的数据和历史上的先进数据。第三类是同行业数据，包括同行业平均数和行业最好的数据，以及主要竞争对手的数据。第四类是本企业预定数，预定数主要指预算、计划、定额、目标等。

二、财务分析的主要依据——财务报表

财务报表主要包括以下三张报表。

（一）资产负债表

三个报表是建立在三个原理或三个公式的基础上的，第一个原理叫资产负债表的原理，它是建立的公式基础为

$$资产＝负债＋所有者权益 \tag{8-1}$$

什么是资产？像办公楼（厂房）、原材料、产成品都是资产，但究竟什么是资产呢？会计上对资产的定义是：资产是能够给企业带来经济利益的各种资源。在未来能给企业带来经济利益的各种各样的资源，如厂房、生产线、汽车、产成品、原材料，经过一些过程都能给企业带来利益，这些都构成企业的资产。负债就是需要偿还的资金，像银行的借款、应交而未交的税金这都形成负债。所有者权益是所有者的投资，以及后来陆陆续续的积累。在股份制公司里也叫股东权益，所以所有者权益和股东权益通常是混着用的。在私营企业、合伙制企业、小企业里也叫业主权益。所以所有者权益是个通用的词。

（二）利润表

利润表是收入减去成本费用，但是这个扣减的成本费用不一样，形成的利润也不一样，所以就有毛利润、净利润、利润总额、税前利润等一系列的利润概念。

（三）现金流量表

现金流量表原理是建立在下面的公式基础上的：

$$现金的净增加额＝一定时期的现金流入－现金流出 \qquad (8\text{-}2)$$

现金的净增加额可能是正数，也可能是负数，就像利润可能是正数也可能是负数一样，现金的净增加额如果是负数就是现金的减少。由于一个公司的现金流入可以分成三类，现金流出也可以分成三类，所以可以把这个公式换成下面的公式：

$$经营活动产生净现金流量＝经营活动的现金流入－经营活动的现金流出 \qquad (8\text{-}3)$$
$$投资活动产生净现金流量＝投资活动的现金流入－投资活动的现金流出 \qquad (8\text{-}4)$$
$$筹资活动产生净现金流量＝筹资活动的现金流入－筹资活动的现金流出 \qquad (8\text{-}5)$$

三种流入减去三种流出形成的就是三种现金的净增加额。为什么要区分这三个？因为这个区分意义很重要，经营活动的现金流入代表了经营活动的现金来源和现金使用，这个是最重要的，筹资并不是经营业务上的，筹资是经营出现现金短缺的时候，才安排的现金流入，所以它和经营业务没有直接关系，它是融资和投资活动，所以在做财务分析的时候更多的是看重经营活动的现金流入。

讲了三个报表的简单原理，下面来看一下具体的报表。

简易资产负债表如表 8-1 所示。

表 8-1　简易资产负债表

会企 01 表

单位名称：甲股份有限公司　　　　　2022 年 12 月 31 日　　　　　单位：元

资　产	年初余额	期末余额	负债和所有者权益	年初余额	期末余额
流动资产：			流动负债：		
货币资金			短期借款		
交易性金融资产			交易性金融负债		
应收票据			应付票据		
应收账款			应付账款		
……			……		
流动资产合计			流动负债合计		

续表

资　产	年初余额	期末余额	负债和所有者权益	年初余额	期末余额
非流动资产：			非流动负债：		
可供出售金融资产			长期借款		
持有至到期投资			……		
长期应收款					
长期股权投资			非流动负债合计		
固定资产			负债合计		
……			所有者权益		
……			实收资本(或股本)		
其他非流动资产			资本公积		
非流动资产合计			……		
资产总计			负债和所有者权益(或股东权益)总计		

简要利润表如表 8-2 所示。

表 8-2　简要利润表

2022 年度　　　　　　　　　　　　　　　　　　　　会企 02 表

编制单位：甲股份有限公司　　　　　　　　　　　　　　　　　　　单位：元

项　　目	本期金额	上期金额
一、营业收入		
减：营业成本		
营业税金及附加		
减：销售费用		
管理费用		
财务费用		
资产减值损失		
加：公允价值变动收益(损失以"－"号填列)		
投资收益(损失以"－"号填列)		
其中：对联营企业和合营企业的投资收益		
二、营业利润(亏损以"－"号填列)		
加：营业外收入		
减：营业外支出		
其中：非流动资产处置损失		
三、利润总额(亏损总额以"－"号填列)		
减：所得税费用		
四、净利润(净亏损以"－"号填列)		

$$毛利＝销售收入－销售成本－销售税金$$
$$息税前的利润＝毛利－销售费用$$
$$税前利润＝息税前的利润－利息$$
$$税后利润＝税前利润－所得税$$

简要现金流量表如表 8-3 所示。

企业现金流量分三类，分别是经营活动产生的现金流量，投资活动产生的现金流量及筹资活动产生的现金流量。

表 8-3　简要现金流量表

2022 年度　　　　　　　　　　　　　　　　会企 03 表

编制单位：甲股份有限公司　　　　　　　　　　　　　　　　单位：元

项　　目	行　　次	金　　额
一、经营活动产生的现金流量		
销售商品、提供劳务收到的现金		
收到的税费返还		
收到的其他与经营活动有关的现金		
现金流入小计		
购买商品、接受劳务支付的现金		
支付税款		
工资		
其他与经营活动有关的现金		
现金流出小计		
经营活动产生的现金净流量		
二、投资活动产生的现金流量		
收回投资所收到的现金		
分得股利或利润收到的现金		
收到的其他与投资活动有关的现金		
现金流入小计		
购建固定资产、无形资产等支付现金		
其他与投资活动有关的现金		
现金流出小计		
投资活动产生的现金净流量		
三、筹资活动产生的现金流量		
发行股票收到的现金		
发行债券与借款收到的现金		
债券利息收入收到的现金		
收到的其他与筹资活动有关的现金		
现金流入小计		
偿还债务等支付现金		

续表

项　目	行　次	金　额
分配股利、支付利息支出的现金		
其他与筹资活动有关的现金支出		
现金流出小计		
筹资活动产生的现金净流量		
四、现金的净增加额		

第二节　财务分析的主要指标

财务分析指标众多,本章将财务分析指标分为偿债能力、营运能力、盈利能力和发展能力四个方面来进行讲解。

一、偿债能力

下面从三类指标来表述企业偿债能力。第一类是短期偿债能力,第二类是长期偿债能力,第三类是负担利息支出的能力。第一类和第二类指标都是从静态的角度分析企业偿债能力,第三类指标从动态角度分析企业偿债能力。各类指标都有其优缺点,都有一定局限性,但目前来讲这些指标是用来衡量企业偿债能力的最常用、最可靠的指标。

偿债能力分析

(一) 短期偿债能力

本节将列举四个短期偿债能力指标,即流动比率、速动比率、现金比例和现金流量比率,最主要的是前面两个指标。

1. 流动比率

$$流动比率＝\frac{流动资产}{流动负债} \tag{8-6}$$

流动资产是指在 1 年之内或者在一个经营周期之内就能转化为现金的资产;流动负债是指在 1 年之内需要用现金去偿还的债务,所以这个指标反映的是 1 年内转化为现金的资产对 1 年内就需要用现金偿还的债务的保障程度,即是否有足够的保障来偿还债务。按照国际惯例,或者按经验数据,流动比率等于 2 的时候是最佳的。在这个比率下,到期的债务一般都能还上。但是从偿债的角度来说,流动比率越高越好。流动比率超过 2,或者是在 4 以上,说明偿债能力是好了,但是说明企业的进取能力不强,这表现在两个方面,一是囤积了大量的流动资产,这对企业的发展是没有好处的;二是本来可以多借点流动负债但是太保守了不敢借,流动资产虽然不多但是负债太少,所以造成流动比率很高。所以流动比率等于 2 的时候最佳。如果低于 2,对企业发展来说,很可能在发展过程当中不能偿还到期债务。

2. 速动比率

$$速动比率＝\frac{速动资产}{流动负债} \tag{8-7}$$

速动资产就是能迅速转化为现金的资产。速动比率就是能迅速转化为现金的资产对流动负债的涵盖程度。按照国际惯例，这个指标等于 1 的时候最好。

$$速动资产＝流动资产－存货 \tag{8-8}$$

3. 现金比例

$$现金比例＝\frac{现金和现金等价物}{流动负债} \tag{8-9}$$

现金等价物一般是指国债方面的投资，投资国债基本和现金一样，随时可以变现，所以叫现金等价物。这是变现能力更强的资产。

4. 现金流量比率

$$现金流量比率＝\frac{经营活动的净流量}{流动负债} \tag{8-10}$$

这 1 年产生的经营活动的现金净流量，是一个动态的概念，即 1 年经营活动增加的现金流量对流动负债的涵盖程度。

（二）长期偿债能力

1. 资产负债率

$$资产负债率＝\frac{负债总额}{资产总额} \tag{8-11}$$

2. 所有者权益比例

$$所有者权益比例＝\frac{所有者权益总额}{资产总额} \tag{8-12}$$

由于　　　　　　　　资产总额＝负债＋所有者权益

因此，资产负债率＋所有者权益比例＝1，所以它们之间是此消彼长的关系。

3. 权益乘数

$$权益乘数＝\frac{资产总额}{所有者权益总额}＝\frac{1}{所有者权益比例} \tag{8-13}$$

权益乘数和资产负债率之间也有关系，当权益乘数等于 2，资产负债率等于 50％，权益乘数是 4，那么所有者权益比例就是 1/4 即 25％，那么资产负债率就是 75％。所谓乘数，是一个财务杠杆，可以把一个很小的利润翻成一个很大的利润。乘数具有双重作用，赢利的时候，权益乘数是 4，就能把利润翻 4 倍；亏损的时候，权益乘数是 4，亏损额也会翻 4 倍。

（三）负担固定财务支出能力

偿债能力的最后一点是负担固定财务支出能力，它包括两个指标，一个是利息保障倍数，另一个是固定费用保障倍数。

1. 利息保障倍数

$$利息保障倍数＝\frac{息税前的利润}{利息费用} \tag{8-14}$$

这个指标反映的是有没有足够的赢利去应付利息支出，一个企业能不能借债，关键看有没有赢利。如果企业赢利很微弱，利润涵盖不了利息，那最好不要借债。

2. 固定费用保障倍数

$$固定费用保障倍数＝\frac{税前和支付固定费用前的利润}{利息费用}＋租金＋\frac{优先股股利}{1－所得税税率} \tag{8-15}$$

这个指标说明除了利息以外还有其他两项固定财务支出。一项是租金,如租的办公楼,每年要付租金,这是一项固定的财务负担;另一项优先股股利,但它是在税后付,为了调成税前的项目就将其与(1−所得税税率)相比。这个指标反映了利润对公式中三项费用的涵盖程度。

二、营运能力

营运能力分析实际上是分析企业的资产周转速度快慢。如果一个企业资产周转速度特别慢,一年周转不了一次,这种企业营运能力就比较弱;相反如果一个企业资产周转速度特别快,一年能周转好多次,就说明这个企业的营运能力特别强。现在一些老的国有企业资产周转速度有一些慢,表示其营运能力弱。营运能力就是分析各类资产的周转速度,及其对企业产生的影响。

营运能力分析

(一) 应收账款的周转次数

$$应收账款的周转次数=\frac{赊销金额}{应收账款平均占用额} \tag{8-16}$$

赊销金额是用全部的销售收入扣除现金销售,再扣除销售的退回折扣、折让。赊销金额与应收账款平均占用额之比叫应收账款的周转次数。这个指标反映的是应收账款在1年里周转几次。通常这个周转次数越多越好,如1年周转12次,就是应收账款很理想的状态了。表明账款30天就收回来了,1年周转12次。

(二) 应收账款的周转天数

$$\begin{aligned}应收账款的周转天数&=\frac{应收账款平均占用额\times365}{赊销金额}\\ &=\frac{365}{应收账款周转次数}\end{aligned} \tag{8-17}$$

应收账款的周转天数是指应收账款周转一次需要几天。比如1年周转12次,它的周转天数就是30天,应收账款的账龄是30天。所以周转的次数越多越好,周转的天数越少越好。

(三) 存货

存货也可以计算天数,但是存货通常是用次数来表示,应收账款通常是用天数来表示,因为应收账款通常要算账龄。但是存货更多的是用次数来表示,存货周转次数越多越好。其计算公式如下:

$$存货周转次数=\frac{销售成本}{存货} \tag{8-18}$$

(四) 总资产率

$$总资产率=\frac{销售收入}{资产总额}$$

总资产率是指总资产1年周转的次数,总资产包含了应收账款、存货、固定资产、无形资产和其他资产。所以总资产率是最综合的,代表了全部资产的周转状况。

三、盈利能力

盈利能力指标分成两类四个指标。

第一类指标是与销售相关的赢利能力，就是销售净利率和销售毛利率。它表明企业销售产品获得利润的高低。

盈利能力分析

$$销售毛利率 = \frac{销售收入 - 销售成本}{销售收入} \qquad (8\text{-}19)$$

$$销售净利率 = \frac{税后净利}{销售收入} \qquad (8\text{-}20)$$

第二类指标是所有者权益报酬率和总资产报酬率，通常称之为与一定的资金占用量相关的赢利能力指标。所有者权益报酬率是与所有者投资有关，总资产报酬率是与全部资金有关，包括所有的投资，也包括债权人的投资，与全部资金有关系。所有者权益报酬率也叫净资产收益率。所有者、债权人的投资回报都可以通过总资产报酬率来衡量，所以总资产报酬率一般被作为最重要的指标。

另外还有两个指标和股票有关的赢利能力指标，即每股收益和市盈率。

$$每股收益（也叫每股盈余或 \text{EPS}） = \frac{税后净利}{普通股股数} \qquad (8\text{-}21)$$

例如，五粮液集团发给股东的股息和红利很少，所以引发了关于五粮液现象的大讨论。

$$市盈率 = \frac{每股市价}{每股收益} \qquad (8\text{-}22)$$

市盈率是一个倍数的概念，是市价对盈余的倍数。按照国际惯例，发达国家通常是 10～20 倍，发展中国家是 20～40 倍。因为发达国家的经济增长已经比较平稳了，发展中国家经济增长比较快，可以支持比较高的市盈率。

四、发展能力

企业的发展能力也称企业的成长性，是企业通过自身的生产经营活动，不断扩大积累而形成的发展潜能。企业发展能力衡量的核心是企业价值增长率。企业能否健康发展取决于多种因素，包括外部经营环境、企业内在素质及资源条件等。企业发展能力分析指标有销售增长率、净利润增长率、所有者权益增长率、总资产增长率。

（一）销售增长率

销售增长率是指企业本年销售增长额与上年销售额之间的比率，反映销售的增减变动情况，是评价企业成长状况和发展能力的重要指标。其计算公式为

$$销售增长率 = 本年销售增长额 \div 上年销售额 \qquad (8\text{-}23)$$
$$= （本年销售额 - 上年销售额） \div 上年销售额$$

该指标反映的是相对化的营业收入增长情况，是衡量企业经营状况和市场占有能力、预测企业经营业务拓展趋势的重要指标。在实际分析时应考虑企业历年的销售水平、市场占有情况、行业未来发展及其他影响企业发展的潜在因素，或结合企业前 3 年的营业收入增长率进行趋势性分析判断。

（二）总资产增长率

总资产增长率是企业本年资产增长额同年初资产总额的比率,反映企业本期资产规模的增长情况。其计算公式为

$$总资产增长率＝本年资产增长额÷年初资产总额×100\% \qquad (8\text{-}24)$$

$$本年资产增长额＝年末资产总额－年初资产总额 \qquad (8\text{-}25)$$

总资产增长率越高,表明企业一定时期内资产经营规模扩张的速度越快。但在分析时,需要关注资产规模扩张的质和量的关系,以及企业的后续发展能力,避免盲目扩张。

（三）净利润增长率

净利润增长率是企业本年净利润增长额与上年净利润总额的比率,反映企业净利润的增减变动情况。其计算公式为

$$净利润增长率＝本年净利润增长额÷上年净利润总额×100\% \qquad (8\text{-}26)$$

$$本年净利润增长额＝本年净利润－上年净利润 \qquad (8\text{-}27)$$

（四）所有者权益增长率

所有者权益增长率是企业本年所有者权益增长额与年初所有者权益的比率,反映企业当年资本的积累能力。其计算公式为

$$所有者权益增长率＝本年所有者权益增长额÷年初所有者权益×100\% \qquad (8\text{-}28)$$

$$本年所有者权益增长额＝年末所有者权益－年初所有者权益 \qquad (8\text{-}29)$$

所有者权益增长率越高,表明企业的资本积累越多,应对风险、持续发展的能力越强。

五、财务指标之间的关系

前面是介绍的是单个的指标,现在是不同财务指标之间的关系,要把两个指标连起来对比分析。

（一）所有者权益报酬率（ROE）

$$ROE＝\frac{税后净利}{所有者权益}$$

将这个指标分开,即

$$ROE＝\frac{税后净利}{所有者权益}＝\frac{税后净利}{资产总额}×\frac{资产总额}{所有者权益} \qquad (8\text{-}30)$$

$$＝总资产报酬率×权益乘数$$

例如,甲、乙两个公司都是三联集团下的二级公司,原来总公司规定的 *ROE* 都是20%,最后两个公司都实现了,就感觉两家公司是一样的,但是通过中间过程一分拆,就看到两家公司不一样了:甲公司是总资产报酬率10%,权益乘数是2,即资产负债率50%,这就说明资产负债率不高,赢利能力比较高;乙公司总资产报酬率只有5%,但权益乘数是4,即资产负债率是75%,这是一个比较高的负债,财务风险比较大,所以乙公司在赢利能力不太高的情况下,制造了一个比较高的杠杆效应,风险也比较高,75%的负债很可能引发无力偿债。这样两家公司的差别就比较出来了。

（二）总资产报酬率

$$总资产报酬率 = \frac{税后净利}{资产总额} = \frac{税后净利}{销售收入} \times \frac{销售收入}{资产总额} = \frac{销售净利润率}{资产周转率}$$
$$= 销售净利润率 \times 资产周转次数$$

从这里可以看出资金周转的作用，同样的两家公司规定都是 18% 的总资产报酬率，两家公司都实现了，但是实现的途径不一样。甲公司销售净利润率 9%，资金周转两次，利润率很高但周转不太快，1 年周转两次；乙公司销售净利润率 2%，但是资产周转速度很快，1 年周转 9 次，每次带回 2% 的利润，全年也是 18%。所以这是两种经营策略。上文的例子是两个公司的财务策略不一样，这里是两个公司的经营策略不一样。甲公司是高价销售追求高的利润率，但不太追求周转速度；乙公司是薄利多销，追求资产的快速周转。通俗地讲，前一个代表是高档商城，后一个代表是平价超市，虽然平价超市利润率很低，但资金周转很快，代表了不同的经营理念。

第三节　财务业绩评价

一、基本理论

（一）业绩

对业绩下定义很难，英文字典的定义：一是"正在执行的活动或者已经完成的活动"，二是"重大的成就"。汉语字典的定义：一是"建立的功劳和完成的事业"，二是"重大的成就"。英文的第一个解释是既包括了过程也包括了结果，而中文的解释更多的是结果。

（二）评价

评价是为了达到一定的目的，运用特定的指标，比照统一的标准，采用规定的方法，对事物作出判断的一种认知活动。企业的业绩评价就是为了实现企业的目标，企业的目标可能是利润最大化，也可能是为了企业的持续发展，也可能是股东财富的最大化，也可能是员工收入最大化，每个企业对使命的概括都是不一样的。有的企业主要是追求股东财富的最大化，有的企业主要是追求企业价值最大化，但是也有一些企业不是追求股东财富最大化的，但在某一阶段是追求股东财富最大化。所以每个企业不同时期的目标是不完全一样的。

（三）业绩评价的指标

从历史上看，企业都比较重视利润方面的指标，如投资报酬率（ROI）、权益报酬率（ROE）等，以会计数据为主的利润指标，在历史上非常受重视。但是后来发生变化了，主导指标不再是利润了，单纯以利润指标或财务指标作为业绩评价指标受到了批评，就引入了非财务指标，引入了综合性的指标，比如以"业绩金字塔"和"平衡计分卡"为例的一些新的评价思路和方法。这时，利润不再是最至高无上的、最主要的指标了。指标变得更加综合了，更加多元化了，对企业的评价也就更全面了。所以业绩评价是由不太全面到逐渐更全面、更丰富的过程转移。

（四）业绩评价的作用

业绩评价是综合衡量企业业绩的一种重要方法。本章讲了很多指标，如果单一地看一项指标优势会得出片面的结论,多看几个指标,进行综合分析之后就更可信。评价也是所有者测量经营者业绩所必需的,随着两权分离,所有者把经营权交给了经营者,但是要对经营者的业绩进行测量。还有上级对下级的业绩进行测量,如集团公司要对下面的二级公司的业绩进行测量,这也是企业管理中非常重要的。还有债权人对债务人的业绩要进行测量,债权人在发放贷款之前对债务人的综合业绩要进行了解,所以要进行测量。还有,业绩评价是奖励经营者的重要依据。

二、财务业绩综合评价的方法

(一)杜邦分析法

杜邦分析法主导财务指标的分解和综合,如图 8-1 所示就是一个杜邦分析法。

				所有者权益报酬率 41%							
		总资产报酬率 18%			×			权益乘数 2.27			
	销售净利率 9%		×	总资产周转率 2%			总资产 50 000		÷	所有者权益 22 000	
	税后净利	÷	销售收入	÷	总资产			所有者权益	+	负债	
	9 000		10 000		50 000			22 000		28 000	
销售收入	−	成本费用	−	所得税	流动资产	+	非流动资产	长期负债	+	流动负债	
100 000		85 000		6 000			12 000	10 000		18 000	
销售成本	销售及管理费	利息	现金	有价证券	存货	应收账款	固定资产	长期投资	应付债券	长期借款	应付票据	应付账款	应付费用
60 000	20 000	5 000	4 000	2 000	17 000	15 000	10 000	2 000	6 000	4 000	10 000	6 000	2 000

图 8-1　杜邦分析法

杜邦分析法是杜邦公司发明的,在 20 世纪 30 年代,杜邦公司的财务人员将财务分析提供给总裁,总裁说看不懂,说能不能用简单的图示让我看懂,杜邦公司的财务人员就琢磨出一个指标分解的思路来。

(二)综合评分法

综合评分法又叫综合评价理论。尽管杜邦图对指标进行了分解,但毕竟只用了 ROE 一个指标。而综合评价法不是用一个指标,而是用若干个指标来打分。在 20 世纪初,亚历山大·沃尔写了几本书,《信用晴雨表研究》和《财务比例分析》。在这些书里他提出了综合评价最基本的框架,他主张不要用一个指标,而要用若干个指标。但他当时提的设想还是粗线条的,后来人们不断地丰富、发展,到 20 世纪五六十年代,就出现了综合评分法。

综合评分法的实施可以分成以下几个步骤。

(1)选择具有代表性的财务指标,第一是注意各种指标要兼顾,既要有赢利方面的指标,也要有偿债方面的指标,也要有经营能力的指标,最好还有竞争能力方面的指标等;第二是最好选择那些高值表示好的指标,值越高越好,比如资产负债率越高,表示偿债能力越差,所以这个指标不选,但是资产负债率的指标很重要,可以用所有者权益报酬率来替代。资产负债率是 80%,那么所有者权益报酬率就是 20%,如果资产负债率是 50%,所有者权益报酬率也是 50%。所以这两个是可以替代的。到了 20 世纪 90 年代人们主张最好选择非财务指标,完全都是财务指标有片面的因素在里面。要适当地选择非财务指标。

(2)确定各项财务指标的标准值和标准评分值,比如流动比率的标准值什么是最好,可以以经验数据作为标准,按经验数据,流动比率是 2 最好。如果不用经验数据,而用行业数据也行,比如家电行业流动比率是 1.8,那就取 1.8 为标准值。标准评分值是指达到标准值的分数,要根据它的重要程度和难易程度给分数。这样项目的分数就出来了,然后计算综合分数。综合分数是按各个单项分数的加权平均,单项分数是某项指标的实际得分,用指标的标准评分值×指标的实际值就得到了指标的单项分数,汇总后就得到了综合分数。下面通过一个例题进行分析。

【例 8-1】 某企业选择十个指标,有偿债能力的三个指标,赢利能力的三个指标,资金周转能力的三个指标,非财务指标有一个——大学文化程度以上的员工比例,如表 8-4所示。

表 8-4 评价实例

指 标	(1) 标准值	(2) 标准评分值	(3) 实际值	(4) 实际得(4)＝[(3)×(1)]×(2)
流动比率	2	8	2.11	8.44
利息周转倍数	4	8	4	8
所有者权益比率	0.4	12	0.44	13.2
销售净利率	8%	10	9%	11.25
投资报酬率	16%	10	18%	11.25
所有者权益报酬率	40%	16	41%	16.4
存货周转率/次	5	8	4	6.4
应收账款周转率/次	6	8	5	6.67
总资产周转率/次	2	12	2	2
大学以上职工的比率	30%	8	40%	10.67
合计		100	100%	104.28

以 100 分作为标准,理想的企业,分数越高越好。也有别的思路,比如把最高分定为100 分,分数越少越差。下面这个资料是财政部目前正在使用的《企业绩效评价体系》,中央所属的很多企业都在使用这个业绩评价指标体系,如表 8-5 所示。从这些资料看出,评价的目的不一样,所选用的指标也不一样,这个是综合实力的排名,用得更多的是绝对量的指标,如企业资产总额、营业收入、利润总额,所以评价的目的不一样,选用的指标也就不一样。

表 8-5 财政部《企业绩效评价指标体系》

评价内容	基本指标	修正指标（±）	专家评议指标（±）
一、资本效益状况	1. 净资产收益率 2. 总资产报酬率	1. 销售毛利率 2. 成本费用利润率 3. 资产损失比率 4. 社会贡献率 5. 资本收益率	1. 领导班子能力 2. 产品竞争能力 3. 内部经营机制 4. 基础管理水平 5. 员工素质状况

续表

评价内容	基本指标	修正指标(±)	专家评议指标(±)
二、资本经营状况	1. 总资产周转率 2. 流动资产周转率	1. 存货周转率 2. 应收账款周转率 3. 三年以上应收账款周转率 4. 积压商品物资比率 5. 固定资产闲置比率	6. 资本运营能力 7. 技术装备水平 8. 新产品开发能力 9. 行业或区域影响力 10. 长期发展能力预测
三、偿债能力状况	1. 资产负债率 2. 获率倍数	1. 资金挂账率 2. 流动比率 3. 速动比率 4. 现金流动负债比率	
四、发展能力状况	1. 销售增长率 2. 资本积累率	1. 净资产增长率 2. 总资产增长率 3. 不良投资比率 4. 三年资本积累平均增长率 5. 三年利润平均增长率	

 小贴士

　　表 8-5 是财政部目前正在使用的《企业绩效评价指标体系》,而且中央所属的很多大企业都在使用这个业绩评价指标体系。

　　财政部《企业绩效评价指标体系》把业绩评价分成四类,每一类有两个基本指标,有若干个修正指标,然后是专家评议指标。

　　第一类是资本效益状况,分净资产收益率和总资产报酬率。然后再加上修正毛利率、成本利润率这样一些修正性的指标,专家评议指标有 10 项,这是由专家进到企业去做调查,做问卷然后经过评价得到的。这一块的量化比较难。

　　第二类是资本经营情况,两个基本指标是总资产周转率、流动资产周转率,然后是五项修正指标。这些指标都很重要,特别是对我国现有的企业,如其中的积压商品物资比率,积压商品不会很快地处理掉,因为一处理就会有损失,一有损失就会抵减当年利润,企业的利润一下降,谁都不愿意承担这个责任。所以积压的商品、闲置的固定资产都是比较多的。

　　第三类是偿债能力情况,是用资产负债率和获率倍数作为基本指标,所谓获率倍数就是利息周转倍数。另外还有四项修正指标。

　　第四类是发展能力状况,用了销售增长率和资本积累率两个基本指标,然后用了若干修正指标。

　　以上体系是财政部目前正在推行的,而且财政部通过行政机关让大家都上报相应的数据,然后也确定了行业的基本水平,编制了相应的软件,这个可以比较好的看出一个企业绩效的好坏,当然在实施过程当中也还是有一些问题,主要是专家评议指标不太好做,主观随意性比较大。

（三）平衡计分卡

平衡计分卡的理论来源于哈佛大学工商管理学院的财会学教授罗伯特·S.卡普兰和复兴方案公司的总裁戴维·P.诺顿。他们两人一直认为原来的评价体系存在不足，但是一时间又不知道如何进行改进，而且这也困扰了他们很长时间。有一次他们参加一个由12个跨国公司总裁出席的聚会。在他们和12位总裁一起吃饭时，卡普兰说到他们的评价体系导致了企业有短期行为，原来的评价体系需要改革，但又不知道如何改革。这些总裁来自全世界各地，他们从不同的角度介绍了各自的评价的侧重点，而且每个人都有独到的见解。卡普兰和诺顿听后非常受启发，他们就把和这12位总裁的谈话加以整理，并和同事、学生一起进行研究，形成初步的评价指标体系后再发给那12位总裁，请他们提出建议，然后再进行修改，经过反复修改最后才形成了平衡计分卡理论。平衡计分卡理论的核心有三篇文章：《平衡计分卡：良好绩效的测评体系》《平衡计分卡的实际应用》《把平衡计分卡作为战略管理体系的基石》。这三篇文章构成了著名的平衡计分卡方法（Balanced Scorecard，BSC），从而成为业绩评价研究新的里程碑。近年来，平衡计分卡更是得到广泛运用。平衡计分卡的主要内容如图8-2所示。

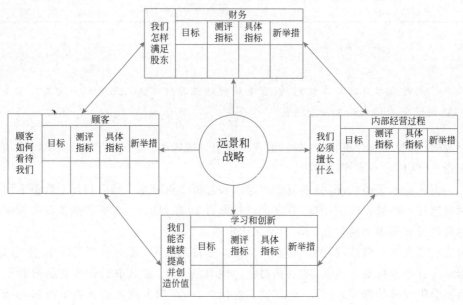

图 8-2　平衡计分卡

平衡计分卡实际上是由四张小卡片组成的，中间的一张卡片是远景和战略，它是把远景和战略当作最主要的东西。四周有四张卡片，分别是财务、顾客、内部经营过程和学习与创新。

第一张卡片是财务，旁白是"我们怎样满足股东"，目标是追求股东财富的最大化，测评指标可以使用ROE、EPS，具体指标是修正指标，如总资产报酬率、销售利润率等。新的举措是用什么办法实现这些指标。这个卡片还是传统的财务评价思路，是一种结果性的思想。但它仅在测评当中占1/4，剩下的三个方面是非财务的。

第二张卡片是顾客。财务卡片是为了满足股东财富最大化，为了实现ROE指标就必须有顾客，要有人购买产品和服务，所以第二张卡片就是顾客，旁白是"顾客如何看待我们"。

目标是让顾客满意,测评指标是顾客满意度,如果原来的满意度是 70%,现在上升到 80% 了,说明经营管理就更好了。当然还可以用一些具体的指标,如产品的优质率、顾客的投诉率等指标来测评。

第三张卡片是内部经营过程。要有良好的内部经营过程,或者内部流程必须健全有效,内部经营过程必须优化。所以这张卡片的旁白是"我们必须擅长什么",也就是虽然整个经营过程都特别优化,研发、生产、销售、售后服务衔接得都非常好,但是没有独到的东西或没有擅长的东西那也不行。

怎么样才能形成核心竞争力,优化内部的经营过程,拥有擅长的东西呢?那就要学习和创新,这就是第四张卡片的内容。这个旁白是"我们能否继续提高并且不断创造新的价值"。学习和创新由谁来学习和创新呢?公司的员工。这张卡片实际上是落实到员工身上,是员工不断地学习和创新,是员工不断地探索新的东西。只有员工不断创造新的产品、新的服务、创造新的组织机构等,企业才能有擅长的东西,有了擅长的东西顾客才能满意,顾客满意了才能实现财务目标。

所以平衡计分卡是一个循环,财务的东西是结果,这一些都是实现结果的过程,最下面的卡片是财富的源泉、是根基,财务在最上面,是果实。财富从哪儿来的呢?从员工这儿来的,要不断地培训员工,让员工不断地学习、不断地成长,不断地把员工送出去,不断地把外面的专家请进来。而且要建立终身学习这样的思想,让员工通过学习不断地提高素质。

平衡计分卡从四个方面来解释企业的业绩,评价企业的业绩,非常全面地勾画出结果和动因之间的指标体系。但是平衡计分卡也有不足之处,就是这种评价方法操作起来非常复杂,按照卡普兰的说法是一个企业从没有平衡计分卡到把平衡计分卡应用到一个企业,最少需要 26 个月的时间。通过三次循环,不断地培训沟通,最后才能推广付诸应用。平衡计分卡在最初推广的一两年,企业的绩效变化并不是很明显,很可能在最初还会造成一些传统指标的下降,但是推广三五年以后,效果会非常明显,使公司的经营管理发生了很大的变化,产生非常好的效果。那为什么刚开始的时候会使传统的财务指标下降呢?比如为了让顾客满意,对顾客的服务方面就要投资更多,利润指标可能就会下降;为了优化内部的经营过程,对内部流程设计上就要花费更多,内部制度完善上就要做更多的工作,这本身也是需要开支的;或者为了实现学习和创新,就要在人员培训上做得更多。对人员要有更多的激励,也会使利润下降,所以最开始会使利润指标下降。但是真正按照平衡计分卡的思想,层层落实,持续地执行三到五年之后,企业都会发生非常大的变化。所以现在平衡计分卡在北美、欧洲都是一种非常流行的评价方法,而且这种评价方法成为一种预算评价战略三位一体的管理方法。

(四) 股票价格

股票价格的评价很简单。公司股票价格升上去了,就说明业绩好,股票价格下来了,就说明业绩差。这最简单,但是它又复杂。复杂在两方面:一个是它有一个前提条件,要求股票市场效率一定很高。但是一个国家股票市场效率高还是低,这是一个仁者见仁、智者见智的问题。所以这是一个复杂的问题,所以说这种方法简单而又复杂。还有一个问题是噪声干扰,就是企业经营以外的一些事件对股票价格的影响,称为市场噪声。

◀ 本 章 小 结 ▶

　　财务报表分析主要包含对企业资产负债表、利润表和现金流量表分析。在做企业财务报表分析之前需对各报表有所了解，企业财务能力分为五个层次：偿债能力、盈利能力、营运能力、发展能力及竞争能力。各个能力都有相应的指标来表示，但是一方面的能力不足以反映企业整体情况，还需要对企业进行综合分析，通常采用比较典型的沃尔评分法、杜邦分析法、平衡积分卡及股票价值来对企业财务进行综合分析，以期以更加科学、合理的方式评价企业财务状况。

◀ 复习与思考题 ▶

1. 如何评价一个企业偿债能力？
2. 如何评价一个企业发展能力？
3. 简述偿债能力、营运能力、盈利能力、发展能力及竞争能力之间关系？
4. 如何用杜邦分析法来评价企业业绩？有什么可以改进的地方？
5. 我国企业绩效评价体系相对沃尔评分法有哪些优点？

◀ 练 习 题 ▶

一、单项选择题

1. 下列属于从企业资源配置结构方面反映企业长期偿债能力的指标是（　　　）。
   A. 资产负债率　　　　　　　　　　B. 产权比率
   C. 长期资产适合率　　　　　　　　D. 固定资产成新率
2. 有时速动比率小于 1 也是正常的，比如（　　　）。
   A. 流动负债大于速动资产
   B. 应收账款不能实现
   C. 大量采用现金销售
   D. 存货过多导致速动资产减少
3. 产权比率为 3/4，则权益乘数为（　　　）。
   A. 4/3　　　　　　B. 7/4　　　　　　C. 7/3　　　　　　D. 3/4
4. 影响速动比率可信性的最主要因素是（　　　）。
   A. 存货的变现能力　　　　　　　　B. 短期证券的变现能力
   C. 产品的变现能力　　　　　　　　D. 应收账款的变现能力
5. 企业债权人最关心（　　　）方面的指标。
   A. 偿债能力　　　　B. 营运能力　　　　C. 盈利能力　　　　D. 发展能力

6. 财务分析指标中运用最多的方法是(　　)。

    A. 比较分析法　　　B. 比率分析法　　　C. 结构分析法　　　D. 动态分析法

7. 某企业应收账款周转次数为 4.5 次。假设一年按 360 天计算,则应收账款周转天数为(　　)。

    A. 0.2 天　　　　　B. 81.1 天　　　　　C. 80 天　　　　　D. 730 天

8. 下列项目中,不属于速动资产的项目的是(　　)。

    A. 现金　　　　　B. 应收账款　　　　C. 短期投资　　　　D. 存货

9. 财务分析的终极目的是(　　)。

    A. 披露企业经营状况　　　　　　　　B. 促进企业价值最大化

    C. 为经济决策提供依据　　　　　　　D. 揭示企业盈利能力

10. 评价企业短期偿债能力强弱最直接的指标是(　　)。

    A. 已获利息倍数　　　　　　　　　　B. 速动比率

    C. 流动比率　　　　　　　　　　　　D. 现金流动负债比率

11. 与产权比率比较,资产负债率评价企业偿债能力的侧重点是(　　)。

    A. 揭示财务结构的稳健程度

    B. 揭示债务偿付安全性的物质保障程度

    C. 揭示主权资本对偿债风险的承受能力

    D. 揭示负债与资本的对应关系

12. 在销售额既定的条件下,形成流动资产相对节约的充分必要条件是(　　)。

    A. 分析期流动资产周转次数小于基期

    B. 分析期流动资产周转次数大于基期

    C. 分析期流动资产周转次数等于基期

    D. 分析期流动资产周转次数不大于基期

13. 下列指标中,可用于衡量企业短期偿债能力的是(　　)。

    A. 已获利息倍数　　　　　　　　　　B. 产权比率

    C. 资产周转率　　　　　　　　　　　D. 流动比率

14. 运用杜邦体系进行财务分析的中心(核心)指标是(　　)。

    A. 净资产收益率　　　　　　　　　　B. 资产利润率

    C. 销售利润率　　　　　　　　　　　D. 总资产周转率

15. 某企业库存现金 2 万元,银行存款 68 万元,短期投资 80 万元,待摊费用 15 万元,应收账款 50 万元,存货 100 万元,流动负债 750 万元。据此,计算出该企业的速动比率为(　　)。

    A. 0.2　　　　　　B. 0.093　　　　　C. 0.003　　　　　D. 0.267

二、多项选择题

1. 财务分析与评价的主要依据是(　　)。

    A. 资产负债表　　　B. 利润表　　　　　C. 现金流量表　　　D. 利润分配表

2. 企业财务分析的基本内容包括(　　)。

    A. 偿债能力分析　　　　　　　　　　B. 营运能力分析

    C. 发展能力分析　　　　　　　　　　D. 盈利能力分析

3. 在其他条件不变的情况下,会引起总资产周转率指标上升的经济业务是( )。

A. 用现金偿还负债

B. 借入一笔短期借款

C. 用银行存款购入一台设备

D. 用银行存款支付一年的电话费

4. 下列分析方法中,属于财务综合分析方法的是( )。

A. 趋势分析法

B. 杜邦分析法

C. 财务比率综合评分法

D. 因素分析法

5. 若流动比率大于1,则下列结论不一定成立的是( )。

A. 速动比率大于1

B. 营运资金大于零

C. 资产负债率大于1

D. 短期偿债能力绝对有保障

6. 计算速动比率时,从流动资产中扣除存货的重要原因是( )。

A. 存货的价值较大

B. 存货的质量难以保证

C. 存货的变现能力较弱

D. 存货的变现能力不稳定

7. 资产负债率,对其正确的评价有( )。

A. 从债权人角度看,负债比率越大越好

B. 从债权人角度看,负债比率越小越好

C. 从股东角度看,负债比率越高越好

D. 从股东角度看,当全部资本利润率高于债务利息率时,负债比率越高越好

8. 影响资产净利率高低的因素主要有( )。

A. 产品的价格

B. 单位成本的高低

C. 销售量

D. 资产周转率

9. 影响速动比率的因素有( )。

A. 应收账款

B. 存货

C. 短期借款

D. 预付账款

10. 从杜邦分析体系可知,提高净资产收益率的途径在于( )。

A. 加强负债管理,降低负债比率

B. 加强成本管理,降低成本费用

C. 加强销售管理,提高销售利润率

D. 加强资产管理,提高资产周转率

三、判断题

1. 财务分析就是财务人员对会计报表的分析。   (   )

2. 既是企业盈利能力指标的核心,也是整个财务指标体系的核心指标的是净资产收益率。   (   )

3. 财务预算是进行财务预测的前提,并在财务管理循环中起着承上启下作用。(   )

4. 尽管流动比率可以反映企业的短期偿债能力,但有的企业流动比率较高,却没有能力支付到期的应付账款。   (   )

5. 在其他条件不变的情况下,权益乘数越大则财务杠杆系数越大。   (   )

6. 现金流动负债比表明用现金偿还短期债务的能力,企业应尽量使其大于或等于1。(   )

7. 流动比率应保持在2以上较好。   (   )

8. 某企业去年的销售净利率为5.73%,资产周转率为2.17;今年的销售净利率为4.88%,资产周转率为2.88。若两年的资产负债率相同,今年的净资产收益率比去年的变

化趋势为上升。 （　）

    9. 资产负债率与产权比率的乘积等于1。 （　）

    10. 分析企业盈利能力时,应当剔除非常项目的影响。 （　）

四、实务题

    1. 资料:蓝天公司 2022 年 12 月 31 日资产负债和利润如表 8-6、表 8-7 所示。

表 8-6　资产负债表

蓝天公司 2022 年 12 月 31 日　　　　　　　　　　　　　单位:千元

资　产	年初数	年末数	负债及所有者权益	年初数	年末数
流动资产:			流动负债:		
货币资金	2 850	5 020	短期借款	650	485
短期投资	425	175	应付账款	1 945	1 295
应收账款	3 500	3 885	应付工资	585	975
预付账款	650	810	未付利润	1 620	2 590
存货	2 610	2 820	一年内到期的长期负债	385	485
待摊费用	75	80			
流动资产合计	10 110	12 790	流动负债合计	5 185	5 830
长期投资:			长期负债:		
长期投资	975	1 650	长期借款	650	975
固定资产:			应付债券	400	640
固定资产原价	8 100	9 075	长期负债合计	1 050	1 615
减:累计折旧	2 450	2 795	所有者权益:		
固定资产净额	5 650	6 280	实收资本	4 860	5 850
无形及递延资产:			资本公积	1 560	2 370
无形资产	90	75	盈余公积	2 595	3 240
递延资产	75	55	未分配利润	1 650	1 945
其他长期资产			所有者权益合计	10 665	13 405
资产总计	16 900	20 850	负债及所有者权益总计	16 900	20 850

表 8-7　利润表

蓝天公司 2022 年 12 月 31 日利润表　　　　　　　　　　　单位:千元

项　目	上年实际	本年累计
一、产品销售收入	37 500	49 000
减:产品销售成本	22 500	27 500
产品销售费用	1 575	1 750
产品销售税金及附加	1 875	2 450
二、产品销售利润	11 550	17 300
加:其他业务利润	80	100

续表

项 目	上年实际	本年累计
减：管理费用	2 450	2 750
财务费用	165	195
三、营业利润	9 015	14 455
加：投资收益	245	350
营业外收入	195	165
减：营业外支出	165	95
四、利润总额	9 290	14 875
减：所得税	3 065	4 910
五、净利润	6 225	9 965

注：假设企业的销售收入均为赊销。企业无销售折扣与折让；财务费用中均为利息费用。

要求：根据财务报表上资料计算以下各个比率指标。

①流动比率；②速动比率；③资产负债率；④应收账款周转率；⑤存货周转率；⑥流动资产周转率；⑦总资产周转率；⑧产权比率；⑨利息保障倍数；⑩销售毛利率；⑪销售净利率；⑫总资产报酬率；⑬净资产收益率。

2. 某公司 2022 年有关财务资料如下：年末流动比率 2，年末速动比率为 1.2，存货周转率为 5 次。年末资产总额 200 万元（年初 200 万元），年末流动负债 35 万元，年末长期负债 35 万元，年初存货 30 万元。2022 年销售净利率 21%，资产周转率 0.8 次，存货周转率 5 次，该公司流动资产中只有货币资金、应收账款和存货。

要求：

(1) 计算该公司 2022 年年末流动资产总额、年末资产负债率和净资产收益率。

(2) 计算该公司 2022 年的存货、销售成本和销售收入。

3. 某公司 2022 年度简化的资产负债表如表 8-8 所示。

表 8-8　某公司 2022 年度简化的资产负债表　　　　　单位：万元

资 产	金 额	负债及所有者权益	金 额
货币资金	50	应付账款	100
应收账款		长期负债	
存货		实收资本	100
固定资		留存收益	100
资产合计		负债及所有者权益合计	

其他有关财务指标如下：①长期负债与所有者权益之比为 0.5；②销售毛利率为 10%；③存货周转率（存货按年末数计算）为 9 次；④平均收现期（应收账款按年末数计算，一年按 360 天计算）为 18 天；⑤总资产周转率（总资产按年末数计算）为 2.5 次。

要求：利用上述资料，填充该公司资产负债表的空白部分，并列示所填数据的计算过程（假设期初存货和期末存货相等，期初应收账款和期末应收账款）。

五、案例分析题

假设某公司各财务指标如表 8-9 所示。

表 8-9　某公司各财务指标

序　号	2014 年指标	公　式	结　果
1	流动比率	流动资产平均余额/流动负债平均余额	623%
2	速动比率	速动资产平均余额/流动负债平均余额	392%
3	利息保障倍数	息税前利润/利息费用	3 015.16
4	股东权益比率	所有者权益/总资产平均余额	85.59%
5	总资产周转率	营业收入/总资产平均余额	0.56
6	存货周转率	营业成本/存货平均余额	0.87
7	流动资产周转率	营业收入/流动资产平均余额	0.7
8	固定资产周转率	营业收入/固定资产平均余额	10.79
9	净资产收益率	净利润/净资产平均余额	13.83%
10	销售毛利率	(营业收入－营业成本)/营业收入	54.15%
11	盈利现金比率	经营活动产生净现金流量/净利润	2.13
12	总资产报酬率	息税前利润/总资产平均余额	13.75%
13	收入周转率	(本年收入－上年收入)/上年收入	－19.73%
14	资产增长率	总资产增长额/资产期初余额	8.11%
15	可持续周转率	所有者权益增长额/期初所有者权益	5.6%

该公司所处行业标准值如表 8-10 所示。

表 8-10　某公司行业标准值

序号	项　目	优秀值	良好值	平均值	较低值	较差
1	流动比率/%	300	250	170	130	80
2	速动比率/%	134.7	110.7	81.7	60.5	31.7
3	利息保障倍数	6	4.5	3.2	1.9	0.3
4	股东权益比率/%	50	45	40	30	15
5	总资产周转率/次	1.6	1.3	1	0.7	0.5
6	存货周转率/次	9.2	6	3.2	2.3	1.4
7	流动资产周转率/次	2.4	1.8	1.1	0.9	0.5
8	固定资产周转率/次	5	4	3	2	1
9	净资产收益率/%	17.9	14.5	8.4	2.5	－2.6
10	销售毛利率/%	37	31.3	25.3	21.2	17.4
11	盈利现金比率/%	1	0.8	0.6	0.4	0.2
12	总资产报酬率/%	11.6	7.8	5.4	1.8	－1.6
13	收入增长率率/%	25	19.6	12.9	2.1	－10.8
14	资产增长率/%	20.3	15.3	11.4	1.6	－5.6
15	可持续周转率/%	114.6	109.7	101.8	101.3	97

要求：

1. 用综合评分法对该公司进行评分，并填写完成表 8-11。

表 8-11　公司评分表

序号	指　　标	权重	本当基础得分	调整分	单项指标得分
1	流动比率	6			
2	速动比率	6			
3	利息保障倍数	6			
4	股东权益比率	8			
5	总资产周转率	6			
6	存货周转率	6			
7	流动资产周转率	8			
8	固定资产周转率	6			
9	净资产收益率	8			
10	销售毛利率	8			
11	盈利现金比率	6			
12	总资产报酬率	6			
13	收入周转率	6			
14	资产增长率	6			
15	可持续周转率	8			
	评议指标总分				

2. 通过上述分析对该公司财务状况进行评价。

第九章

预算管理

学习目标

- 了解经营预算编制程序；
- 熟悉如何进行预算管理；
- 了解经营预算与财务预算关系；
- 掌握经营预算的编制方法。

本章基本框架

预算管理
├─ 预算管理概述
│   ├─ 预算的概念与作用
│   ├─ 预算的分类与预算体系
│   ├─ 预算工作的组织
│   └─ 预算控制
├─ 预算的编制方法与程序
│   ├─ 预算的编制方法
│   └─ 预算的编制程序
├─ 预算编制
│   ├─ 销售预算
│   ├─ 生产预算
│   ├─ 材料采购预算
│   ├─ 直接人工预算
│   ├─ 制造费用预算
│   ├─ 单位生产成本预算
│   ├─ 销售及管理费用预算
│   ├─ 专门决策预算
│   ├─ 现金预算
│   ├─ 预计利润表
│   └─ 预计资产负债表
└─ 预算的执行与考核
    ├─ 预算的执行
    ├─ 预算的调整
    └─ 预算的分析与考核

健全现代预算制度

2019年10月，党的十九届四中全会通过的《中共中央关于坚持和完善中国特色社会主义制度、推进国家治理体系和治理能力现代化若干重大问题的决定》，进一步要求"完善标准科学、规范透明、约束有力的预算制度"。2020年5月，中共中央、国务院印发《关于新时代加快完善社会主义市场经济体制的意见》，对预算制度改革提出了"完善标准科学、规范透明、约束有力的预算制度，全面实施预算绩效管理，提高财政资金使用效率"的要求。2022年10月，党的二十大报告提出"健全现代预算制度"。

经过党的十八大以来的改革，我国现代预算制度基本确立。党的二十大要求健全现代预算制度，这是党中央立足国情、着眼全局、面向未来的重大部署，现代预算制度建设迈上新征程。

按照党中央统一部署，健全现代预算制度，要进一步破除体制机制障碍，补齐管理制度短板，推动预算编制完整科学、预算执行规范高效、预算监督严格有力、管理手段先进完备，构建完善综合统筹、规范透明、约束有力、讲求绩效、持续安全的现代预算制度。一是要优化税制结构，坚持以共享税为主体的收入划分制度；二是要发挥中央和地方两个积极性，完善财政转移支付体系；三是要增强重大决策部署财力保障，健全财政资源统筹机制；四是要提升资金效益和政策效能，进一步完善预算管理制度；五是要增强财政可持续能力，构筑风险防范制度机制；六是要强化财经纪律约束，优化财会监督体系。

问题：大到国家小到企业、个人，都需要编制预算，预算的不合理，太高达不到，太低没有激励性。预算、监督跟踪不到位，没有相应的配套措施，预算没发实现。结合案例思考从财务角度我们应该怎样更合理编制企业预算。

小贴士

党的二十大报告从战略和全局的高度，明确了进一步深化财税体制改革的重点举措，提出"健全现代预算制度"，为做好新时代新征程财政预算工作指明了方向、提供了遵循。我们要全面贯彻习近平新时代中国特色社会主义思想，认真学习贯彻党的二十大精神，坚决落实好健全现代预算制度各项任务，为全面建设社会主义现代化国家提供坚实财力保障和强大物质基础。

第一节　预算管理概述

一、预算的概念与作用

（一）预算的概念

中国的国家预算制度产生于清朝末年。清光绪三十三年（1907年）颁布"清理财政章程"，拟由清理财政局主持编制预算工作，而我国国家预算最早产生于革命根据地时期。1937年中央工农民主政府发布的《中华苏维埃共和国暂行财政条例》是建立预算制度的重要文献。中华人民共和国建立后,1950年3月国家先后发布了《关于统一国家财政经济工作的决定》《关于统一管理1950年度财政收支的决定》以及其他有关规定,形成了统一的国家预算。《中华人民共和国预算法》于1994年3月22日第八届全国人民代表大会第二次会议通过,并于1995年1月1日起施行。素有"经济宪法"之称的《中华人民共和国预算法》,历经三届人大,启动四次审议,经过十年时间最终完成修订,于2014年8月31日经十二届全国人民代表大会常务委员会第十次会议审议通过并重新颁布,自2015年1月1日起施行。

本书采用如下定义:预算是企业在预测、决策的基础上,以数量和金额的形式反映企业未来一定时期内经营、投资、财务等活动的具体计划,是为实现企业目标而对各种资源和企业活动的详细安排。

预算具有两个特征:首先,编制预算的目的是促成企业以最经济有效的方式实现预定目标,因此,预算必须与企业的战略或目标保持一致;其次,预算作为一种数量化的详细计划,它是对未来活动的细致、周密安排,是未来经营活动的依据,数量化和可执行性是预算最主要的特征。因此,预算是一种可据以执行和控制经济活动的最为具体的计划,是对目标的具体化,是将企业活动导向预定目标的有力工具。

(二) 预算的作用

1. 预算是经济活动的航标

通过预算指标可以控制实际活动过程,随时发现问题,采取必要的措施,纠正不良偏差,避免经营活动的漫无目的、随心所欲,通过有效的方式实现预期目标。预算不是简单的收支预计或仅把预算看作财务数字金额方面的反映,预算是一种资源分配,对计划投入产出内容、数量以及投入产出时间安排的详细说明。通过预算的编制,使企业经理人明确经营目标,工作有方向。因此,预算具有规划、控制、引导企业经济活动有序进行、以最经济有效的方式实现预定目标的功能。

2. 预算管理是一种协调

公司的总预算是由各分预算汇编而成的,从组织预算编制到预算执行,各相关部门必须协商沟通、相互配合,有利于管理层工作协商一致,形成更好的计划和执行效果,这也是预算管理的基本目的。经董事会批准的预算,表述了计划期企业的业绩展望,所有经理人员和雇员一定要努力工作达到计划目标。预算是预算期之前编制并获得董事会批准的计划,通过实际执行结果与预算之差异分析,可以评价相关经理人员和雇员的工作表现。

3. 预算是一种控制手段

预算以数量化的方式来表明管理工作标准,控制是以确定的管理工作标准,对行动的度量和纠正偏差。所以预算管理是过程中的控制,即事前控制、事中控制、事后控制。事前控制是投资项目或生产经营的规划、预算的编制,详细描述了为实现计划目标而要进行的工作标准。事中控制是一种协调、限制差异的行动,保证预期目标的实现。事后控制是鉴别偏差,纠正不利的影响。

4. 预算是一种业绩考核的标准

预算作为企业财务活动的行为标准,使各项活动的实际执行有章可循。预算标准可以作为各部门责任考核的依据。经过分解落实的预算规划目标能与部门、责任人的业绩考评结合起来,成为奖勤罚懒、评估优劣的准绳。

二、预算的分类与预算体系

（一）预算的分类

企业预算可以按不同标准进行多种分类。

1. 根据预算内容不同，可以分为业务预算（即经营预算）、专门决策预算和财务预算

业务预算是指与企业日常经营活动直接相关的经营业务的各种预算。它主要包括销售预算、生产预算、材料采购预算、直接材料消耗预算、直接人工预算、制造费用预算、产品生产成本预算、经营费用和管理费用预算等。

专门决策预算是指企业不经常发生的、一次性的重要决策预算。专门决策预算直接反映相关决策的结果，是实际中选方案的进一步规划。

财务预算是指企业在计划期内反映有关预计现金收支、财务状况和经营成果的预算。财务预算作为全面预算体系的最后环节，它是从价值方面总括地反映企业业务预算与专门决策预算的结果，也就是说，业务预算和专门决策预算中的资料都可以用货币金额反映在财务预算内，这样一来，财务预算就成为各项业务预算和专门决策预算的整体计划，故亦称为总预算，其他预算则相应称为辅助预算或分预算。显然，财务预算在全面预算中占有举足轻重的地位。

2. 从预算指标覆盖的时间长短划分，企业预算可分为长期预算和短期预算

通常将预算期在 1 年以内（含 1 年）的预算称为短期预算，预算期在 1 年以上的预算则称为长期预算。预算的编制时间可以根据预算的内容和实际需要而定，可以是 1 周、1 月、1 季、1 年或若干年等。在预算编制过程中，往往应结合各项预算的特点，将长期预算和短期预算结合使用。一般情况下，企业的业务预算和财务预算多为 1 年为期的短期预算，年内再按季或月细分，而且预算期间往往与会计期间保持一致。

（二）预算体系

各种预算是一个有机联系的整体。一般由业务预算、专门决策预算和财务预算组成的预算体系，称为全面预算体系。其结构如图 9-1 所示。

图 9-1　全面预算体系

三、预算工作的组织

在企业战略目标的指导下，为合理利用企业资源，提高企业经济效益，企业应该编制全面预算——覆盖企业经营、资本、财务等各方面进行总体规划和统筹安排。为了保障预算工作的有效性，要加强对企业预算工作的组织领导。预算工作组织通常由预算管理委员会、预算执行与控制部门和各责任中心构成。

（一）预算管理委员会

预算管理委员会是预算管理的中枢，一般由企业的董事长或总经理担任主任委员，成员主要包括企业内部各相关部门主管（如主管销售的副总经理、主管生产的副总经理、主管财务的副总经理以及预算管理委员会秘书长等人员）。预算管理委员会是预算管理的最高管理机构。

预算管理委员会的主要职责：组织有关人员对目标进行预测，审查、研究、协调各种预算事项，具体包括以下内容。

（1）制定预算管理政策、规定、制度。

（2）预测目标。

（3）审定预算目标，提出预算编制的方针和程序。

（4）审查各部门编制的预算草案及整体预算方案，提出必要的改善对策。

（5）协调各部门编制、执行预算。

（6）提交董事会通过后，下达正式预算方案。

（7）接受预算与实际执行情况的定期报告，提出改善建议。

（8）对预算的修正加以审议并做出相关决定。

（二）预算执行与控制部门

处理预算相关的日常事务的专门办事机构，主要职责如下。

（1）在确定、提交预算方案之前，对各部门提交的预算草案进行必要的初步审查、协调和综合平衡。

（2）具体负责预算的汇总编制，并处理日常事务。

（3）在预算的执行过程中，进行预算执行控制、差异分析、业绩考评，并提交相应的定期报告。

（三）各责任中心

各责任中心对自身部门所分配的预算负责并执行，对整个公司或单位而言也就是具体实施各项预算。

四、预算控制

预算控制的内容涵盖了单位经营活动全过程。预算编制的决定权应落实在内部管理的最高层，由这一权威层进行决策、指挥和协调。预算确定后由各预算单位组织实施，并辅之以对等的权、责、利关系，由内部审计部门等负责监督预算的执行。

预算编制与预算审批、预算审批与预算执行、预算执行与预算考核这些不相容岗位分离。

明确预算审批人的权限、范围、程序、责任、审批方式等，规定经办人办理预算的职责范围和工作要求。制定预算管理业务流程，明确预算编制、预算执行、预算调整、预算分析与考核等各环节控制要求，设置相关记录，确保预算全过程得到有效控制。

第二节　预算的编制方法与编制程序

一、预算的编制方法

预算编制方法

企业可以根据不同的预算项目，分别采用固定预算、弹性预算、增量预算、零基预算、定期预算和滚动预算等方法编制各种预算。

（一）固定预算方法与弹性预算方法

编制预算的方法按其业务量基础的数量特征不同，可分为固定预算方法和弹性预算方法两大类。

固定预算又称静态预算，这是按照预算期可实现的某一固定业务量规模来编制预算的方法。固定预算一般适用于业务量比较固定或者变化很小的企业。固定预算在当今变化万千的市场经济条件下适用性有所欠缺，但是，固定预算作为财务预算常规编制方法依然受到企业界的重用。固定预算是很多人学习预算编制方法的首选，固定预算在预算编制方法中处于基础地位。

弹性预算是以预算期可预见的不同业务量水平为基础，反映不同情况的一种预算编制方法。由于这种方法在业务量的确定上做出了机动调整的准备，从而使各项具体预算随之保持相应的弹性，故称为弹性预算或变动预算。

固定预算与弹性预算的特点与适用性对比如表 9-1 所示。

表 9-1　固定预算与弹性预算的特点与适应性对比

预算方法	特　　点	适　用　场　合
固定预算方法 （静态预算）	过于机械呆板，可比性差	适用于业务量比较稳定的企业或营利组织
弹性预算方法 （变动预算）	预算范围宽，可比性强	适用于所有与业务量有关的各种预算，主要用于编制弹性成本费用预算和弹性利润预算

在产销一定的情况下，一般认为，销售预算是预算编制的起点。根据企业的发展战略进行长期销售的预测；再根据长期销售预算，结合当前企业状况及市场条件，预算年度销售量，进入固定预算的具体工作程序中。弹性预算是为克服固定预算无法准确地预见未来成本可能达到的程度和发展趋势这一缺陷而产生的，它主要适用于弹性成本预算和弹性利润的预算。

而弹性成本预算主要指生产费用弹性预算和管理费用弹性预算。编制弹性成本（费用）预算的主要方法一般有两种：列表法和公式法（见表 9-2）。

表 9-2　弹性成本（费用）预算编制方法

方　法	编　制　要　点	优　点	缺　点
列表法	用列表的方式，在相关范围内每隔一定业务量计算相关数值预算	便于预算的控制和考核	工作量较大，适用面较窄

方法	编制要点	优点	缺点
公式法	确定 $y=a+bx$ 中的 a 和 b 来编制弹性成本预算，y、a、b 分别表示预算成本、固定成本预算数、单位变动成本预算数	在一定范围内不受业务量影响；工作量小	不能直接查出特定业务量下的总成本预算额，分解成本比较麻烦，且有一定误差

弹性预算就是根据业务量的多少，列出几个不同水平的费用预算，根据企业的具体情况，可以每隔一定的比例列出一个不同水平的预算，进而编制成本费用弹性预算表。实际执行时，就可以根据实际经营管理水平与业务量，对照相应的费用预算进行控制。这种弹性预算是随着业务量的变动而变动的预算，不存在执行时需要有追加预算的手续。而且弹性预算技术要求在预算制订过程中考虑多种因素的影响，因此弹性成本预算更为精确。

下面用列表法来举例说明弹性成本（费用）预算的编制。

【例 9-1】　假设 A 公司按照预计的不同产量，建立了弹性成本预算表，如表 9-3 所示。

表 9-3　弹性成本预算表　　　　　　　　　　单位：元

成本项目	单位变动成本	预计生产量/件		
		520	550	600
变动成本：				
直接材料	60	31 200	33 000	36 000
直接人工	30	15 600	16 500	18 000
变动性制造费用	10	5 200	5 500	6 000
变动成本合计	100	52 000	55 000	60 000
固定性制造费用		8 000	8 000	8 000
生产成本合计		60 000	63 000	68 000

弹性利润预算是以预算期内各种可能实现的销售收入作为计量基础，扣除相应的成本，从而分别确定不同销售收入水平下可能实现的利润。下面运用公式法编制弹性利润预算进行举例说明，如表 9-4 所示。

表 9-4　弹性利润预算　　　　　　　　　　单位：元

利润计算项目	相关产销量/件		
	520	550	600
单位产品售价	200	200	200
销售收入	104 000	110 000	120 000
减：销售成本			
毛利			
减：期间费用	50 000	50 000	50 000
利润总额	54 000	60 000	70 000
减：所得税(25%)	13 500	15 000	17 500
净利润	40 500	45 000	52 500

（二）零基预算方法与增量预算方法

编制成本费用预算的方法，按其出发点的特征不同，可分为零基预算和增量预算两大类。

1. 零基预算方法

零基预算是区别于传统的增量预算而设计的一种编制费用预算的方法。在实行零基预算时，要对所有的预算支出以零位基底，从实际需要与可能出发，逐项审议各种费用开支的必要性、合理性以及开支数额应当界定的严格界限，最终确定预算。零基预算制度是由德州仪器公司于 20 世纪 70 年代首创的，其基本精神在于，在每一个预算年度对每项费用都予以重新检查，而且必须以当前公司的需求和发展现状作为检查基础。

零基预算打破了以调整上年度预算指标来规划本年度预算指标的框框限制，因而具有合理、有效、节约使用经费的优点。但由于这种预算编制需要投入较大的预算工作量，而且又会产生因预算编制人员的主观愿望不同或评价结论不同而引起相关部门间的矛盾，因此，零基预算在实际推行上阻力较大，需要企业高层领导的强有力支持。

零基预算的基本操作步骤如下。

（1）各部门提出完成目标任务的业务活动和各项费用的需用数额。

（2）预算编制机构对此进行成本—效益分析，作出各项费用开支合理性判断，并提出零基管理理念下的预算指标草案。

（3）企业预算编制机构组织各项预算执行部门对零基预算草案进行可行性论证。

（4）修改零基预算草案，提交企业决策机构最后批准。

在编制零基费用预算的四个步骤中，第二个步骤的"成本—效益"分析是处理和解决各相关部门争夺经费矛盾的关键。

【例 9-2】 假设 A 公司对销售及管理费用采用零基预算的编制方法，公司按照利润控制目标所确定销售及管理费用控制为 40 000 元，而经过预算编制部门与执行部门之间反复研究，认为必须保障的费用金额是工资费、保险费、租赁费等一共 18 000 元。另外可变动的费用，广告费 6 000 元、运输费 6 000 元、办公费 20 000 元合计为 32 000 元。

解决剩余经费 22 000 元（40 000−18 000）与经费要求 32 000 元之间的矛盾，可以按照成本效益分析模式进行。A 公司通过以往广告费、运输费、办公费的成本效益分析，计算出成本效益比例，如表 9-5 所示。

表 9-5　成本效益比率分配表　　　　　　　　　　单位：元

项　　目	每年平均费用	每年平均收益	成本费用效益比
	Ⅰ	Ⅱ	Ⅲ＝Ⅱ/Ⅰ
广告费	5 000	10 000	2
运输费	6 000	12 000	2
办公费	15 000	90 000	6

计算可得

$$广告费分配金额 = 32\,000 \times \frac{2}{2+2+6} = 6\,400（元）$$

$$运输费分配金额 = 32\,000 \times \frac{2}{2+2+6} = 6\,400(元)$$

$$运输费分配金额 = 32\,000 \times \frac{6}{2+2+6} = 19\,200(元)$$

2.增量预算方法

增量预算方法又称调整预算方法,是指以基期成本费用水平为基础,结合预算期业务量水平及有关影响成本因素的未来变动情况,通过调整有关原有费用项目而编制预算的一种方法。这是一种传统的预算方法。

增量预算法隐含了三个假设:现有的业务活动是企业必需的、原有的各项开支都是合理的及增加费用预算是值得的。增量预算基本上都是从前一期的预算推演出来的,每一个预算期间开始时,都采用上一期的预算作为参考点,而且只有那些要求增加预算的申请才会得到审查。然而,这个特征可能产生一些问题。

当管理层希望用预算来控制成本或提高效率时,增量预算的缺陷显得更加严重。事实上,增量预算最容易掩盖低效率和浪费。其中,最普遍的问题就是,在典型的增量预算中,原有的开支项一般很难砍掉,即使其中的一些项目已没有设立的必要了。这是因为在编制新年度的预算时,会首先参看上一期的资金分配,然后部门管理者再加上对新活动的预算要求和通货膨胀率,而最高管理层往往只审查那些增加的部分,对于原有的各项拨款是否都应该继续很少考虑,结果是某些活动分配到的资金远远超过其实际的需要。

这种方法用起来比较简单,省时省力,主要适用于在计划期由于某些采购项目的实现而应相应增加的支出项目。例如,预算单位计划在预算年度上采购或拍卖小汽车,从而引起的相关燃油费、修理费、保险费等采购项目支出预算的增减。

(三) 定期预算方法与滚动预算方法

编制预算的方法,按其预算期时间特征不同,可分为定期预算方法和滚动预算方法两大类。

预算通常是定期(如1年)编制的,这主要是为了预算年度与会计决算年度一致。但是这种定期预算也会造成以下问题:①编制预算时往往由于时间的原因,使其缺乏预测性,这使预算指标在执行过程中缺乏可参照性。②预算执行过程中发生各种无法逆转的变化,从而使已制定的预算失去作用。③在预算执行过程中,管理者或多或少会局限于预算期内活动,这不利于长远稳定的发展。

滚动预算又称连续预算或永续预算,是指在编制预算时,将预算期与会计年度脱离开,随着预算的执行不断延伸补充预算,逐期向后滚动,使预算期能始终保持为一个固定期间的一种预算编制方法,如图9-2所示。

将原定的预算结果不断地进行修改,但是这种不断地更新和修改正是滚动预算要做的事情,也是它优于普通年度预算之处。这是因为,预算有两个大的作用,考核和计划。作为考核,沿用正式的预算是正常的,但作为计划和资源配置的重要工具,预算是前一年制订的,到实际执行时,情况可能已经变化,原来的假设可能已不适用,所以要有最新的预测来指导经营决策,滚动预算起的就是这个作用。但滚动预算一般不太会作为更新的考核指标,以确保在目标设置上预算的权威性。所以滚动预算不是不断的修改目标,而是不断的修改预测的结果,以指导最新的决策。

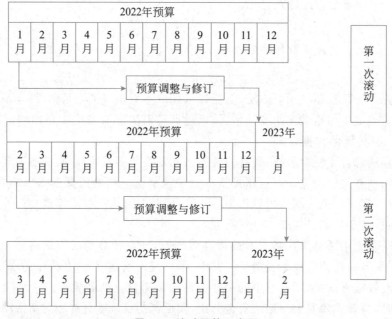

图 9-2　滚动预算示意图

滚动预算能保持预算的完整性、继续性，从动态预算中把握企业的未来；能使各级管理人员始终保持对未来一定时期的生产经营活动作周详的考虑和全盘规划，保证企业的各项工作有条不紊地进行；由于预算能随时间的推进不断加以调整和修订，滚动预算能使预算与实际情况更相适应，有利于充分发挥预算的指导和控制作用。采用滚动预算的方法，预算编制工作比较繁重，为了适当简化预算的编制工作，也可采用按季度滚动编制预算；滚动预算有利于管理人员对预算资料作经常性的分析研究，并根据当前的执行情况及时加以修订，保证企业的经营管理工作稳定而有秩序地进行。

二、预算的编制程序

企业编制预算，一般应按照"上下结合、分级编制、逐级汇总"的程序进行。

（一）下达目标

企业董事会或经理办公会根据企业发展战略和预算期经济形势的初步预测，在决策的基础上，提出下一年度企业预算目标，包括销售或营业目标、成本费用目标、利润目标和现金流量目标，并确定预算编制的政策，由预算委员会下达各预算执行单位。

（二）编制上报

各预算执行单位按照企业预算委员会下达的预算目标和政策，结合自身特点以及预测的执行条件，提出详细的本单位预算方案，上报企业财务管理部门。

（三）审查平衡

企业财务管理部门对各预算执行单位上报的财务预算方案进行审查、汇总，提出综合平衡的建议。在审查、平衡过程中，预算委员会应当进行充分协调，对发现的问题提出初步调整意见,并反馈给有关预算执行单位予以修正。

(四) 审议批准

企业财务管理部门在有关预算执行单位修正、调整的基础上,编制出企业预算方案,报财务预算委员会讨论。对于不符合企业发展战略或者预算目标的事项,企业预算委员会应当责成有关预算执行单位进一步修订、调整。在讨论、调整的基础上,企业财务管理部门正式编制企业年度预算方案,提交董事会或经理办公会审议批准。

(五) 下达执行

企业财务管理部门对董事会或经理办公室审议批准的年度总预算,一般在次年三月底之前,分解成一系列的指标体系,由预算委员会逐级下达各预算执行单位执行。

第三节　预算编制

预算编制

一、销售预算

销售预算是在销售预测的基础上,根据企业年度目标利润确定的预计销售量、销售单价和销售收入等参数编制的,用于规划预算期销售活动的一种业务预算。在编制过程中,应根据年度内各季度市场预测的销售量和单价,确定预计销售收入,并根据各季现销收入与收回前期的应收账款反映现金收入额,以便为编制现金收支预算提供资料。根据销售预测确定的销售量和销售单价确定各期销售收入,并根据各期销售收入和企业信用政策,确定每期的销售现金流量,是销售预算的两个核心问题。

由于企业其他预算的编制都必须以销售预算为基础,因此,销售预算是编制全面预算的起点。

【例 9-3】　锐达公司 2022 年(计划年度)只生产和销售一种产品,每季的产品销售货款有 60% 于当期收到现金,有 40% 属赊销于下一个季度收到现金。上一年(基期)年末的应收账款为 175 000 元。该公司计划年度的销售预算如表 9-6 所示。

表 9-6　2022 年度锐达公司销售预算表　　　　　单位:元

项　　目	1 季度	2 季度	3 季度	4 季度	全年
预计销量/件	2 000	2 500	3 000	2 500	10 000
单价/元	250	250	250	250	250
预计销售收入	500 000	625 000	750 000	625 000	2 500 000
应收账款期初	175 000				175 000
1 季度销售实现	300 000	200 000			500 000
2 季度销售实现		375 000	250 000		625 000
3 季度销售实现			450 000	300 000	750 000
4 季度销售实现				375 000	375 000
现金收入合计	475 000	575 000	700 000	675 000	2 425 000

二、生产预算

生产预算是规划预算期生产数量而编制的一种业务预算，它是在销售预算的基础上编制的，并可以作为编制材料采购预算和生产成本预算的依据。编制生产预算的主要依据是预算期内各种产品的预计销售量及存货期初期末资料。具体计算公式为

$$预计生产量＝预计销售量＋预计期末结存量－预计期初结存量 \qquad (9\text{-}1)$$

生产预算的要点是确定预算期的产品生产量和期末结存产品数量，前者为编制材料预算、人工预算、制造费用预算等提供基础，后者是编制期末存货预算和预计资产负债表的基础。

【例 9-4】 假设锐达公司 2022 年年初结存产成品 300 件，本年各季末结存产成品分别为：1 季度末 500 件，2 季度末 550 件，3 季度末 500 件，4 季度末 400 件，预计销售量如表 9-6 所示。锐达公司生产预算如表 9-7 所示。

表 9-7　2022 年度锐达公司生产预算表　　　　　　　　单位：件

项　目	1 季度	2 季度	3 季度	4 季度	全年
预计销量	2 000	2 500	3 000	2 500	10 000
加：预计期末结存	500	550	500	400	400
预计需要量	2 500	3 050	3 500	2 900	10 400
减：期初结存量	300	500	550	500	300
预计生产量	2 200	2 550	2 950	2 400	10 100

三、材料采购预算

材料采购预算是为了规划预算期材料消耗情况及采购活动而编制的，用于反映预算期各种材料消耗量、采购量、材料消耗成本和材料采购成本等计划信息的一种业务预算。依据预计产品生产量和材料单位耗用量，确定生产需要耗用量，再根据材料的期初期末结存情况，确定材料采购量，最后根据采购材料的付款，确定现金支出情况。

$$某种材料耗用量＝产品预计生产量×单位产品定额耗用量 \qquad (9\text{-}2)$$

$$某种材料采购量＝某种材料耗用量＋该种材料期末结存量－该种材料期初结存量$$

$$(9\text{-}3)$$

材料采购预算的要点是反映预算期材料消耗量、采购量和期末结存数量，并确定各预算期材料采购现金支出。材料期末结存量的确定可以为编制期末存货预算提供依据，现金支出的确定可以为编制现金预算提供依据。

【例 9-5】 假设锐达公司计划年度期初材料结存量 720 千克，本年各季末结存材料分别为：1 季度末 820 千克，2 季度末 980 千克，3 季度末 784 千克，4 季度末 860 千克，每季度的购料款于当季支付 40%，剩余 60% 在下一季度支付，应付账款年初余额为 120 000 元。其他资料如表 9-6 和表 9-7 所示。锐达公司计划年度材料采购预算如表 9-8 所示。

表 9-8　2022 年度锐达公司材料采购预算表　　　　　　　　单位:元

项　目	1 季度	2 季度	3 季度	4 季度	全年
预计生产量/件	2 200	2 550	2 950	2 400	10 100
材料定额单耗/千克	5	5	5	5	5
预计生产需要量/千克	11 000	12 750	14 750	12 000	50 500
加:期末结存量	820	980	784	860	860
预计需要量合计	11 820	13 730	15 534	12 860	51 360
减:期初结存量	720	820	980	784	720
预计材料采购量	11 100	12 910	14 554	12 076	50 640
材料计划单价	20	20	20	20	20
预计购料金额	222 000	258 200	291 080	241 520	1 012 800
应付账款年初余额	120 000				120 000
1 季度购料付现	88 800	133 200			222 000
2 季度购料付现		103 280	154 920		258 200
3 季度购料付现			116 432	174 648	291 080
4 季度购料付现				96 608	96 608
现金支出合计	208 800	236 480	271 352	271 256	987 888

四、直接人工预算

直接人工预算是一种既反映预算期内人工工时消耗水平,又规划人工成本开支的业务预算。这项预算是根据生产预算中的预计生产量以及单位产品所需的直接人工小时和单位小时工资率进行编制的。在通常情况下,企业往往要雇用不同工种的人工,必须按工种类别分别计算不同工种的直接人工小时总数;然后将算得的直接人工小时总数分别乘以该工种的工资率,再予以合计,即可求得预计直接人工成本的总数。

有关数据具体计算公式如下。

(一) 预计产品生产直接人工工时总数

$$某种产品直接人工总工时＝单位产品定额工时×该产品预计生产量 \qquad (9\text{-}4)$$

产品定额工时是由产品生产工艺和技术水平决定的,由产品技术和生产部门提供定额标准;产品预计生产量来自生产预算。

(二) 预计直接人工总成本

$$某种产品直接人工总成本＝单位工时工资率×该种产品直接人工工时总量 \qquad (9\text{-}5)$$

单位工时工资率来自企业人事部门工资标准和工资总额。

编制直接人工预算时,一般认为各预算期直接人工都是直接以现金发放的,因此不再特别列示直接人工的现金支出。另外,按照我国现行制度规定,在直接工资以外,还需要计提应付福利费,此时应在直接人工预算中根据直接工资总额进一步确定预算期的预计应付福利费,并估计应付福利费的现金支出。为简便,本处假定应付福利费包括在直接人工总额中并全部以现金支付。

直接人工预算的要点是确定直接人工总成本。

【例9-6】 假设锐达公司单位产品耗用工时为6小时，单位工时的工资率为5元，锐达公司计划2022年度直接人工工资预算如表9-9所示。

表9-9 2022年度锐达公司直接人工工资预算表 单位:元

项　　目	1季度	2季度	3季度	4季度	全年
预计生产量/件	2 200	2 550	2 950	2 400	10 100
单耗工时/小时	6	6	6	6	6
直接人工小时数/小时	13 200	15 300	17 700	14 400	60 600
单位工时工资率	5	5	5	5	5
预计直接人工成本/元	66 000	76 500	88 500	72 000	303 000

由于工资一般都要全部支付现金，因此，直接人工预算表中预计直接人工成本总额就是现金预算中的直接人工工资支付额。

五、制造费用预算

制造费用预算是反映生产成本中除直接材料、直接人工以外的一切不能直接计入产品制造成本的间接制造费用的预算。这些费用必须按成本习性划分为固定费用和变动费用，分别编制变动制造费用预算和固定制造费用预算。编制制造费用预算时，应以计划期的一定业务量为基础来规划各个费用项目的具体预算数字。另外，在制造费用预算表下还要附有预计现金支出表，以方便编制现金预算。

变动制造费用预算部分，应区分不同费用项目，逐一项目根据单位变动制造费用分配率和业务量（一般是直接人工总工时或机器工时等）确定各项目的变动制造费用预算数。

$$某项目变动制造费用分配率＝\frac{该项目变动制造费用预算总额}{业务量预算总数} \tag{9-6}$$

固定制造费用预算部分，也应区分不同费用项目，逐一项目确定预算期的固定费用预算。在编制制造费用预算时，为方便现金预算编制，还需要确定预算期的制造费用预算的现金支出部分。为方便，一般将制造费用中扣除折旧费后的余额，作为预算期内的制造费用现金支出。

制造费用预算的要点是确定各个变动和固定制造费用项目的预算金额，并确定预计制造费用的现金支出。

【例9-7】 根据前面所编各预算表的资料，编制锐达公司制造费用预算表如表9-10所示。

表9-10 锐达公司制造费用预算表 单位:元

变动费用项目	金　　额	固定费用项目	金　　额
间接人工	0.2×60 600＝12 120	维护费用	4 000
间接材料	0.1×60 600＝6 060	折旧费用	73 200
维护费用	0.15×60 600＝9 090	管理费用	35 000
水电费用	0.25×60 600＝15 150	保险费用	6 000

续表

变动费用项目	金　额	固定费用项目	金　额
机物料	0.05×60 600＝3 030	财产税	3 000
小计	0.75×60 600＝45 450	小计	121 200

变动费用现金支出	45 450
固定费用合计	121 200
减:折旧费用	73 200
固定费用现金支出	48 000
制造费用全年现金支出	93 450
制造费用第 1 季度现金支出	25 000
制造费用第 2 季度现金支出	25 000
制造费用第 3 季度现金支出	24 000
制造费用第 4 季度现金支出	19 450

六、单位生产成本预算

单位生产成本预算是反映预算期内各种产品生产成本水平的一种业务预算。成本预算是在生产预算、直接材料消耗及采购预算、直接人工预算和制造费用预算的基础上编制的，通常应反映各产品单位生产成本。

$$\text{单位产品预计} \atop \text{生产成本} = {\text{单位产品直接} \atop \text{材料成本}} + {\text{单位产品直接} \atop \text{人工成本}} + {\text{单位产品} \atop \text{制造费用}} \qquad (9-7)$$

上述资料分别来自直接材料采购预算、直接人工预算和制造费用预算。以单位产品成本预算为基础，还可以确定期末结存产品成本，计算公式如下:

期末结存产品成本＝期初结存产品成本＋本期产品生产成本－本期销售产品成本 (9-8)

公式中的期初结存产品成本和本期销售成本，应该根据具体的存货计价方法确定。确定期末结存产品成本后，可以与预计直接材料期末结存成本一起，一并在期末存货预算中予以反映。本章中期末存货预算略去不作介绍，期末结存产品的预计成本合并在单位产品生产成本中列示。

单位产品生产成本预算的要点，是确定单位产品预计生产成本和期末结存产品预计成本。

【例 9-8】 假设锐达公司采用制造成本法计算成本，生产成本包括变动生产成本和固定生产成本。根据前面已编制的各种业务预算表的资料，编制锐达公司单位产品生产成本预算表如表 9-11 所示。

表 9-11　锐达公司单位产品生产成本预算表

成 本 项 目	单位用量	单位价格	单 位 成 本
直接材料	5 千克	20 元/千克	100 元
直接人工	6 小时	5 元/小时	30 元
变动制造费用	6 小时	0.75 元/小时	4.5 元
单位变动生产成本			134.5 元

续表

成 本 项 目	单位用量	单位价格	单 位 成 本
单位固定成本	(121 200÷60 600)×6＝12		12 元
单位生产成本			146.5 元
期末存货预算	期末存货数量		400 件
	单位生产成本		146.5 元
	期末存货成本		58 600 元

七、销售及管理费用预算

销售及管理费用预算是以价值形式反映整个预算期内为销售产品和维持一般行政管理工作而发生的各项目费用支出预算。该预算与制造费用预算一样,需要划分固定费用和变动费用列示,其编制方法也与制造费用预算类同。在该预算表下也应附列计划期间预计销售和管理费用的现金支出计算表,以便编制现金预算。

销售及管理费用预算的要点是确定各个变动及固定费用项目的预算数,并确定预计的现金支出。

【例 9-9】 假设锐达公司销售和行政管理部门根据计划期间的具体情况,合并编制销售与管理费用预算表,如表 9-12 所示。

表 9-12 锐达公司销售与管理费用预算表　　　　　　　单位:元

费用明细项目		预算金额
变动费用	销售佣金 0.1×60 600	6 060
	办公费用 0.2×60 600	12 120
	运输费用 0.2×60 600	12 120
	……	…
	变动费用小计	42 420
固定费用	广告费用	80 000
	管理人员工资	125 000
	保险费用	8 000
	折旧费用	50 000
	财产税	4 000
	……	…
	固定费用小计	287 000
预计现金支出计算表	销售及管理费用总额	329 420
	减:折旧费用	50 000
	销售及管理费用现金支出总额	279 420
	每季度销售及管理费用现金支出	69 855

八、专门决策预算

专门决策预算主要是长期投资预算,又称资本支出预算,通常是指与项目投资决策相关的专门预算,它往往涉及长期建设项目的资金投放与筹集,并经常跨越多个年度。编制专门决策预算的依据,是项目财务可行性分析资料,以及企业筹资决策资料。

专门决策预算的要点是准确反映项目资金投资支出与筹资计划,它同时也是编制现金预算和预计资产负债表的依据。

【例 9-10】　假设锐达公司决定于 2022 年上马一条新的生产线,年内安装完毕,并于年末投入使用,有关投资与筹资预算如表 9-13 所示。

表 9-13　锐达公司有关投资与筹资预算表　　　　　　　单位:元

项　　目	1 季度	2 季度	3 季度	4 季度	全年
投资支出预算	50 000	40 000	70 000	80 000	240 000
借入长期借款	40 000			80 000	120 000

九、现金预算

现金预算是以业务预算和专门决策预算为依据编制的、专门反映预算期内预计现金收入与现金支出,以及为满足理想现金余额而进行现金投融资的预算。

现金预算由期初现金余额、现金收入、现金支出、现金余缺、现金投放与筹措五部分组成。

$$现金余缺＝期初现金余额＋现金收入－现金支出 \qquad (9\text{-}9)$$

财务管理部门应根据现金余缺与期末现金余额的比较,来确定预算期现金投放或筹措。当现金余缺大于期末现金余额时,应将超过期末余额的多余现金进行投资;当现金余缺小于现金余额时,应筹措现金,直到现金总额达到要求的期末现金余额。

$$期末现金余额＝现金余缺＋现金筹措(现金不足时) \qquad (9\text{-}10)$$
$$期末现金余额＝现金余缺－现金投放(现金多余时) \qquad (9\text{-}11)$$

【例 9-11】　根据前面编制的各业务预算表和决策预算表的资料,编制现金预算。该公司年初现金余额为 80 000 元,每季支付各种流转税 35 000 元,前三季度预交所得税 50 000元,年末汇缴 89 440 元,年末支付股利 250 000 元。最低现金持有量为 50 000 元。锐达公司现金预算如表 9-14 所示。

表 9-14　锐达公司现金预算表　　　　　　　单位:元

项　　目	1 季度	2 季度	3 季度	4 季度	全年
期初现金余额	80 000	80 000	80 000	80 000	80 000
经营现金收入	475 000	575 000	700 000	675 000	2 425 000
可供支配现金合计	555 000	655 000	780 000	755 000	2 505 000
经营性现金支出					
直接材料采购	208 800	236 480	271 352	271 256	987 888

续表

项　目	1 季度	2 季度	3 季度	4 季度	全年
直接人工支出	66 000	76 500	88 500	72 000	303 000
制造费用	25 000	25 000	24 000	19 450	93 450
销售及管理费用	69 855	69 855	69 855	69 855	279 420
支付流转税	35 000	35 000	35 000	35 000	140 000
预交所得税	50 000	50 000	50 000	89 440	239 440
分配股利				250 000	250 000
资本性现金支出	50 000	40 000	70 000	80 000	240 000
现金支出合计	504 655	532 835	608 707	887 001	2 533 198
现金余缺	50 345	122 165	171 293	(132 001)	(28 198)
资金筹措与运用					
长期借款	40 000			80 000	120 000
支付利息	(15 345)	(15 165)	(13 293)	(11 999)	(55 802)
取得短期借款	5 000			20 000	25 000
偿还短期借款		(5 000)			(5 000)
进行短期投资		(22 000)	(78 000)		(100 000)
出售短期投资				100 000	100 000
期末现金余额	80 000	80 000	80 000	56 000	56 000

十、预计利润表

预计利润表用来综合反映企业在计划期的预计经营成果,是企业最主要的财务预算表之一。编制预计利润表的依据是各业务预算、专门决策预算和现金预算。

【例 9-12】 以前面所编制的各种预算为资料来源。假设每季预提的财务费用为 20 000元。编制锐达公司预计利润表如表 9-15 所示。

表 9-15　锐达公司预计利润表　　　　　　　　　单位:元

项　目	1 季度	2 季度	3 季度	4 季度	全年
销售收入	500 000	625 000	750 000	625 000	250 000
减:销售成本	293 000	366 250	439 500	366 250	1 465 000
销售毛利	207 000	258 750	310 500	258 750	1 035 000
减:销售及管理费用	82 355	82 355	82 355	82 355	329 420
财务费用	20 000	20 000	20 000	20 000	80 000
营业利润	104 645	156 395	208 145	156 395	625 580
减:所得税	50 000	50 000	50 000	89 440	239 440
净利润	54 645	106 395	158 145	66 955	386 140

十一、预计资产负债表

预计资产负债表用来反映企业在计划期末预计的财务状况。它的编制需以计划期开始日的资产负债表为基础,结合计划期间各项业务预算、专门决策预算、现金预算和预计利润表进行编制。它是编制全面预算的终点。

【例 9-13】　根据锐达公司期初资产负债表及计划期各项预算中的有关资料进行调整,编制出 2022 年年末的预计资产负债表如表 9-16 所示。

表 9-16　锐达公司预计资产负债表

2022 年 12 月 31 日　　　　　　　　　　　　　　　　　　单位:元

资产	金额	负债及权益	金额
流动资产:		流动负债:	
现金	56 000	短期借款	20 000
应收账款	250 000	应付账款	144 912
存货	75 800	应付税金	10 000
流动资产合计	381 800	预提费用	24 198
长期资产:		流动负债合计:	199 110
固定资产	800 000	长期负债	120 000
减:累计折旧	200 000	股东权益:	
固定资产净额	600 000	股本	500 000
在建工程	240 000	资本公积	100 000
无形资产	184 200	留存收益	486 890
长期资产合计	1 024 000	权益合计	1 086 890
资产总计	1 406 000	负债及权益总计	1 406 000

第四节　预算的执行与考核

预算执行与调整

一、预算的执行

企业预算一经批复下达,各预算执行单位就必须认真组织实施,将预算指标层层分解,从横向到纵向落实到内部各部门、各单位、各环节和各岗位,形成全方位的预算执行责任体系。

企业应当将预算作为预期内组织、协调各项经营活动的基本依据,将年度预算细分为月份和季度预算,通过分期预算控制,确保年度预算目标的实现。

企业应当强化现金流量的预算管理,按时组织预算资金的收入,严格控制预算资金的支付,调节资金收付平衡,控制支付风险。

对于预算内的资金拨付,按照授权审批程序执行。对于预算外的项目支出,应当按预算管理制度规范支付程序。对于无合同、无凭证、无手续的项目支出,不予支付。

企业应当严格执行销售、生产和成本费用预算,努力完成利润指标。在日常控制中,企业应当健全凭证记录,完善各项管理规章制度,严格执行生产经营月度计划和成本费用的定额、定率标准,加强适时监控。对预算执行中出现的异常情况,企业有关部门应及时查明原因,提出解决办法。

企业应当建立预算报告制度,要求各预算执行单位定期报告预算的执行情况。对于预算执行中发现的新情况、新问题及出现偏差较大的重大项目,企业财务管理部门以致预算委员会应当责成有关预算执行单位查找原因,提出改进经营管理的措施和建议。

企业财务管理部门应当利用财务报表监控预算的执行情况,及时向预算执行单位、企业预算委员会以至董事会或经理办公会提供财务预算的执行进度、执行差异及其对企业预算目标的影响等财务信息,促进企业完成预算目标。

二、预算的调整

企业正式下达执行的预算,一般不予调整。预算执行单位在执行中由于市场环境、经营条件、政策法规等发生重大变化,致使预算的编制基础不成立,或者将导致预算执行结果产生重大偏差的,可以调整预算。

企业应当建立内部弹性预算机制,对于不影响预算目标的业务预算、资本预算、筹资预算之间的调整,企业可以按照内部授权批准制度执行,鼓励预算执行单位及时采取有效的经营管理对策,保证预算目标的实现。

企业调整预算,应当由预算执行单位逐级向企业预算委员会提出书面报告,阐述预算执行的具体情况、客观因素变化情况及其对预算执行造成的影响程度,提出预算指标的调整幅度。

企业财务管理部门应当对预算执行单位的预算调整报告进行审核分析,集中编制企业年度预算调整方案,提交预算委员会以至企业董事会或经理办公会审议批准,然后下达执行。

对于预算执行单位提出的预算调整事项,企业进行决策时,一般应当遵循以下要求。

(1) 预算调整事项不能偏离企业发展战略。

(2) 预算调整方案应当在经济上能够实现最优化。

(3) 预算调整重点应当放在预算执行中出现的重要的、非正常的、不符合常规的关键性差异方面。

三、预算的分析与考核

企业应当建立预算分析制度,由预算委员会定期召开预算执行分析会议,全面掌握预算的执行情况,研究、解决预算执行中存在的问题,纠正预算的执行偏差。

开展预算执行分析,企业管理部门及各预算执行单位应当充分收集有关财务、业务、市场、技术、政策、法律等方面的信息资料,根据不同情况分别采用比率分析、比较分析、因素分析、平衡分析等方法,从定量与定性两个层面充分反映预算执行单位的现状、发展趋势及其存在的潜力。

针对预算的执行偏差,企业财务管理部门及各预算执行单位应当充分、客观地分析产生的原因,提出相应的解决措施或建议,提交董事会或经理办公会研究决定。

企业预算委员会应当定期组织预算审计,纠正预算执行中存在的问题,充分发挥内部审计的监督作用,维护预算管理的严肃性。

预算审计可以采用全面审计或者抽样审计。在特殊情况下,企业也可组织不定期的专项审计。审计工作结束后,企业内部审计机构应当形成审计报告,直接提交预算委员会以至董事会或经理办公会,作为预算调整、改进内部经营管理和财务考核的一项重要参考。

预算年度终了,预算委员会应当向董事会或者经理办公会报告预算执行情况,并依据预算完成情况和预算审计情况对预算执行单位进行考核。

企业内部预算执行单位上报的预算执行报告,应经本部门、本单位负责人按照内部议事规范审议通过,作为企业进行财务考核的基本依据。企业预算按调整后的预算执行,预算完成情况以及企业年度财务会计报告为准。

企业预算执行考核是企业绩效评价的主要内容,应当结合年度内部经济责任制度进行考核,与预算执行单位负责人的奖惩挂钩,并作为企业内部人力资源管理的参考。

◀ 本 章 小 结 ▶

财务预算是一系列专门反映企业未来一定预算期内预计财务状况和经营成果,以及现金收支等价值指标的各种预算的总称,具体包括现金预算、财务费用预算、预计利润表、预计利润分配表和预计资产负债表等内容。

编制预算的方法按其业务量基础数量特征不同,可分固定预算方法和弹性预算方法两大类。编制成本费用预算的方法按其出发点的特征不同,可分为增量预算方法和零基预算方法两大类。编制预算的方法按其预算期的时间特征不同,可分为定期预算方法和滚动预算方法两大类。

根据企业的经营目标,科学合理地规划、预计及测算未来经营成果、现金流量增减变动和财务状况,并以财务会计报告的形式将有关数据系统地加以反映的工作流程,称为财务预算编制。

财务预算的常规编制流程和方法是结合经营预算,并按照固定预算的编制方式进行的财务预算编制。其工作步骤为:①销售预算;②生产预算;③直接材料、直接人工、制造费用预算;④产品成本预算;⑤期间费用预算;⑥损益表预算;⑦现金预算;⑧财务报表预算。掌握各种预算表的填制是本章学习的重点。

预算在执行的过程中出现了新的情况,需要及时调整预算,出现差异要及时分析原因以便控制预算的执行,预算是绩效考核的重要依据。

◀ 复习与思考题 ▶

1. 固定预算与弹性预算的区别与联系?
2. 定基预算与滚动预算的区别与联系?
3. 零基预算与增量预算的区别与联系?

◈《 练 习 题 》◈

一、单项选择题

1. 下列选项中属于专门决策预算（   ）。
   - A. 材料采购预算
   - B. 直接材料消耗预算
   - C. 产品生产成本预算
   - D. 资本支出预算

2. 相对固定预算而言，弹性预算（   ）。
   - A. 预算成本低
   - B. 预算工作量小
   - C. 预算可比性差
   - D. 预算范围宽

3. 下列不属于零基预算程序的是（   ）。
   - A. 动员企业内部各部门员工，讨论计划期内应该发生的费用项目，对每一费用项目编写一套方案，提出费用开支的目的，以及需要开支的费用数额
   - B. 划分不可避免费用项目和可避免费用项目
   - C. 划分不可延缓费用项目和可延缓费用项目
   - D. 划分不可提前费用项目和可提前费用项目

4. 定期预算编制方法的缺点是（   ）。
   - A. 缺乏长远打算，导致短期行为出现
   - B. 工作量大
   - C. 形成不必要的开支合理化，造成预算上的浪费
   - D. 预算可比性差

5. 某企业编制"材料采购预算"，预计第四季度期初存量 456 千克，季度生产需用量 2 120 千克，预计期末存量为 350 千克，材料单价为 10 元，若材料采购货款有 50% 在本季度内付清，另外 50% 在下季度付清，假设不考虑其他因素，则该企业预计资产负债表年末"应付账款"项目为（   ）元。
   - A. 11 130
   - B. 14 630
   - C. 10 070
   - D. 13 560

6. 下列预算中不是在生产预算的基础上编制的是（   ）。
   - A. 材料采购预算
   - B. 直接人工预算
   - C. 单位生产成本预算
   - D. 管理费用预算

7. 下列预算中只使用实物量作为计量单位的是（   ）。
   - A. 现金预算
   - B. 预计资产负债表
   - C. 生产预算
   - D. 销售预算

8. 下列选项中一般属于长期预算的有（   ）。
   - A. 销售预算
   - B. 财务预算
   - C. 管理费用预算
   - D. 资本支出预算

二、判断题

1. 财务预算是总预算的最后环节。   （   ）

2. 定期预算编制方法一般只适用于数额比较稳定的预算项目。   （   ）

3. 预算必须与企业的战略或目标保持一致是预算最主要的特征。　　　（　　）

4. 财务部门编制出了对自己来说最好的计划,该计划对其他部门来说,肯定也能行得通。　　　（　　）

5. 单位生产成本预算通常反映各产品单位生产成本,有时还要反映年初年末存货水平。　　　（　　）

6. 在财务预算的编制过程中,编制预计财务报表的正确程序是:先编制预计资产负债表,然后再编制预计利润表。　　　（　　）

7. 连续预算能够使预算期间与会计年度相配合。　　　（　　）

三、计算题

1. 某公司 2022 年的现金预算简表如表 9-17 所示(假定企业没有其他现金收支业务,也没有其他负债)。

表 9-17　现金预算简表　　　　　　　　　　　　　　　单位:万元

项　　目	第一季度	第二季度	第三季度	第四季度
期初现金余额	150			
本期经营性现金收入	5 000	5 200	E	4 500
本期经营性现金支出	A	5 350	6 000	4 000
现金余缺	650	C	(650)	G
取得短期借款		100	900	
归还借款	450			H
期末现金余额	B	D	F	200

要求:根据表中资料填写表中字母表示的部分。

2. 某企业生产和销售 A 种产品,计划期 2022 年四个季度预计销售数量分别为 1 000 件、1 500 件、2 000 件和 1 800 件;A 种产品预计单位售价为 100 元。假设每季度销售收入中,本季度收到现金 60%,另外 40% 要到下季度才能收回,上年末应收账款余额为 62 000 元。

要求:

(1) 编制 2022 年销售预算,如表 9-18、表 9-19 所示。

表 9-18　销售预算表

季　　度	1	2	3	4	全年
销售数量					
销售单价/(元/件)					
销售收入					

表 9-19　预计现金流量表　　　　　　　　　　　　　　　单位:元

上年应收账款					
第一季度					
第二季度					
第三季度					
第四季度					
现金流入合计					

（2）确定 2022 年末应收账款余额。

四、综合题

A 公司生产和销售甲产品，6 月份现金收支的预计资料如下。

（1）6 月 1 日的现金余额为 520 000 元。

（2）产品售价 117 元/件，4 月份销售 10 000 件，5 月份销售 12 000 件，6 月预计销售 15 000 件，7 月预计销售 20 000 件。根据经验，商品售出后当月可收回货款的 40%，次月收回 30%，再次月收回 25%，另外 5% 为坏账。

（3）材料采购单价为 2.34 元/千克，产品消耗定额为 5 千克；材料采购货款当月支付 70%，下月支付 30%。编制预算时月底产成品存货为次月销售量的 10%。5 月底的实际产成品存货为 1 200 件，应付账款余额为 30 000 元。5 月底的材料库存量为 2 000 千克，预计 6 月末的材料库存量为 1 500 千克。

（4）6 月份需要支付的直接人工工资为 650 000 元，管理人员工资 280 000 元，其中有 60 000 元是生产管理人员工资；需要支付其他的管理费用 45 000 元、制造费用 12 000 元，需要支付销售费用 64 000 元。

（5）支付流转税 120 000 元。

（6）预计 6 月份将购置设备一台，支出 650 000 元，须当月付款。

（7）预交所得税 20 000 元。

（8）现金不足时可以从银行借入，借款额为 10 000 元的倍数，利息在还款时支付。期末现金余额不少于 500 000 元。

要求：

（1）预计 6 月份的生产量。

（2）预计 6 月份材料需用量和材料采购量。

（3）预计 6 月份的采购金额。

（4）预计 6 月份的采购现金支出。

（5）预计 6 月份的经营现金收入。

（6）编制 6 月份的现金预算，填写表 9-20。

表 9-20　6 月份的现金预算　　　　　　　　　　　单位：元

项　目	金　额	项　目	金　额
期初现金余额		支付流转税	
经营现金收入		预交所得税	
可运用现金合计		资本性现金支出	
经营现金支出		购置固定资产	
采购现金支出		现金支出合计	
支付直接人工		现金余缺	
支付制造费用		借入银行借款	
支付销售费用		期末现金余额	
支付管理费用			

五、案例分析题

1. 案例背景

Y 公司是一家规模中等的中外合资制造型家电企业,合资双方股东在各自国家都具有一定的知名度,公司成立于 2018 年,经过 2020 年股东增资,注册资本变更为 8 000 万美元,目前年销售额在 12 亿元左右,公司产品在国内的市场占有率很高,公司目前供、产、销都处于较为稳定的状态。Y 公司目前在职员工 1 200 人左右,公司的会计部门与财务部门是彼此独立的。公司实行全面预算管理多年,公司于 2022 年开始运行 ERP 系统,公司的所有活动都可在 ERP 系统上反映。

2. Y 公司全面预算的编制

Y 公司的全面预算主要包括营业预算、资本支出预算、财务预算三个模块。Y 公司营业预算包括销售预算、生产预算、材料费用预算、人工费用预算、制造费用预算、库存预算、期间费用预算等。Y 公司资本支出预算主要指设备的维修保养投资、固定资产构建、在建工程投资等投资预算。Y 公司财务预算指财务费用预算、利润预算、现金流量预算、预计损益表、预计资产负债表、预计现金流量表等。

Y 公司全面预算的编制采取自上而下和自下而上相结合的方法,即通过预算管理委员会自上而下地统领各部门进行预算的编制,同时各部门自下而上地进行预算的编制、反馈与修正,直至最终预算结果汇总至预算管理委员会,形成全公司的最终全面预算结果。这种方式同时兼顾了横向与纵向的协调、沟通,体现了全面预算管理集权和分权的统一。

每年 8 月,Y 公司财务部门(预算管理委员会)召开全公司各部门管理者参加的公司预算编制动员会,告知各部门领导预算编制工作即将展开,明确了预算编制工作的流程、要求、进度、期限等信息,同时明确了各部门负责的预算编制项目。基本每个部门都有需要编制的预算项目,一块是本部门日常发生的各项支出(成本或费用),另一块是公司多个部门都会发生的但由本部门主管的支出项目,如人事部门负责的公司人员费用,物流部门负责的公司运输费用,采购部门负责的公司材料费用等。

会议结束后,各部门按照各自负责的预算编制项目,先收集、整理各自所需的本年 1～7 月的实际数据;同时结合公司 1～7 月的经营状况以及本年的预算指标,预测本年 8～12 月的相关数据;这样,就可以得到本年 1～12 月的数据,各部门以本年全年的数据为参考,结合来年的市场分析,采取相应的预算编制方法,编制来年全年的销售、生产、投资、费用等各项预算。其中,销售预算需要首先编制,由于是跨国公司,Y 公司来年的销售总预算是海外母公司编制的,销售部门主要是在总预算的基础上编制具体的销量和单价预算。预算编制过程中,销售预算可以进行微调,此时,其他与销售预算相关性较大的预算项目也要及时作相应调整。

9 月份财务部门收集一次预算的反馈资料,对数据进行加工整理后,形成 Y 公司的 1 次预算。针对 1 次预算的结果,财务部门进行各项财务分析,如分析成本率、费用率、材料费率、利润率等指标,分析后可得出 1 次预算中需要修改的项目。财务部门领导把 1 次预算数据及其分析结果向 CEO 报告,CEO 结合公司实际运营状况及未来发展规划对 1 次预算提出修改意见。

财务部门再次与相关部门沟通,把需要修改的预算项目的信息反馈给相关部门,督促各部门进行 1 次预算数据的调整。各相关部门在 10 月上旬将调整过的预算项目报送给财务部门，财务部门对本次收集到的数据进行加工、整理后，即形成 Y 公司的 2 次预算结果。同样，财务部门对 2 次预算结果进行分析、评价，并再次向 CEO 报告，CEO 再次提出修改意见。

财务部门再次与相关部门沟通，再次向各相关部门明确需要调整的项目，各部门再次按期将调整完后的数据报送财务部门……反复这样的流程，于是形成 Y 公司的 3 次预算乃至 4 次预算，直至形成最终的预算结果。在 12 月中旬，Y 公司结束来年预算的编制工作。

近几年来，随着经济的快速发展和企业管理水平的不断提高，企业也越来越认识到财务预算管理的重要性和科学性，许多大企业开始进行财务预算管理，财务预算管理在企业管理中的地位也越来越重要。那财务预算的基本原理是什么？在企业管理中扮演什么样的角色？如何编制适合企业自己的财务预算？

附 录

附录一：复利终值系数表

期数	1%	2%	3%	4%	5%	6%	7%	8%	9%	10%	11%	12%	13%	14%	15%	16%	17%	18%	19%	20%	21%	22%	23%	24%	25%
1	1.01	1.02	1.03	1.04	1.05	1.06	1.07	1.08	1.09	1.10	1.11	1.12	1.13	1.14	1.15	1.16	1.17	1.18	1.19	1.2	1.21	1.22	1.23	1.24	1.25
2	1.02	1.04	1.06	1.08	1.10	1.12	1.14	1.17	1.19	1.21	1.23	1.25	1.28	1.30	1.32	1.35	1.37	1.39	1.42	1.44	1.46	1.49	1.51	1.54	1.56
3	1.03	1.06	1.09	1.12	1.16	1.19	1.23	1.26	1.30	1.33	1.37	1.40	1.44	1.48	1.52	1.56	1.60	1.64	1.69	1.73	1.77	1.82	1.86	1.91	1.95
4	1.04	1.08	1.13	1.17	1.22	1.26	1.31	1.36	1.41	1.46	1.52	1.57	1.63	1.69	1.75	1.81	1.87	1.94	2.01	2.07	2.14	2.22	2.29	2.36	2.44
5	1.05	1.10	1.16	1.22	1.28	1.34	1.40	1.47	1.54	1.61	1.69	1.76	1.84	1.93	2.01	2.10	2.19	2.29	2.39	2.49	2.60	2.70	2.82	2.93	3.05
6	1.06	1.13	1.19	1.27	1.34	1.42	1.50	1.59	1.68	1.77	1.87	1.97	2.08	2.20	2.31	2.44	2.57	2.70	2.84	2.99	3.14	3.30	3.46	3.64	3.81
7	1.07	1.15	1.23	1.32	1.41	1.50	1.61	1.71	1.83	1.95	2.08	2.21	2.35	2.50	2.66	2.83	3.00	3.19	3.38	3.58	3.80	4.02	4.26	4.51	4.77
8	1.08	1.17	1.27	1.37	1.48	1.60	1.72	1.85	1.99	2.14	2.30	2.48	2.66	2.85	3.06	3.28	3.51	3.76	4.02	4.30	4.60	4.91	5.24	5.59	5.96
9	1.09	1.20	1.30	1.42	1.55	1.69	1.84	2.10	2.17	2.36	2.56	2.77	3.00	3.25	3.52	3.80	4.11	4.44	4.79	5.16	5.56	5.99	6.44	6.93	7.45
10	1.10	1.22	1.34	1.48	1.63	1.79	1.97	2.16	2.37	2.59	2.84	3.11	3.39	3.71	4.05	4.41	4.81	5.23	5.69	6.19	6.73	7.30	7.93	8.59	9.31
11	1.12	1.24	1.38	1.54	1.71	1.90	2.10	2.33	2.58	2.85	3.15	3.48	3.84	4.23	4.65	5.12	5.62	6.18	6.78	7.43	8.14	8.91	9.75	10.66	11.64
12	1.23	1.27	1.43	1.60	1.80	2.01	2.25	2.52	2.81	3.14	3.50	3.90	4.33	4.82	5.35	5.94	6.58	7.29	8.06	8.92	9.85	10.87	11.99	13.21	14.55
13	1.14	1.29	1.47	1.67	1.89	2.13	2.41	2.72	3.07	3.45	3.88	4.36	4.90	5.53	6.15	6.89	7.70	8.60	9.60	10.70	11.92	13.26	14.75	16.39	18.19
14	1.15	1.32	1.51	1.73	1.98	2.26	2.58	2.94	3.34	3.80	4.31	4.89	5.53	6.26	7.08	7.99	9.01	10.15	11.42	12.84	14.42	16.18	18.14	20.32	22.74
15	1.16	1.35	1.56	1.80	2.08	2.40	2.76	3.17	3.54	4.18	4.78	5.47	6.25	7.14	8.14	9.27	10.54	11.97	13.59	15.41	17.45	19.74	22.31	25.20	28.42
16	1.17	1.37	1.60	1.87	2.18	2.54	2.95	3.43	3.97	4.60	5.31	6.13	7.07	8.14	9.36	10.75	12.33	14.13	16.17	18.49	21.11	24.09	27.45	31.24	35.53

续表

期数	1%	2%	3%	4%	5%	6%	7%	8%	9%	10%	11%	12%	13%	14%	15%	16%	17%	18%	19%	20%	21%	22%	23%	24%	25%
17	1.18	1.40	1.65	1.95	2.29	2.69	3.16	3.70	4.33	5.05	5.90	6.87	7.99	9.28	10.76	12.47	14.43	16.67	19.24	22.19	25.55	29.38	33.76	38.74	44.41
18	1.20	1.43	1.70	2.03	2.41	2.85	3.38	4.10	4.72	5.56	6.54	7.69	9.02	10.58	12.38	14.46	16.88	19.67	22.90	26.62	30.91	35.85	41.52	48.04	55.51
19	1.21	1.46	1.75	2.11	2.53	3.03	3.62	4.32	5.14	6.12	7.26	8.61	10.20	12.06	14.23	16.78	19.75	23.21	27.25	31.95	37.40	43.74	51.07	59.57	69.39
20	1.22	1.49	1.81	2.19	2.65	3.21	3.87	4.66	5.60	6.73	8.06	9.65	11.52	13.74	16.37	19.46	23.11	27.39	32.43	38.34	45.26	53.36	62.82	73.86	86.74
21	1.23	1.52	1.86	2.28	2.79	3.40	4.14	5.03	6.11	7.40	8.95	10.80	13.02	15.67	18.82	22.57	27.03	32.32	38.59	46.01	54.76	65.10	77.27	91.59	108.42
22	1.24	1.55	1.92	2.37	2.93	3.60	4.43	5.44	6.66	8.14	9.93	12.10	14.71	17.86	21.64	26.19	31.63	38.14	45.92	55.21	66.26	79.42	95.04	113.57	135.53
23	1.26	1.58	1.97	2.46	3.07	3.82	4.74	5.87	7.26	8.95	11.03	13.55	16.63	20.36	24.89	30.38	37.01	45.01	54.65	66.25	80.18	96.89	116.90	140.83	169.41
24	1.27	1.61	2.03	2.56	3.23	4.05	5.07	6.34	7.91	9.85	12.24	15.18	18.79	23.21	28.63	35.24	43.30	53.11	65.03	79.50	97.02	118.21	143.79	174.63	211.76
25	1.28	1.64	2.09	2.67	3.39	4.29	5.43	6.85	8.62	10.83	13.59	17.00	21.23	26.46	32.92	40.87	50.66	62.67	77.39	95.40	117.39	144.21	176.86	216.54	264.70

附录二：复利现值系数表

期数	1%	2%	3%	4%	5%	6%	7%	8%	9%	10%	11%	12%	13%	14%	15%	16%	17%	18%	19%	20%	21%	22%	23%	24%	25%
1	0.99	0.98	0.97	0.96	0.95	0.94	0.93	0.93	0.92	0.91	0.90	0.89	0.89	0.88	0.87	0.86	0.85	0.85	0.84	0.83	0.83	0.82	0.81	0.81	0.80
2	0.98	0.96	0.94	0.92	0.91	0.89	0.87	0.86	0.84	0.83	0.81	0.80	0.78	0.77	0.76	0.74	0.73	0.72	0.71	0.69	0.68	0.67	0.66	0.65	0.64
3	0.97	0.94	0.92	0.89	0.86	0.84	0.82	0.79	0.77	0.75	0.73	0.71	0.69	0.68	0.66	0.64	0.62	0.61	0.59	0.58	0.56	0.55	0.54	0.52	0.51
4	0.96	0.92	0.89	0.85	0.82	0.79	0.76	0.74	0.71	0.68	0.66	0.64	0.61	0.59	0.57	0.55	0.53	0.52	0.50	0.48	0.47	0.45	0.44	0.42	0.41
5	0.95	0.91	0.86	0.82	0.78	0.75	0.71	0.68	0.65	0.62	0.59	0.57	0.54	0.52	0.50	0.48	0.46	0.44	0.42	0.40	0.39	0.37	0.36	0.34	0.33
6	0.94	0.89	0.84	0.79	0.75	0.71	0.67	0.63	0.60	0.56	0.53	0.51	0.48	0.46	0.43	0.41	0.39	0.37	0.35	0.33	0.32	0.30	0.29	0.28	0.26
7	0.93	0.87	0.81	0.76	0.71	0.67	0.62	0.58	0.55	0.51	0.48	0.45	0.43	0.40	0.38	0.35	0.33	0.31	0.30	0.28	0.26	0.25	0.23	0.22	0.21
8	0.92	0.85	0.79	0.73	0.68	0.63	0.58	0.54	0.50	0.47	0.43	0.40	0.38	0.35	0.33	0.31	0.28	0.27	0.25	0.23	0.22	0.20	0.19	0.18	0.17
9	0.91	0.84	0.77	0.70	0.64	0.59	0.54	0.50	0.46	0.42	0.39	0.36	0.33	0.31	0.28	0.26	0.24	0.23	0.21	0.19	0.18	0.17	0.16	0.14	0.13
10	0.91	0.82	0.74	0.68	0.61	0.56	0.51	0.46	0.42	0.39	0.35	0.32	0.29	0.27	0.25	0.23	0.21	0.19	0.18	0.16	0.15	0.14	0.13	0.12	0.11
11	0.90	0.80	0.72	0.65	0.58	0.53	0.48	0.43	0.39	0.35	0.32	0.29	0.26	0.24	0.21	0.20	0.18	0.16	0.15	0.13	0.12	0.11	0.10	0.09	0.09
12	0.89	0.79	0.70	0.62	0.56	0.50	0.44	0.40	0.36	0.32	0.29	0.26	0.23	0.21	0.19	0.17	0.15	0.14	0.12	0.11	0.10	0.09	0.08	0.08	0.07
13	0.88	0.77	0.68	0.60	0.53	0.47	0.42	0.37	0.33	0.29	0.26	0.23	0.20	0.18	0.16	0.15	0.13	0.12	0.10	0.09	0.08	0.08	0.07	0.06	0.06
14	0.87	0.76	0.66	0.58	0.51	0.44	0.39	0.34	0.30	0.26	0.23	0.20	0.18	0.16	0.14	0.13	0.11	0.10	0.09	0.08	0.07	0.06	0.06	0.05	0.04
15	0.86	0.74	0.64	0.56	0.48	0.42	0.36	0.32	0.27	0.24	0.21	0.18	0.16	0.14	0.12	0.11	0.09	0.08	0.07	0.06	0.06	0.05	0.04	0.04	0.04
16	0.85	0.73	0.62	0.53	0.46	0.39	0.34	0.29	0.25	0.22	0.19	0.16	0.14	0.12	0.11	0.09	0.08	0.07	0.06	0.05	0.05	0.04	0.04	0.03	0.03
17	0.84	0.71	0.61	0.51	0.44	0.37	0.32	0.27	0.23	0.20	0.17	0.15	0.13	0.11	0.09	0.08	0.07	0.06	0.05	0.05	0.04	0.03	0.03	0.03	0.02
18	0.84	0.70	0.59	0.49	0.42	0.35	0.30	0.25	0.21	0.18	0.15	0.13	0.11	0.09	0.08	0.07	0.06	0.05	0.04	0.04	0.03	0.03	0.02	0.02	0.02
19	0.83	0.69	0.57	0.47	0.40	0.33	0.28	0.23	0.19	0.16	0.14	0.12	0.10	0.08	0.07	0.06	0.05	0.04	0.04	0.03	0.03	0.02	0.02	0.02	0.01
20	0.82	0.67	0.55	0.46	0.38	0.31	0.26	0.21	0.18	0.15	0.12	0.10	0.09	0.07	0.06	0.05	0.05	0.04	0.03	0.03	0.02	0.02	0.02	0.01	0.01
21	0.81	0.66	0.54	0.44	0.36	0.29	0.24	0.20	0.16	0.14	0.11	0.09	0.08	0.06	0.05	0.04	0.04	0.03	0.03	0.02	0.02	0.01	0.01	0.01	0.01
22	0.80	0.65	0.52	0.42	0.34	0.28	0.23	0.18	0.15	0.12	0.10	0.08	0.07	0.06	0.05	0.04	0.03	0.03	0.02	0.02	0.02	0.01	0.01	0.01	0.01
23	0.80	0.63	0.51	0.41	0.33	0.26	0.21	0.17	0.14	0.11	0.09	0.07	0.06	0.05	0.04	0.03	0.02	0.02	0.02	0.02	0.01	0.01	0.01	0.01	0.01
24	0.79	0.62	0.49	0.39	0.31	0.25	0.20	0.16	0.13	0.10	0.08	0.07	0.05	0.04	0.03	0.03	0.02	0.02	0.01	0.01	0.01	0.01	0.01	0.01	0.00
25	0.78	0.61	0.48	0.38	0.30	0.23	0.18	0.15	0.12	0.09	0.07	0.06	0.05	0.04	0.03	0.02	0.02	0.02	0.01	0.01	0.01	0.01	0.01	0.00	0.00

附录三：年金终值系数表

期数	1%	2%	3%	4%	5%	6%	7%	8%	9%	10%	11%	12%	13%	14%	15%	16%	17%	18%	19%	20%	21%	22%	23%	24%	25%
1	1.00	1.00	1.00	1.00	1.00	1.00	1.00	1.00	1.00	1.00	1.00	1.00	1.00	1.00	1.00	1.00	1.00	1.00	1.00	1.00	1.00	1.00	1.00	1.00	1.00
2	2.01	2.02	2.03	2.04	2.05	2.06	2.07	2.08	2.09	2.10	2.11	2.12	2.13	2.14	2.15	2.16	2.17	2.18	2.19	2.20	2.21	2.22	2.23	2.24	2.25
3	3.03	3.06	3.09	3.12	3.15	3.18	3.21	3.25	3.28	3.31	3.34	3.37	3.41	3.44	3.47	3.51	3.54	3.57	3.61	3.64	3.67	3.71	3.74	3.78	3.81
4	4.06	4.12	4.18	4.25	4.31	4.37	4.44	4.51	4.57	4.64	4.71	4.78	4.85	4.92	4.99	5.07	5.14	5.22	5.29	5.37	5.45	5.52	5.60	5.68	5.77
5	5.10	5.20	5.31	5.42	5.53	5.64	5.75	5.87	5.98	6.11	6.23	6.35	6.48	6.61	6.74	6.88	7.01	7.15	7.30	7.44	7.59	7.74	7.89	8.05	8.21
6	6.15	6.31	6.47	6.63	6.80	6.98	7.15	7.34	7.52	7.72	7.91	8.12	8.32	8.54	8.75	8.98	9.21	9.44	9.68	9.93	10.18	10.44	10.71	10.98	11.26
7	7.21	7.43	7.66	7.90	8.14	8.39	8.65	8.92	9.20	9.49	9.78	10.09	10.40	10.73	11.07	11.41	11.77	12.14	12.52	12.92	13.32	13.74	14.17	14.62	15.07
8	8.29	8.58	8.89	9.21	9.55	9.90	10.26	10.64	11.03	11.44	11.86	12.30	12.76	13.23	13.73	14.24	14.77	15.33	15.90	16.50	17.12	17.76	18.43	19.12	19.84
9	9.37	9.75	10.16	10.58	11.03	11.49	11.98	12.49	13.02	13.58	14.16	14.78	15.42	16.09	16.79	17.52	18.28	19.09	19.92	20.80	21.71	22.67	23.67	24.71	25.80
10	10.46	10.95	11.46	12.01	12.58	13.18	13.82	14.49	15.19	15.94	16.72	17.55	18.42	19.34	20.30	21.32	22.39	23.52	24.71	25.96	27.27	28.66	30.11	31.64	33.25
11	11.57	12.17	12.81	13.49	14.21	14.97	15.78	16.65	17.56	18.53	19.56	20.65	21.81	23.04	24.35	25.73	27.20	28.76	30.40	32.15	34.00	35.96	38.04	40.24	42.57
12	12.68	13.41	14.19	15.03	15.92	16.87	17.89	18.98	20.14	21.38	22.71	24.13	25.65	27.27	29.00	30.85	32.82	34.93	37.18	39.58	42.14	44.87	47.79	50.90	54.21
13	13.81	14.68	15.62	16.63	17.71	18.88	20.14	21.50	22.95	24.52	26.21	28.03	29.98	32.09	34.35	36.79	39.40	42.22	45.24	48.50	51.99	55.75	59.78	64.11	68.76
14	14.95	15.97	17.09	18.29	19.60	21.02	22.55	24.21	26.02	27.98	30.09	32.39	34.88	37.58	40.50	43.67	47.10	50.82	54.84	59.20	63.91	69.01	74.53	80.50	86.95
15	16.10	17.29	18.60	20.02	21.58	23.28	25.13	27.15	29.36	31.77	34.41	37.28	40.42	43.84	47.58	51.66	56.11	60.97	66.26	72.04	78.33	85.19	92.67	100.82	109.69
16	17.26	18.64	20.16	21.82	23.66	25.67	27.89	30.32	33.00	35.95	39.19	42.75	46.67	50.98	55.72	60.93	66.65	72.94	79.85	87.44	95.78	104.93	114.98	126.01	138.12
17	18.43	20.01	21.76	23.70	25.84	28.21	30.84	33.75	36.97	40.54	44.50	48.88	53.74	59.12	65.08	71.67	78.98	87.07	96.02	105.93	116.89	129.02	142.43	157.25	173.64
18	19.61	21.41	23.41	25.65	28.13	30.91	34.00	37.45	41.30	45.60	50.40	55.75	61.73	68.39	75.84	84.14	93.41	103.74	115.27	128.12	142.44	158.40	176.19	195.99	218.04
19	20.81	22.84	25.12	27.67	30.54	33.76	37.38	41.44	46.02	51.16	56.94	63.44	70.75	78.97	88.21	98.60	110.28	123.41	138.167	154.74	173.35	194.25	217.71	244.03	273.56
20	22.02	24.30	26.87	29.78	33.07	36.79	41.00	45.76	51.16	57.28	64.20	72.05	80.95	91.02	102.44	115.38	130.03	146.63	165.42	186.69	210.76	237.99	268.79	303.60	342.94
21	23.24	25.78	28.68	31.97	35.72	39.99	44.87	50.42	56.76	64.00	72.27	81.70	92.47	104.77	118.81	134.84	153.14	174.02	197.85	225.03	256.02	291.35	331.61	377.46	429.68
22	24.47	27.30	30.54	34.25	38.51	43.39	49.01	55.46	62.87	71.40	81.21	92.50	105.49	120.44	137.63	157.42	180.17	206.34	236.44	271.03	310.78	356.44	408.88	469.06	538.10
23	25.72	28.85	32.45	36.62	41.43	47.00	53.44	60.89	69.53	79.54	91.15	104.60	120.20	138.30	159.28	183.60	211.80	244.49	282.36	326.24	377.05	435.86	503.92	582.63	673.63
24	26.97	30.42	34.43	39.08	44.50	50.82	58.18	66.76	76.79	88.50	102.17	118.16	136.83	158.66	184.17	213.98	248.81	289.49	337.01	392.48	457.22	532.75	620.82	723.46	843.03
25	28.24	32.03	36.46	41.65	47.73	54.86	63.25	73.11	84.70	98.35	114.41	133.33	155.62	181.87	212.79	249.21	292.10	342.60	402.04	471.98	554.24	650.96	764.61	898.09	1 054.79

附录四：年金现值系数表

期数	1%	2%	3%	4%	5%	6%	7%	8%	9%	10%	11%	12%	13%	14%	15%	16%	17%	18%	19%	20%	21%	22%	23%	24%	25%
1	0.99	0.98	0.97	0.96	0.95	0.94	0.93	0.93	0.92	0.91	0.90	0.89	0.89	0.88	0.87	0.86	0.85	0.85	0.84	0.83	0.83	0.82	0.81	0.81	0.80
2	1.97	1.94	1.91	1.89	1.86	1.83	1.81	1.78	1.76	1.74	1.71	1.69	1.67	1.65	1.63	1.61	1.59	1.57	1.55	1.53	1.51	1.49	1.47	1.46	1.44
3	2.94	2.88	2.83	2.78	2.72	2.67	2.62	2.58	2.53	2.49	2.44	2.40	2.36	2.32	2.28	2.25	2.21	2.17	2.14	2.11	2.07	2.04	2.01	1.98	1.95
4	3.90	3.81	3.72	3.63	3.55	3.47	3.39	3.31	3.24	3.17	3.10	3.04	2.97	2.91	2.86	2.80	2.74	2.69	2.64	2.59	2.54	2.49	2.45	2.40	2.36
5	4.85	4.71	4.58	4.45	4.33	4.21	4.10	3.99	3.89	3.79	3.70	3.60	3.52	3.43	3.35	3.27	3.20	3.13	3.06	2.99	2.93	2.86	2.80	2.75	2.69
6	5.80	5.60	5.42	5.24	5.08	4.92	4.77	4.62	4.49	4.36	4.23	4.11	4.00	3.89	3.78	3.68	3.59	3.50	3.41	3.33	3.24	3.17	3.09	3.02	2.95
7	6.73	6.47	6.23	6.00	5.79	5.58	5.39	5.21	5.03	4.87	4.71	4.56	4.42	4.29	4.16	4.04	3.92	3.81	3.71	3.60	3.51	3.42	3.33	3.24	3.16
8	7.65	7.33	7.02	6.73	6.46	6.21	5.97	5.75	5.53	5.33	5.15	4.97	4.80	4.64	4.49	4.34	4.21	4.08	3.95	3.84	3.73	3.62	3.52	3.42	3.33
9	8.57	8.16	7.79	7.44	7.11	6.80	6.52	6.25	6.00	5.76	5.54	5.33	5.13	4.95	4.77	4.61	4.45	4.30	4.16	4.03	3.91	3.79	3.67	3.57	3.46
10	9.47	8.98	8.53	8.11	7.72	7.36	7.02	6.71	6.42	6.14	5.89	5.65	5.43	5.22	5.02	4.83	4.66	4.49	4.34	4.19	4.05	3.92	3.80	3.68	3.57
11	10.37	9.79	9.25	8.76	8.31	7.89	7.50	7.14	6.81	6.50	6.21	5.94	5.69	5.45	5.23	5.03	4.84	4.66	4.49	4.33	4.18	4.04	3.90	3.78	3.66
12	11.26	10.58	9.95	9.39	8.86	8.38	7.94	7.54	7.16	6.81	6.49	6.19	5.92	5.66	5.42	5.20	4.99	4.79	4.61	4.44	4.28	4.13	3.99	3.85	3.73
13	12.13	11.35	10.64	9.99	9.39	8.85	8.36	7.90	7.49	7.10	6.75	6.42	6.12	5.84	5.58	5.34	5.12	4.91	4.71	4.53	4.36	4.20	4.05	3.91	3.78
14	13.00	12.11	11.30	10.56	9.90	9.30	8.75	8.24	7.79	7.37	6.98	6.63	6.30	6.00	5.72	5.47	5.23	5.01	4.80	4.61	4.43	4.26	4.11	3.96	3.82
15	13.87	12.85	11.94	11.12	10.38	9.71	9.11	8.56	8.06	7.61	7.19	6.81	6.46	6.14	5.85	5.58	5.32	5.09	4.88	4.68	4.49	4.32	4.15	4.00	3.86
16	14.72	13.58	12.56	11.65	10.84	10.11	9.45	8.85	8.31	7.82	7.38	6.97	6.60	6.27	5.95	5.67	5.41	5.16	4.94	4.73	4.54	4.36	4.19	4.03	3.89
17	15.56	14.29	13.17	12.17	11.27	10.48	9.76	9.12	8.54	8.02	7.55	7.12	6.73	6.37	6.05	5.75	5.47	5.22	4.99	4.77	4.58	4.39	4.22	4.06	3.91
18	16.40	14.99	13.75	12.66	11.69	10.83	10.06	9.37	8.76	8.20	7.70	7.25	6.84	6.47	6.13	5.82	5.53	5.27	5.03	4.81	4.61	4.42	4.24	4.08	3.93
19	17.23	15.68	14.32	13.13	12.09	11.16	10.34	9.60	8.95	8.36	7.84	7.37	6.94	6.55	6.20	5.88	5.58	5.32	5.07	4.84	4.63	4.44	4.26	4.10	3.94
20	18.05	16.35	14.88	13.59	12.46	11.47	10.59	9.82	9.13	8.51	7.96	7.47	7.02	6.62	6.26	5.93	5.63	5.35	5.10	4.87	4.66	4.46	4.28	4.11	3.95
21	18.86	17.01	15.45	14.03	12.82	11.76	10.84	10.02	9.29	8.65	8.08	7.56	7.10	6.69	6.31	5.97	5.66	5.38	5.13	4.89	4.68	4.48	4.29	4.12	3.96
22	19.66	17.66	15.94	14.45	13.16	12.04	11.06	10.20	9.44	8.77	8.18	7.64	7.17	6.74	6.36	6.01	5.70	5.41	5.15	4.91	4.69	4.49	4.30	4.13	3.97
23	20.46	18.29	16.44	14.86	13.49	12.30	11.27	10.37	9.58	8.88	8.27	7.72	7.23	6.79	6.40	6.04	5.72	5.43	5.17	4.92	4.70	4.50	4.31	4.14	3.98
24	21.24	18.91	16.94	15.25	13.80	12.55	11.47	10.53	9.71	8.98	8.35	7.78	7.28	6.84	6.43	6.07	5.75	5.45	5.18	4.94	4.71	4.51	4.32	4.14	3.98
25	22.02	19.52	17.41	15.62	14.09	12.78	11.65	10.67	9.82	9.08	8.42	7.84	7.33	6.87	6.46	6.10	5.77	5.47	5.20	4.95	4.72	4.51	4.32	4.15	3.98

年金现值系数表　年金终值系数表　复利现值系数表　复利终值系数表

参 考 文 献

［1］财政部会计资格评价中心.财务管理[M].北京:经济科学出版社,2022.

［2］王文冠,吴霞云,易继红.财务管理学[M].北京:北京工业大学出版社,2017.

［3］中国注册会计师协会.财务成本管理[M].北京:中国财政经济出版社,2022.

［4］李小然,李然,王文冠.财务管理[M].上海:上海交通大学出版社,2020.